한국어 학습 총서 10

# Korean Grammar Practice for Foreigners

日本語版

初級

초급

외국인을 위한

# 한국어 문법 연습

## 外国人のための韓国語文法練習

연세대학교 한국어학당 편

연세대학교 출판문화원

# 前書き

延世大学の韓国語学堂が今年で創立53周年を迎えました。これまで延世大学の韓国語学堂は会話や言語機能、活用練習用など数多くの教材を製作し、出版して参りました。

しかし、近頃韓国語を学ぶ学習者の増加によりそのニーズが多様化するにつれ、韓国語の語彙や文法にフォーカスを当てて、より差別化を図った学習用の教材が必要となりました。

このようなニーズに応えるべく、韓国語学堂では『外国人のための韓国語練習』と『外国人のための韓国語練習』を出版することになりました。

『外国人のための韓国語練習』は初級・中級・上級の3巻構成で、韓国語学習者の文法能力を高めることにより韓国語のレベルを向上させるように考案されております。

特に『外国人のための韓国語練習』は、現在行われている様々な韓国語能力試験の対策として、一般韓国語教材や韓国語能力試験で扱われている文法をレベルに合わせて選定し、それぞれの意味や働きを説明しながら例文を付けています。更に問題をたくさん収録し、学習した文法を活用するように配慮しております。

『外国人のための韓国語練習』は韓国語教育機関で文法学習のための副教材として活用することが出来る上、独学のための教材としてもご活用いただけます。

この教材が韓国語学習者の文法学習においてより効率的な実力向上に役立つことを期待致します。

延世大学 言語研究教育院 韓国語学堂 教材編纂委員会

# 머리말

연세대학교 한국어학당이 창립된 지 올해로 53주년이 되었습니다. 지난 53년 동안 연세대학교 한국어학당은 회화 교재, 언어기능별 교재, 활용연습용 교재 등 많은 교재를 집필, 출간해 왔습니다. 그러나 최근 한국어를 배우는 학습자들이 늘면서 그들의 요구도 다양해졌으며, 한국어 어휘와 문법에 초점을 둔 차별화되고 전략화된 학습용 교재가 필요하게 되었습니다. 이러한 요구에 힘입어 한국어학당에서는『외국인을 위한 한국어 문법 연습』과『외국인을 위한 한국어 문법 연습』 교재를 출간하게 되었습니다.

『외국인을 위한 한국어 문법 연습』 교재는 초급과 중급, 고급의 3권으로 구성되었으며, 한국어를 공부하는 학습자들의 문법 능력을 향상시켜 한국어 숙달도를 높일 수 있도록 고안되었습니다. 특히『외국인을 위한 한국어 문법 연습』은 현재 시행되고 있는 다양한 한국어능력 평가 시험에 대비하도록 구성되어, 한국어 교재와 한국어능력 평가 시험에서 다루어지고 있는 문법 항목을 등급에 맞게 선정하여 각 문법 항목의 의미와 기능을 설명하고 예문을 제시하였습니다. 또한 다양한 문제를 통해 학습한 문법을 활용할 수 있도록 구성되었습니다.

『외국인을 위한 한국어 문법 연습』은 한국어교육기관에서 문법 학습을 위한 부교재로 활용할 수 있으며 혼자서 공부하는 학습자는 자습용으로 활용할 수 있습니다. 본 교재가 한국어 학습자들이 효율적으로 문법을 학습하여 한국어능력을 향상할 수 있도록 하는 데 기여할 수 있기를 바랍니다.

연세대학교 언어연구교육원 한국어학당 교재편찬위원회

# 本書の構成

1. 『外国人のための韓国語練習』は外国語としての韓国語を学ぶ外国人学習者が韓国語の文法構造や用法を正確に理解し、正しい韓国語の文章を構成することが出来るよう手助けをすることが目的である。
2. この本は外国人の学習者のための文法書として学習者が初級段階で知っておくべき文法を掲載した。
3. この本は初級韓国語学習者の文法能力を向上させることの出来る多様な類型の問題を扱い、韓国語能力試験(TOPIK)に備えるために韓国語能力試験の問題類型も一緒に扱った。
4. この本は‘文法編’と‘練習問題’に分かれている。‘文法編’では文法項目の詳細な用法の説明、活用形態、例文を提示した後、これに対する理解をもとに問題を解くことが出来るよう〈練習〉を掲載した。‘練習問題’では‘文法編’で提示した文法項目を扱う多様で総合的な練習問題を掲載した。
5. この本は約137個の初級文法を掲載した。
6. 初級文法の選定は一般韓国語教材(初級)で扱われる文法を基本にし、韓国語能力試験(初級)に出題される文法項目を付け加えた。
7. ‘文法編’で扱う〈用法〉では文法の用法についての詳細な説明を簡単に理解出来るようにし、類似した文法形態も会わせて提示した。
8. 〈活用形態〉では文法により多様な形態で活用する例を最大限提示し正確に使用できるようにした。
9. 〈例文〉では用法をきちんと理解出来る例文と多様な活用形態を確認出来る例文などを中心に提示した。
10. 文法により〈参考〉を設けたが〈参考〉では類似した文法がある場合は比較して提示し、異なる用法で使用される場合、例外がある場合等、多様な場合に合わせて補足説明とそれに合った例文を掲載して正確に使えるようにした。
11. 〈練習〉は該当文法を最もよく理解し使用できるよう会話完成、作文、二つの文をつなげる問題等で構成した。
12. ‘練習問題’は‘文法編’で学習した文法の意味と構造を脈絡と状況に分かれた多様な問題類型を通じ理解、確認出来るように構成した。
13. 〈模範解答〉では‘文法編’にある〈練習〉の模範解答と‘練習問題’模範解答をわかりやすく提示し学習者が一人で勉強する手助けになるようにした。
14. 〈文法索引〉では‘文法編’で扱った文法によって見出し語及び活用形態、参考に提示した形態を全て載せ学習者が簡単に探せるようにし、‘가나다’の順で整理し、その文法掲載のページ数と一緒に提示した。
15. 『外国人のための韓国語練習』は外国人学習者の理解を促すために翻訳を併せて掲載した。

# 일러두기

1. 『외국인을 위한 한국어 문법 연습』은 외국어로서의 한국어를 배우는 외국인 학습자들이 한국어의 문법 구조를 이해하고 정확한 용법을 파악하여 올바른 한국어 문장을 만들 수 있도록 하는 데 도움을 주고자 하였다.
2. 이 책은 외국인 학습자들을 위한 문법서로 학습자가 초급 단계에서 알아야 할 문법을 실었다.
3. 이 책은 고급 한국어 학습자의 문법 능력을 향상시킬 수 있는 다양한 유형의 문제를 다루었으며, 한국어능력시험(TOPIK)에 대비하도록 한국어능력시험의 문제 유형도 함께 다루었다.
4. 이 책은 '문법 알아보기'와 '연습문제'로 나눠 실었다. '문법 알아보기'에서는 문법 항목에 대한 상세한 용법 설명과 활용 형태, 예문을 제시하고 이에 대한 이해를 바탕으로 문제를 풀 수 있도록 〈연습〉을 실었으며, '연습문제'에서는 '문법 알아보기'에서 제시한 문법 항목에 대한 다양하고 종합적인 연습문제를 실었다.
5. 이 책에는 137개의 초급 문법을 실었다.
6. 초급 문법의 선정은 다양한 한국어 교재(초급)에 나오는 문법을 기본으로 하였으며 한국어능력시험(초급)에서 다루고 있는 문법 항목을 첨가하였다.
7. '문법 알아보기'에서 다룬 〈용법〉에서는 문법의 용법에 대한 상세한 설명을 쉽게 이해할 수 있도록 하였으며 유사한 문법의 형태도 함께 제시하였다.
8. 〈활용 형태〉에서는 문법에 따라 다양한 형태로 활용되는 예를 최대한 보여 주어 정확하게 사용할 수 있도록 하였다.
9. 〈예문〉에서는 용법을 잘 이해할 수 있는 예문과 다양한 활용 형태를 확인할 수 있는 예문 등을 중심으로 제시하였다.
10. 문법에 따라 〈참고〉를 두었는데 〈참고〉에서는 유사한 문법이 있는 경우 비교, 대조하여 사용할 수 있으며, 다른 용법으로 사용이 되는 경우, 예외가 있는 경우 등 다양한 경우에 맞게 보충 설명과 그에 맞는 예문을 실어 정확하게 사용할 수 있도록 하였다.
11. 〈연습〉은 해당 문법을 가장 잘 이해하고 사용할 수 있도록 대화 완성하기, 문장 완성하기, 두 문장 연결하기 등으로 구성하였다.
12. '연습문제'는 '문법 알아보기'에서 학습한 문법의 의미와 구조를 맥락과 상황으로 이루어진 다양한 문제 유형을 통해 이해 · 확인할 수 있도록 구성하였다.
13. 〈모범 답안〉에서는 '문법 알아보기'에 있는 〈연습〉의 모범 답안과 '연습문제'의 모범 답안을 알기 쉽게 제시하여 학습자가 혼자 공부하는 데 도움이 되도록 하였다.
14. 〈문법 색인〉에서는 '문법 알아보기'에서 다룬 문법에 따라 표제어 및 활용 형태, 참고에 제시된 형태를 모두 실어 학습자들이 쉽게 찾을 수 있도록 하였으며, 모두 '가나다' 순으로 정리하여 그 문법이 실려 있는 쪽수와 함께 제시하였다.
15. 『외국인을 위한 한국어 문법 연습』은 외국인 학습자의 이해를 돕기 위해 번역을 함께 실었다.

# 차례

# 目次

# I

# 문법 알아보기

文法編

문법 알아보기

# ㄱ

## 001 | -거나

**용법 用法** 앞의 것이나 뒤의 것 중에서 하나를 선택할 때 쓴다.
複数の事柄の中から1つを選択するとき用いる。

**활용 형태 活用形態**

**-거나** 동사나 형용사 어간 뒤에 사용한다.
動詞や形容詞の語幹の後ろにつけて使用する。

예 듣**거나**, 비싸**거나**

**예문 例文**

❶ 시간이 있으면 소설책을 읽거나 친구와 같이 영화를 봐요.
時間があれば小説を読んだり友だちと一緒に映画を見たりします。

❷ 가족이 보고 싶으면 사진을 보거나 전화를 걸어요.
家族に会いたいときは写真を見たり電話をかけたりします。

❸ 몸이 아프거나 외로울 때 부모님 생각이 많이 납니다.
体調が悪かったり寂しいとき､両親のことをよく思い出します。

**연습 練習** 같은 의미가 되도록 문장을 바꾸십시오.
同じ意味を表す文にしなさい。

1. 아침에 밥을 먹을 때도 있고 빵을 먹을 때도 있습니다.

   ➡ 아침에 밥을 ____________________ 빵을 먹습니다.

2. 돈이 없을 때나 아주 피곤할 때는 밖에 나가지 않습니다.

   ➡ 돈이 ____________________ 아주 피곤할 때는 밖에 나가지 않습니다.

**연습 練習** 대화를 완성하십시오.
会話を完成させなさい。

1. 가 : 스트레스가 쌓이면 어떻게 해요?

   나 : ____________________거나 ____________________.

2. 가 : 주말에 보통 뭘 하세요?

   나 : ____________________거나 ____________________.

## 002 | -게

**용법 用法** 뒤에 나오는 동작이나 상태의 방식, 정도 등을 나타낸다.
後に来る動作や状態の方式､程度等を表す。

**활용 형태 活用形態**

**-게** 형용사 어간 뒤에 사용한다.
形容詞の語幹の後ろにつけて使用する。

예 길**게**, 예쁘**게**

**예문 例文**

❶ 머리를 짧게 잘라 주세요.
髪を短く切ってください。

❷ 예쁜 옷을 싸게 사서 기분이 좋았다.
かわいい服を安く買ったので嬉しかった。

❸ 어제 저녁에 갈비를 맛있게 먹었어요.
昨日の夜､カルビを美味しくいただきました。

꼭~ 알아두기

**연습 練習** 문장을 완성하십시오.
文を完成させなさい。

1. 오래간만에 동창들을 만나서 ____________________게 놀았어요. (재미있다)
2. 네? 잘 안 들려요. 좀 ____________________게 말씀해 주세요. (크다)

**연습 練習** 대화를 완성하십시오.
会話を完成させなさい。

1. 가 : 학교에 일찍 왔어요?

   나 : 아니요, ____________________게 ____________________.

2. 가 : 주말을 어떻게 보냈어요?

   나 : ____________________게 ____________________.

## 003 | -게 되다

**용법 用法** 주어의 의지나 바람과는 달리 외부적인 조건에 의해 어떤 상황에 이르게 됐을 때 쓴다.
主語の意志や希望とは異なり外部的な条件により、ある状況に至ることになったときに用いる。

**활용 형태** 活用形態

**-게 되다** 동사 어간 뒤에 사용한다.
動詞の語幹の後ろにつけて使用する。

예 살**게 되다**, 오**게 되다**

**예문 例文**

❶ 장사가 너무 안 돼서 가게 문을 닫게 됐습니다.
商売があまりにうまくいかなくて店を閉めることになりました。

❷ 급한 일이 생겨서 약속을 지키지 못하게 됐어요.
急用ができて約束を守れなくなりました。

❸ 저는 동아리에 들어가서 여자 친구를 알게 됐습니다.
私はサークルに入って彼女と知り合いました。

**연습 練習** 문장을 완성하십시오.
文を完成させなさい。

1. 언어교환을 해서 한국말을 잘 ____________________게 됐습니다.
2. 한국 사람과 결혼해서 한국에서 ____________________게 됐습니다.

**연습 練習** 대화를 완성하십시오.
会話を完成させなさい。

1. 가 : 어느 나라로 출장을 가게 됐습니까?

   나 : ________________________________________.

2. 가 : 왜 이사를 하게 됐습니까?

나 : ______________________________.

## 004 | –겠–[1]

**용법 用法**

말하는 사람이 무엇을 한다거나 할 것이라는 의도나 의지를 나타낸다. 아직 하지 않은 일에 대해 자신의 의지를 밝히는 의미이므로 일반적으로 미래의 의미를 갖는 표현과 함께 나타난다.

話者が何かをしたり又はするつもりであるという意図や意志を表す。まだしてない事に対し自分の意志を明らかにする意味のため一般的に未来の意味をもつ表現と共に現れる。

**활용 형태 活用形態**

**–겠–** 동사 어간 뒤에 사용한다.
動詞の語幹の後ろにつけて使用する。

예 먹**겠**–, 숙제하**겠**–

**예문 例文**

1. 내일 일찍 오겠습니다.
   明日早く来ます。
2. 약속을 꼭 지키겠습니다.
   約束を必ず守ります。
3. 제가 한 시간 후에 전화를 걸겠습니다.
   私が一時間後に電話をかけます。

**연습 練習** 문장을 완성하십시오.
文を完成させなさい。

1. 앞으로 열심히 ______________________________겠습니다. (공부하다)
2. 오늘부터 담배를 ______________________________겠습니다. (끊다)

**연습 練習** 대화를 완성하십시오.
会話を完成させなさい。

1. 가 : 무슨 음식을 드시겠습니까?

   나 : ______________________________________________.

2. 가 : 다음 주말에 무엇을 하겠습니까?

   나 : ______________________________________________.

## 005 | –겠–[2]

**용법 用法** 말하는 사람의 추측을 나타낼 때 쓴다.
話者の推測を表すときに用いる。

**활용 형태 活用形態**

**–겠–**

동사나 형용사 어간 뒤에 사용한다.
動詞や形容詞の語幹の後ろにつけて使用する。

예 열**겠**–, 되**겠**–, 많**겠**–, 흐리**겠**–

**–었겠–/았겠–/였겠–**

과거나 완료를 나타낼 때 동사나 형용사 어간 뒤에 사용한다.
過去や完了を表すとき動詞や形容詞の語幹の後ろにつけて使用する。

예 먹**었겠**–, 끝**났겠**–, 도착**했겠**–, 힘들**었겠**–, 바**빴겠**–, 심심**했겠**–

**예문 例文**

❶ 하늘을 보니까 내일 아침부터 비가 오겠어요.
空の様子を見ると明日の朝から雨が降るでしょう。

❷ 날마다 늦게까지 일하시니까 피곤하시겠습니다.
毎日遅くまで働いていらっしゃるので、お疲れでしょう。

❸ 웨이 씨가 어제 선물을 많이 받아서 기분이 좋았겠어요.
ウェイさんは昨日プレゼントをたくさんもらって嬉しかったでしょう。

**연습 練習** 문장을 완성하십시오.
文を完成させなさい。

1. 미국에서 10년 동안 살았으니까 ______________겠어요. (영어를 잘 하다)

2. 이 음식은 요리사가 만든 음식이니까 ______________겠습니다. (맛있다)

연습 練習 대화를 완성하십시오.
会話を完成させなさい。

1. 가 : 집에서 학교까지 두 시간쯤 걸려요.

   나 : ______________________________겠어요.

2. 가 : 어제 친구들과 같이 놀이공원에 갔어요.

   나 : ______________________________겠군요.

## 006 | -고

**용법 用法** 두 가지 이상의 동작이나 상태, 사실을 나열할 때 쓴다.
複数の動作や状態､事実を羅列するとき用いる。

**활용 형태 活用形態**

**-고** 동사나 형용사 어간 뒤에 사용한다.
動詞や形容詞の語幹の後ろにつけて使用する。

예 듣**고**, 보**고**, 덥**고**, 예쁘**고**

**이고** 명사 뒤에 사용한다.
名詞の後ろにつけて使用する。

예 경찰**이고**, 의자**이고**

**예문 例文**

❶ 친구와 저녁도 먹고 술도 마십니다.
友だちと晩御飯も食べて､お酒も飲みます。

❷ 남대문 시장의 물건은 싸고 좋습니다.
南大門市場のものは安くて良いです。

❸ 저는 한국 사람이고 마이클 씨는 미국 사람이에요.
私は韓国人でマイケルさんはアメリカ人です。

**참고 参考**

두 가지 이상의 동작을 시간의 순서에 따라 연결할 때도 쓴다.
複数の動作を時間の順序に従って連結するときにも用いる。

- 저는 밥을 먹고 이를 닦습니다.
  私は､ごはんを食べて歯を磨きます。
- 친구를 만나고 집에 돌아왔습니다.
  友達に会って家に帰りました。

연습 練習 **한 문장으로 만드십시오.**
2つの文を1つの文に変えなさい。

1. 주스가 맛있습니다. 그리고 시원합니다.

➡ ______________________________.

2. 선생님과 이야기도 합니다. 그리고 커피도 마십니다.

➡ ______________________________.

연습 練習 **표를 보고 문장을 완성하십시오.**
下の表を参考に文を完成させなさい。

| 8:30 – 9:00 | 아침 식사 |
|---|---|
| 9:00 – 12:00 | 영어 공부 |
| 12:30 – 1:30 | 점심 식사 |
| 2:00 – 4:00 | 아르바이트 |

보기

미선 씨는 아침을 먹고 영어를 공부합니다.

1. ______________________________고 점심을 먹습니다.

2. ______________________________.

## 007 | -고 싶다

**용법 用法** 원하거나 바라는 내용을 나타낼 때 쓴다.
願望を表すときに用いる。

**활용 형태 活用形態**

**-고 싶다** 동사 어간 뒤에 사용한다.
動詞の語幹の後ろにつけて使用する。

예 먹**고 싶다**, 타**고 싶다**

**예문 例文**

❶ 저는 소설책을 읽고 싶어요.
私は小説が読みたいです。

❷ 좋은 자동차를 사고 싶어요.
良い車が買いたいです。

❸ 주말에 무슨 영화를 보고 싶어요?
週末にどんな映画が観たいですか。

**참고 参考**

주어가 3인칭인 경우에는 '-고 싶어하다'를 사용한다.
主語が3人称の場合には'-고 싶어하다'を使用する。

- 친구는 돈을 모아서 해외여행을 하고 싶어해요.
  友達はお金を貯めて海外旅行に行きたがっています。
- 미선 씨, 마이클 씨는 무엇을 배우고 싶어해요?
  ミソンさん、マイケルさんは何を習いたがっていますか。

**연습 練習** 맞는 것을 고르십시오.
正しいものを選びなさい。

1. 저는 피곤해서 좀 쉬고 (싶어요, 싶어해요).
2. 제 친구는 대학교를 졸업한 후에 무역회사에서 일하고 (싶어요, 싶어해요).

**연습 練習** 대화를 완성하십시오.
会話を完成させなさい。

1. 가 : 커피를 마시고 싶습니까?

   나 : 네, ______________________________.

2. 가 : 방학에 무엇을 하고 싶어요?

   나 : ______________________________.

## 008 | -고 있다

**용법 用法** 어떤 동작이 진행 중이거나 계속됨을 나타낼 때 쓴다.
ある動作の進行や継続を表すときに用いる。

**활용 형태 活用形態**

**-고 있다** 동사 어간 뒤에 사용한다.
動詞の語幹の後ろにつけて使用する。

예 읽**고 있다**, 일하**고 있다**

**예문 例文**

❶ 저는 지금 음악을 듣고 있어요.
私は今、音楽を聴いています。

❷ 여기는 지금 비가 많이 오고 있는데 거기는 어때요?
ここは今、雨がたくさん降っていますがそちらはどうですか。

❸ 동생은 텔레비전을 보고 있고 나는 숙제를 하고 있다.
弟(または妹)はテレビを観ていて、私は宿題をしている。

**연습 練習** 문장을 완성하십시오.
文を完成させなさい。

1. 아기가 지금 ________고 있으니까 조용히 해 주세요. (자다)
2. 지금은 수업 시간입니다. 우리는 모두 열심히 ________고 있어요. (공부하다)

**연습 練習** 대화를 완성하십시오.
会話を完成させなさい。

1. 가 : 지금 뭘 하고 있어?

   나 : ________________________________________.

2. 가 : 아버지, 지금 뭘 하고 계세요?

   나 : ________________________________________.

## 009 | 과

**용법 用法** 여러 사물이나 사람을 열거할 때 쓴다.
いろいろな事物や人を列挙するときに用いる。

**활용 형태 活用形態**

**과** 자음으로 끝나는 명사 뒤에 사용한다.
子音で終わる名詞の後ろにつけて使用する。

예 공책**과**

**와** 모음으로 끝나는 명사 뒤에 사용한다.
母音で終わる名詞の後ろにつけて使用する。

예 아이**와**

**예문 例文**

❶ 백화점에 가서 예쁜 옷과 가방을 샀다.
デパートへ行って可愛い服とカバンを買った。

❷ 교실에 샤오밍 씨와 웨이 씨가 있습니다.
教室にシャオミンさんとウェイさんがいます。

❸ 저는 요즘 한국말과 태권도를 배웁니다.
私は最近韓国語とテコンドーを習っています。

**참고 参考**

'과'는 어떤 동작을 함께 하는 대상임을 나타내기도 한다. 이때 '과' 다음에 '같이'나 '함께'를 쓸 수 있다.
'과'はある動作を共にする対象であることを表したりもする。このとき'과'の次に'같이'あるいは'함께'をつけることもできる。

- 방학 때 가족과 여행을 갔어요.
  休みの時に家族と一緒に旅行に行きました。
- 웨이 씨는 반 친구와 같이 놀이공원에 갈 거예요.
  ウェイさんはクラスメートと一緒に遊園地に行きます。

**연습 練習** (  )을 채우십시오.
(  )の中をうめなさい。

1. 냉장고 안에 고기(  ) 물(  ) 주스가 있습니다.
2. 저는 어제 여자 친구(  ) 같이 저녁을 먹고 연극을 봤어요.

**연습 練習** 표를 보고 대화를 완성하십시오.
下の表を参考に会話を完成させなさい。

| 사람 | 음식 | 운동 |
|---|---|---|
| 미선 | 순두부찌개, 잡채 | 탁구, 스키 |
| 마이클 | 스테이크, 김밥 | 수영, 농구 |

1. 가 : 미선 씨는 무슨 음식을 좋아합니까?

   나 : ______________________________.

2. 가 : 마이클 씨는 무슨 운동을 좋아합니까?

   나 : ______________________________.

## 010 | -기는 하지만

**용법 用法** 앞의 내용을 부정하지는 않지만 뒤에 다른 의견을 나타낼 때 쓴다.
前半部の内容を否定せず後半部に別の意見を述べるときに用いる。

**활용 형태 活用形態**

**-기는 하지만** 동사나 형용사 어간 뒤에 사용한다.
動詞や形容詞の語幹の後ろにつけて使用する。

예 듣**기는 하지만**, 보**기는 하지만**, 춥**기는 하지만**, 싸**기는 하지만**

**이기는 하지만** 명사 뒤에 사용한다.
名詞の後ろにつけて使用する。

예 학생**이기는 하지만**, 외국어**이기는 하지만**

**-기는 했지만** 과거나 완료를 나타낼 때 동사나 형용사 어간 뒤에 사용한다.
過去や完了を表すとき動詞や形容詞の語幹の後ろにつけて使用する。

예 찾**기는 했지만**, 가**기는 했지만**, 어렵**기는 했지만**, 비싸**기는 했지만**

**예문 例文**

❶ 돼지고기를 먹기는 하지만 좋아하지 않아요.
豚肉を食べますが好きではありません。

❷ 그 영화가 재미있기는 하지만 너무 길어요.
あの映画は面白いですが長すぎます。

❸ 같은 반 친구이기는 하지만 별로 친하지 않아요.
同じクラスの友だちではありますがあまり仲良くありません。

❹ 발표를 하기는 했지만 잘 하지 못했어요.
発表をするにはしましたが上手くできませんでした。

**참고 参考**

'-기는 하지만'과 '-기는 했지만'은 동사나 형용사를 반복해서 사용하여 '-기는 -지만'과 '-기는 -었지만'의 형태로 쓸 수 있다.
'-기는 하지만'と'-기는 했지만'は動詞や形容詞を繰り返し使用し'-기는 -지만'と'-기는 -었지만'の形態で用いることができる。

- 이 김치가 맵기는 맵지만 맛있어요.
  このキムチは確かに辛いがおいしいです。
- 그 책을 읽기는 읽었지만 내용을 잊어버렸어요.
  その本を読むには読んだが内容を忘れてしまいました。

**연습 練習** 관계있는 것을 연결해서 문장을 완성하십시오.
関係のあるものを線で結んで文を完成させなさい。

| | |
|---|---|
| 한국말이 어렵습니다. • | • 재미있습니다. |
| 여행을 좋아합니다. • | • 튼튼하지 않아요. |
| 이 가방이 예쁩니다. • | • 자주 못 가요. |

보기

한국말이 어렵기는 하지만 재미있습니다.

1. ______________기는 하지만 ______________.
2. ______________기는 하지만 ______________.

**연습 練習** 대화를 완성하십시오.
会話を完成させなさい。

1. 가 : 건물에 주차장이 있지요?

   나 : 네, ______________기는 하지만 ______________.

2. 가 : 태권도를 배웠어요?

   나 : 네, ______________기는 했지만 ______________.

## 011 | –기 때문에

**용법 用法** 어떤 일의 원인이나 이유를 나타낼 때 쓴다.
あることの原因や理由を表すときに用いる。

**활용 형태 活用形態**

**–기 때문에** 동사나 형용사 어간 뒤에 사용한다.
動詞や形容詞の語幹の後ろにつけて使用する。

예 믿**기 때문에**, 쓰**기 때문에**, 맵**기 때문에**, 아프**기 때문에**

**이기 때문에** 명사 뒤에 사용한다.
名詞の後ろにつけて使用する。

예 학생**이기 때문에**, 관광지**이기 때문에**

**–었기/았기/였기 때문에**
과거나 완료를 나타낼 때 동사나 형용사 어간 뒤에 사용한다.
過去や完了を表すとき動詞や形容詞の語幹の後ろにつけて使用する。

예 먹**었기 때문에**, **샀기 때문에**, 도착**했기 때문에**,
힘들**었기 때문에**, 바**빴기 때문에**, 따뜻**했기 때문에**

**예문 例文**

❶ 웨이 씨는 착하고 재미있기 때문에 친구들에게 인기가 많아요.
ウェイさんは優しくて面白いので友だちに人気があります。

❷ 제 친구는 외국인이기 때문에 한국말을 잘 못해요.
私の友だちは外国人なので韓国語が上手くありません。

❸ 저는 어제 술을 많이 마셨기 때문에 지금 머리가 아파요.
私は昨日お酒を飲みすぎたので今頭が痛いです。

**참고 参考**

1. 원인이 명사일 때는 명사 뒤에 '때문에'를 붙여 사용할 때도 있다.
原因が名詞のときには名詞の後ろに'때문에'を用いる時もある。
   - 그 친구 때문에 저는 화가 났어요.
   その友達のせいで私は腹が立ちました。
   - 교통사고 때문에 많은 사람들이 다쳤어요.
   交通事故のせいで多くの人が負傷しました。

2. '-기 때문에'는 명령문이나 청유문에는 쓸 수 없다.
'-기 때문에'は命令文や請誘文には使えない。
   - 아프기 때문에 약을 드세요. (×)
   - 배가 고프기 때문에 식당에 갑시다. (×)

**연습 練習** 맞는 것을 고르십시오.
正しいものを選びなさい。

1. 오늘은 (일요일이기 때문에, 일요일 때문에) 늦게 일어났어요.
2. 어제 일을 너무 많이 (하기 때문에, 했기 때문에) 지금 피곤합니다.

**연습 練習** 대화를 완성하십시오.
会話を完成させなさい。

1. 가 : 왜 그 가게에 자주 가요?

   나 : ______________________기 때문에 ______________________.

2. 가 : 웨이 씨가 기분이 안 좋은 것 같아요.

   나 : ______________________기 때문에 ______________________.

## 012 | –기로 하다

**용법 用法**

결정이나 결심, 약속의 뜻을 나타낼 때 쓴다.
決定や決心､約束の意味を表すときに用いる。

**활용 형태 活用形態**

**–기로 하다** 동사 어간 뒤에 사용한다.
動詞の語幹の後ろにつけて使用する。

예 입**기로 하다**, 사**기로 하다**

**예문 例文**

❶ 우리는 다음 달에 결혼하기로 했어요.
私たちは来月に結婚することにしました。

❷ 나는 오늘부터 담배를 끊기로 했다.
私は今日からたばこをやめることにした。

❸ 내일 다시 만나서 이야기하기로 하자.
明日もう一度会って話すことにしよう。

**연습 練習** 문장을 완성하십시오.
文を完成させなさい。

1. 저는 시험이 끝나고 친구와 같이 ____________________기로 했어요. (쇼핑하다)
2. 급한 일이 생겨서 오늘 약속을 내일로 ________________기로 했습니다. (미루다)

**연습 練習** 대화를 완성하십시오.
会話を完成させなさい。

1. 가 : 방학 때 무엇을 할 거예요?

   나 : ________________________________________________기로 했어요.

2. 가 : ______________________________________________기로 했어요?

   나 : 아니요, 배를 타고 가기로 했어요.

## 013 | –기 위해서

**용법 用法** 어떤 일을 하는 목적이나 의도를 나타낼 때 쓴다.
ある事をする目的や意図を表すときに用いる。

**활용 형태 活用形態**

**–기 위해서** 동사 어간 뒤에 사용한다.
動詞の語幹の後ろにつけて使用する。

예 받**기 위해서**, 만나**기 위해서**

**예문 例文**

❶ 필요한 자료를 찾기 위해서 도서관에 가야 합니다.
必要な資料を探すために図書館に行かなければなりません。

❷ 한국에 있는 대학교에 들어가기 위해서 한국말을 배우고 있다.
韓国にある大学に入るために韓国語を習っている。

❸ 제가 좋아하는 영화배우를 보기 위해서 3시간이나 기다렸어요.
私が好きな映画俳優を見るために3時間も待ちました。

**참고 参考**

명사 뒤에는 '을 위해서'를 쓴다.
名詞の後ろに'을 위해서'をつける。

- 학생들을 위해서 큰 기숙사를 짓고 있어요.
  学生のために大きな寮を建てています。
- 미래를 위해서 열심히 공부하고 있습니다.
  未来のために一生懸命勉強しています。

ㄱ

연습 練習 관계있는 것을 연결해서 문장을 만드십시오.
関係のあるものを線で結んで文を完成させなさい。

| | |
|---|---|
| 한국말을 잘 하다 • | • 노래방에 갔어요. |
| 스트레스를 풀다 • | • 언어교환을 하고 있어요. |
| 건강해지다 • | • 운동을 하고 있어요. |

보기

한국말을 잘 하기 위해서 언어교환을 하고 있어요.

1. ______________기 위해서 ______________.

2. ______________기 위해서 ______________.

연습 練習 대화를 완성하십시오.
会話を完成させなさい。

1. 가 : 왜 돈을 모으고 있어요?

   나 : ______________기 위해서 돈을 모으고 있어요.

2. 가 : 누구를 위해서 일해요?

   나 : ______________을/를 위해서 일해요.

## 014 | –기 전에

**용법 用法** 어떤 동작이나 상태가 앞에 오는 사실보다 시간상 앞설 때 쓴다.
ある動作や状態が前半部の事実より時間的に早く行われるときに用いる。

**활용 형태 活用形態**

**–기 전에** 동사 어간 뒤에 사용한다.
動詞の語幹の後ろにつけて使用する。

예 앉**기 전에**, 사**기 전에**

**예문 例文**

❶ 밥을 먹기 전에 손을 씻었어요.
ごはんを食べる前に手を洗いました。

❷ 수영을 하기 전에 준비운동을 하세요.
泳ぐ前に準備運動をしてください。

❸ 한국에 오기 전에 고향에서 뭘 했어요?
韓国へ来る前に故郷で何をしていましたか。

**연습 練習** 표를 보고 문장을 완성하십시오.
表を見て文を完成させなさい。

| 9:00~12:30 | 한국말 공부 |
|---|---|
| 1:00~2:00 | 점심 식사 |
| 2:00~5:00 | 아르바이트 |
| 5:30~6:30 | 운동 |

1. 아르바이트를 하기 전에 ______________________.

2. ______________________기 전에 ______________________.

**연습 練習** 대화를 완성하십시오.
会話を完成させなさい。

1. 가 : 수업을 시작하기 전에 무엇을 했어요?

   나 : ______________________________.

2. 가 : 보통 자기 전에 뭘 합니까?

   나 : ______________________________.

문법 알아보기

# ㄴ

## 015 | -나 보다

**용법 用法** 어떤 상태나 사실로 미루어 보았을 때 그런 것 같다고 추측할 때 쓴다.
ある状態や事実から、そのようだと推測するときに用いる。

**활용 형태 活用形態**

**-나 보다** 동사 어간이나 '있다', '없다' 어간 뒤에 사용한다.
動詞の語幹や'있다', '없다'の語幹の後ろにつけて使用する。

예 읽**나 보다**, 오**나 보다**, 재미있**나 보다**

**-은가 보다** 자음으로 끝나는 형용사 어간 뒤에 사용한다.
子音で終わる形容詞の語幹の後ろにつけて使用する。

예 좋**은가 보다**

**-ㄴ가 보다** 모음으로 끝나는 형용사 어간 뒤에 사용한다.
母音で終わる形容詞の語幹の後ろにつけて使用する。

예 심심한**가 보다**

**인가 보다** 명사 뒤에 사용한다.
名詞の後ろにつけて使用する。

예 학생**인가 보다**, 의사**인가 보다**

**-었나/았나/였나 보다**
과거나 완료를 나타낼 때 동사나 형용사 어간 뒤에 사용한다.
過去や完了を表すとき動詞や形容詞の語幹の後ろにつけて使用する。

예 먹**었나 보다**, 찾**았나 보다**, 연습**했나 보다**, 적**었나 보다**,
바**빴나 보다**, 따뜻**했나 보다**

**-을/ㄹ 건가 보다**
미래를 나타낼 때 동사 어간 뒤에 사용한다.
未来を表すとき動詞の語幹の後ろにつけて使用する。

예 닫**을 건가 보다**, **갈 건가 보다**

### 예문 例文

❶ 친구에게 전화를 했는데 받지 않아요. 지금 자나 봅니다.
友だちに電話しましたが出ません。今寝ているみたいです。

❷ 아이가 집에 와서 선생님 이야기를 많이 해요. 선생님이 좋은가 봐요.
子供が家に帰ると先生のことよく話します。先生のことが気に入っているようです。

❸ 저 사람은 노래를 아주 잘 하는군요. 가수인가 봅니다.
あの人は歌がとても上手ですね。歌手かも知れません。

❹ 웨이 씨, 피곤해 보여요. 어제 일을 많이 했나 봐요.
ウェイさん、疲れているようですね。昨日たくさん働いたみたいです。

❺ 샤오밍 씨가 케이크와 풍선을 샀어요. 파티를 할 건가 봐요.
シャオミンさんがケーキと風船を買いました。パーティーをするみたいですね。



### 참고 参考

동사 어간이나 '있다', '없다' 어간 뒤에 '-는가 보다'를 쓸 수 있다.
動詞の語幹や'있다', '없다'の語幹の後ろに'-는가 보다'をつけて使うことができる。

- 아이가 자는가 봐요. 赤ちゃんが寝ているみたいです。
- 영화가 재미있는가 봅니다. 映画が面白いようです。

### 연습 練習

맞는 것을 고르십시오.
正しいものを選びなさい。

1. 친구가 요즘 (바쁜가, 바쁘나) 봅니다.
2. 어젯밤에 눈이 (온나, 왔나) 봅니다.

### 연습 練習

대화를 완성하십시오.
会話を完成させなさい。

1. 가 : 왜 이렇게 아기가 울지요?

   나 : ______________________________ 나, 은가/ㄴ가 봐요.

2. 가 : 교통이 복잡하군요.

   나 : ______________________________ 나, 은가/ㄴ가 봐요.

## 016 | –나요?

**용법 用法** 상대방에게 부드럽게 질문할 때 쓴다.
相手に柔らかい語調で質問するときに用いる。

**활용 형태 活用形態**

**–나요?** 동사 어간이나 '있다', '없다' 어간 뒤에 사용한다.
動詞の語幹や'있다', '없다'の語幹の後ろにつけて使用する。

예 찾**나요?**, 공부하**나요?**, 있**나요?**

**–은가요?** 자음으로 끝나는 형용사 어간 뒤에 사용한다.
子音で終わる形容詞の語幹の後ろにつけて使用する。

예 많**은가요?**

**–ㄴ가요?** 모음으로 끝나는 형용사 어간 뒤에 사용한다.
母音で終わる形容詞の語幹の後ろにつけて使用する。

예 예**쁜가요?**

**인가요?** 명사 뒤에 사용한다.
名詞の後ろにつけて使用する。

예 회사원**인가요?**, 교과서**인가요?**

**–었나요?/았나요?/였나요?**
과거나 완료를 나타낼 때 동사나 형용사 어간 뒤에 사용한다.
過去や完了を表すとき動詞や形容詞の語幹の後ろにつけて使用する。

예 읽**었나요?**, 만**났나요?**, 예약**했나요?**, 멋있**었나요?**, 작**았나요?**, 복잡**했나요?**

**–을/ㄹ 건가요?** 미래를 나타낼 때 동사 어간 뒤에 사용한다.
未来を表すとき動詞の語幹の後ろにつけて使用する。

예 입**을 건가요?**, **갈 건가요?**

예문 例文

❶ 무슨 음식을 제일 좋아하나요?
どんな食べ物が一番好きですか。

❷ 왜 그렇게 기분이 좋은가요?
なんでそんなに機嫌が良いですか。

❸ 여자 친구가 어느 나라 사람인가요?
彼女はどの国の人ですか。

❹ 어제 백화점에서 무엇을 샀나요?
昨日デパートで何を買いましたか。

❺ 내일 누구와 같이 등산할 건가요?
明日誰と一緒に山に登りますか。

연습 練習 맞는 것을 고르십시오.
正しいものを選びなさい。

1. 보통 학교에 무엇으로 (온가요?, 오나요?)

2. 그 옷이 (얼마인가요?, 얼마나요?)

연습 練習 대화를 완성하십시오.
会話を完成させなさい。

1. 가 : 어제 영화를 봤어요.

   나 : ______________________________나요, 은가요/ㄴ가요?

2. 가 : 기분이 나빠요.

   나 : ______________________________나요, 은가요/ㄴ가요?

## 017 | -냐고 하다

**용법 用法** 다른 사람이 질문한 내용을 간접적으로 옮겨 말할 때 쓴다.
誰かが質問した内容を間接的に別の誰かに伝えるときに用いる。

**활용 형태 活用形態**

**-냐고 하다** 동사나 형용사 어간 뒤에 사용한다.
動詞や形容詞の語幹の後ろにつけて使用する。

예 찾**냐고 하다**, 보**냐고 하다**, 좋**냐고 하다**, 심심하**냐고 하다**

**이냐고 하다** 명사 뒤에 사용한다.
名詞の後ろにつけて使用する。

예 한국사람**이냐고 하다**, 시계**이냐고 하다**

**-었냐고/았냐고/였냐고 하다**
과거나 완료를 나타낼 때 동사나 형용사 어간 뒤에 사용한다.
過去や完了を表すとき動詞や形容詞の語幹の後ろにつけて使用する。

예 입**었냐고 하다**, 닫**았냐고 하다**, 운동**했냐고 하다**,
넓**었냐고 하다**, 비**쌌냐고 하다**, 한가**했냐고 하다**

**-겠냐고 하다** 미래나 추측을 나타낼 때 동사나 형용사 어간 뒤에 사용한다.
未来や推測を表すとき動詞や形容詞の語幹の後ろにつけて使用する。

예 알**겠냐고 하다**, 오**겠냐고 하다**, 많**겠냐고 하다**,
충분하**겠냐고 하다**

**예문 例文**

❶ 무슨 차를 좋아하냐고 합니다.
どんな茶が好きかと聞かれました。

❷ 집이 크냐고 해요.
家が大きいかと聞かれました。

❸ 몇 살이냐고 물어봤어요.
何才なのかと聞いてみました。

❹ 이 옷을 어디에서 샀냐고 합니다.
この服をどこで買ったのかと聞かれています。

⑤ 종업원이 무엇을 드시겠냐고 했어요.
従業員から何を召し上がるかと聞かれました。

**참고** 参考

1. '-냐고 하다'의 부정형은 '-지 않냐고 하다'이다.
   '-냐고 하다'の否定形は'-지 않냐고 하다'である。
   - 왜 아직 출발하지 않냐고 합니다. 何故まだ出発しないかと言われました。
   - 이렇게 더운데 왜 에어컨을 켜지 않냐고 합니다. こんなに暑いのに何故エアコンをつけないのかと言われました。
2. 동사 어간 뒤에 '-느냐고 하다'를 쓸 수 있다.
   動詞の語幹の後ろに'-느냐고 하다'を用いることができる。
   - 친구가 지금 뭘 찾느냐고 합니다. 友達から今何を探しているかと聞かれました。
   - 부모님께서 요즘 잘 지내느냐고 물어보셨어요. 両親から最近どうなのかと聞かれました。
3. 자음으로 끝나는 형용사 어간 뒤에 '-으냐고 하다'를 쓸 수 있다.
   子音で終わる形容詞の語幹の後ろに'-으냐고 하다'を用いることができる。
   - 동생이 기숙사가 좋으냐고 합니다. 弟(または妹)から寮が良いのかと聞かれました。
   - 고향 친구가 공부할 게 많으냐고 물어봅니다. 故郷の友達から勉強が忙しいかと聞かれました。

ㄴ

**연습** 練習 빈칸을 채우십시오.
空欄をうめなさい。

| 〈보기〉 웨이 : "이름이 뭐예요?" | 웨이 씨가 이름이 뭐냐고 합니다. |
|---|---|
| 미선 : "운동을 좋아해요?" | |
| 샤오밍 : "요즘 바빠요?" | |
| 아버지 : "왜 늦었니?" | |
| 어머니 : "내일 모임에 가겠니?" | |
| 친구 : "왜 음식을 먹지 않니?" | |

**연습** 練習 대화를 완성하십시오.
会話を完成させなさい。

1. 가 : 한국 사람들이 자주 하는 질문이 뭐예요?

   나 : ______________________________냐고 해요.

2. 가 : 고향 친구가 뭘 물어봤어요?

   나 : 고향 친구가 ______________________________냐고 했어요.

## 018 | -는

**용법 用法** 앞말이 뒤에 오는 명사를 수식할 때 쓴다.
前の部分が後ろに来る名詞を修飾するときに用いる。

**활용 형태** 活用形態

**-는** 동사 어간이나 '있다', '없다' 어간 뒤에 사용한다.
動詞の語幹や'있다', '없다'の語幹の後ろにつけて使用する。

예 읽**는**, 오**는**, 맛있**는**

**-은** 자음으로 끝나는 형용사 어간 뒤에 사용한다.
子音で終わる形容詞の語幹の後ろにつけて使用する。

예 넓**은**

**-ㄴ** 모음으로 끝나는 형용사 어간 뒤에 사용한다.
母音で終わる形容詞の語幹の後ろにつけて使用する。

예 예**쁜**

**-은/ㄴ** 과거나 완료를 나타낼 때 동사 어간 뒤에 사용한다.
過去や完了を表すとき動詞の語幹の後ろにつけて使用する。

예 먹**은**, 기다**린**

**-을/ㄹ** 미래나 추측을 나타낼 때 동사나 형용사 어간 뒤에 사용한다.
未来や推測を表すとき動詞や形容詞の語幹の後ろにつけて使用する。

예 받**을**, 내**릴**, 작**을**, 복잡**할**

예문 例文

❶ 지금은 쉬는 시간입니다.
今は休みの時間です。

❷ 이 사진에서 키가 큰 사람이 제 동생입니다.
この写真の中で背の高い人が私の弟(または妹)です。

❸ 지난 여행 때 찍은 사진인데 한번 보시겠어요?
この前の旅行の時に撮った写真ですが御覧になりますか。

❹ 오늘 오후에는 할 일이 많아서 쉴 수 없어요.
今日の午後はやることがたくさんあって休めません。



연습 練習 한 문장으로 만드십시오.
2つの文を1つの文に変えなさい。

1. 비쌉니다. 가방을 샀어요.

➡ ______________________________.

2. 중국에서 왔습니다. 왕웨이입니다.

➡ ______________________________.

연습 練習 대화를 완성하십시오.
会話を完成させなさい。

1. 가 : 좋아하는 음식이 뭐예요?

나 : ____________________는, 은/ㄴ ____________________.

2. 가 : 어제 누구를 만났어요?

나 : ____________________는, 은/ㄴ ____________________.

## 019 | -는 것 같다

**용법 用法** 상황으로 미루어 동작이나 상태를 막연히 추측할 때 쓴다.
状況から考えて動作や状態を漠然に推測するときに用いる。

**활용 형태 活用形態**

**-는 것 같다** 동사 어간이나 '있다', '없다' 어간 뒤에 사용한다.
動詞の語幹や'있다', '없다'の語幹の後ろにつけて使用する。

예 먹**는 것 같다**, 공부하**는 것 같다**, 맛없**는 것 같다**

**-은 것 같다** 자음으로 끝나는 형용사 뒤에 사용한다.
子音で終わる形容詞の語幹の後ろにつけて使用する。

예 좋**은 것 같다**

**-ㄴ 것 같다** 모음으로 끝나는 형용사 어간 뒤에 사용한다.
母音で終わる形容詞の語幹の後ろにつけて使用する。

예 비**싼 것 같다**

**인 것 같다** 명사 뒤에 사용한다.
名詞の後ろにつけて使用する。

예 외국인**인 것 같다**, 화가**인 것 같다**

**-은/ㄴ 것 같다** 과거나 완료를 나타낼 때 동사 어간 뒤에 사용한다.
過去や完了を表すとき動詞の語幹の後ろにつけて使用する。

예 읽**은 것 같다**, 운동**한 것 같다**

**-을/ㄹ 것 같다** 미래나 추측을 나타낼 때 동사나 형용사 어간 뒤에 사용한다.
未来や推測を表すとき動詞や形容詞の語幹の後ろにつけて使用する。

예 닫**을 것 같다**, **갈 것 같다**, 작**을 것 같다**, 복잡**할 것 같다**

예문 例文

❶ 아이가 지금 자는 것 같아요.
子供が今寝ているみたいです。

❷ 친구가 요즘 바쁜 것 같아요.
友だちが最近忙しいみたいです。

❸ 저 사람이 일본 사람인 것 같아요.
あの人は日本人みたいです。

❹ 웨이 씨가 어제 술을 마신 것 같아요.
ウェイさんが昨日お酒を飲んだみたいです。

❺ 하늘을 보니까 곧 비가 올 것 같아요.
空の様子から推測するに、すぐ雨が降りそうです。



연습 練習 문장을 완성하십시오.
文を完成させなさい。

1. 백화점에 사람이 많아요. 지금 ____________는, 은/ㄴ, 을/ㄹ 것 같아요. (세일을 하다)
2. 미선 씨가 피곤해 보여요. 어제 ____________는, 은/ㄴ, 을/ㄹ 것 같아요. (잠을 못 자다)

연습 練習 대화를 완성하십시오.
会話を完成させなさい。

1. 가 : 저 사람이 지금 무엇을 하는 것 같아요?

   나 : ________________________________는, 은/ㄴ, 을/ㄹ 것 같아요.

2. 가 : 내일 날씨가 어떨 것 같아요?

   나 : ________________________________는, 은/ㄴ, 을/ㄹ 것 같아요.

## 020 | -는군요

**용법 用法** 새롭게 알게 된 사실에 감탄하듯이 말할 때 쓴다. 주로 어떤 장면이나 상황을 보거나 들으면서 말할 때 쓴다.
新たに知った事実に感嘆するかのように述べるときに用いる。主にある場面や状況を見たり聞いたりしながら述べるときに用いる。

**활용 형태 活用形態**

**-는군요** 동사 어간 뒤에 사용한다.
動詞の語幹の後ろにつけて使用する。

예 먹**는군요**, 자**는군요**

**-군요** 형용사 어간이나 '있다', '없다' 어간 뒤에 사용한다.
形容詞の語幹や'있다', '없다'の語幹の後ろにつけて使用する。

예 춥**군요**, 예쁘**군요**, 재미있**군요**

**이군요** 명사 뒤에 사용한다.
名詞の後ろにつけて使用する。

예 외국인**이군요**, 기숙사**이군요**

**-었군요/았군요/였군요**

과거나 완료를 나타낼 때 동사나 형용사 어간 뒤에 사용한다.
過去や完了を表すとき動詞や形容詞の語幹の後ろにつけて使用する。

예 신**었군요**, **갔군요**, 일**했군요**, 적**었군요**, 아**팠군요**, 피곤**했군요**

### 예문 例文

❶ 그림을 잘 그리는군요.
絵を上手に描きますね。

❷ 이 옷이 너무 비싸군요.
この服はとても高いですね。

❸ 웨이 씨가 부자이군요.
ウェイさんはお金持ちですね。

❹ 어제 눈이 많이 왔군요.
昨日雪がたくさん降りましたね。

### 참고 参考

'-는군요'는 반말로 말할 때 '-는구나'로 바꿔 쓴다.
'-는군요'は、くだけた言い回しのとき'-는구나'を用いる。

- 열심히 일하는구나. 一生懸命働いているんだな。
- 너, 지금 바쁘구나. お前、今忙しいな。

### 연습 練習

맞는 것을 고르십시오.
正しいものを選びなさい。

1. 이 음식이 아주 (맛있군요, 맛있는군요).
2. 미선 씨, 아주 열심히 (공부하군요, 공부하는군요).

### 연습 練習

대화를 완성하십시오.
会話を完成させなさい。

1. 가 : 이 옷이 어때요?
   나 : ______________________________는군요/군요.
2. 가 : 이 사람은 제 남자 친구예요.
   나 : ______________________________는군요/군요.

## 021 | -는다

**용법 用法** 격식체 종결어미이다. 주로 아랫사람이나 동급의 사람에게 쓴다.
格式体(公の場などで用いる硬い表現)終結語尾である。主に自分と同等か目下の者に対して用いる。

**활용 형태 活用形態**

**-는다** 자음으로 끝나는 동사 어간 뒤에 사용한다.
子音で終わる動詞の語幹の後ろにつけて使用する。

예 듣**는다**

**-ㄴ다** 모음으로 끝나는 동사 어간 뒤에 사용한다.
母音で終わる動詞の語幹の後ろにつけて使用する。

예 **본다**

**-다** 형용사 어간 뒤에 사용한다.
形容詞の語幹の後ろにつけて使用する。

예 좋**다**, 예쁘**다**

**이다** 명사 뒤에 사용한다.
名詞の後ろにつけて使用する。

예 회사원**이다**, 교과서**이다**

**-었다/았다/였다** 과거나 완료를 나타낼 때 동사나 형용사 어간 뒤에 사용한다.
過去や完了を表すとき動詞や形容詞の語幹の後ろにつけて使用する。

예 열**었다**, **샀다**, 연습**했다**, 비**쌌다**, 재미있**었다**, 시원**했다**

**-겠다** 미래나 추측을 나타낼 때 동사나 형용사 어간 뒤에 사용한다.
未来や推測を表すとき動詞や形容詞の語幹の後ろにつけて使用する。

예 읽**겠다**, 자**겠다**, 많**겠다**, 기쁘**겠다**

꼭~ 알아두기

예문 例文

❶ 나는 아침에 빵을 먹는다.
私は朝にパンを食べる。

❷ 우리 고향은 아주 아름답다.
私の故郷はとても綺麗だ。

❸ 나는 미국 사람이고 친구는 한국 사람이다.
私はアメリカ人で友だちは韓国人だ。

❹ 어제 친구들과 재미있게 놀았다.
昨日友だちと楽しく遊んだ。

❺ 내일은 외출하지 않고 집에서 쉬겠다.
明日は出掛けないで家で休む。

참고 参考

'-는다'의 부정형은 '-지 않는다'이고, '-다'의 부정형은 '-지 않다'이다.
'-는다'の否定形は'-지 않는다'で、'-다'の否定形は'-지 않다'である。

- 나는 매운 음식을 좋아하지 않는다.
  私は辛い食べ物が好きではない。
- 나는 지금 바쁘지 않다.
  私は今忙しくない。



연습 練習 빈칸을 채우십시오.
空欄をうめなさい。

| 높임말 | 반말 |
|---|---|
| 〈보기〉 오늘은 날씨가 춥습니다. | 오늘은 날씨가 춥다. |
| 주말에는 출근하지 않습니다. | |
| 제주도는 한국의 유명한 관광지입니다. | |
| 공항까지 1시간 걸렸습니다. | |
| 앞으로 열심히 공부하겠습니다. | |

연습 練習 일기를 완성하십시오.
日記を完成させなさい。

3월 15일 수요일 날씨 : 흐림

며칠 전부터 아팠는데 오늘은 아침부터 열이 많이 〈보기〉났다.(나다)

그래서 아침 일찍 병원에 1. ______________.(가다)

환절기여서 그런지 병원에 감기 환자가 많았다.

집에 돌아와서 약을 먹고 쉬니까 좀 괜찮아졌다.

빨리 나아서 내일은 학교에 갈 수 있으면 2. ______________.(좋다)

## 022 | -는다고 하다

**용법 用法** 다른 사람이 서술한 내용을 간접적으로 옮겨 말할 때 쓴다.
誰かが叙述した内容を間接的に別の誰かに伝えるときに用いる。

**활용 형태 活用形態**

**-는다고 하다** 자음으로 끝나는 동사 어간 뒤에 사용한다.
子音で終わる動詞の語幹の後ろにつけて使用する。

예 찾**는다고 하다**

**-ㄴ다고 하다** 모음으로 끝나는 동사 어간 뒤에 사용한다.
母音で終わる動詞の語幹の後ろにつけて使用する。

예 **온다고 하다**

**-다고 하다** 형용사 어간 뒤에 사용한다.
形容詞の語幹の後ろにつけて使用する。

예 춥**다고 하다**, 한가하**다고 하다**

**이라고 하다** 명사 뒤에 사용한다.
名詞の後ろにつけて使用する。

예 학생**이라고 하다**, 가수**이라고 하다**

**-었다고/았다고/였다고 하다**
과거나 완료를 나타낼 때 동사나 형용사 어간 뒤에 사용한다.
過去や完了を表すとき動詞や形容詞の語幹の後ろにつけて使用する。

예 만들**었다고 하다**, **갔다고 하다**, 취직**했다고 하다**, 넓**었다고 하다**, 작**았다고 하다**, 행복**했다고 하다**

**-겠다고 하다** 미래나 추측을 나타낼 때 동사나 형용사 어간 뒤에 사용한다.
未来や推測を表すとき動詞や形容詞の語幹の後ろにつけて使用する。

예 읽**겠다고 하다**, 쉬**겠다고 하다**, 춥**겠다고 하다**, 바쁘**겠다고 하다**

### 예문 例文

❶ 한국에서는 설날에 떡국을 먹는다고 해요.
韓国では正月にトックッ(お雑煮)を食べるそうです。

❷ 동생이 요즘 아주 바쁘다고 합니다.
弟(または妹)が最近かなり忙しいそうです。

❸ 친구의 취미가 영화감상이라고 합니다.
友だちの趣味が映画鑑賞だそうです。

❹ 웨이 씨가 어제 영화를 봤다고 해요.
ウェイさんが昨日映画を見たそうです。

❺ 딸이 이따가 숙제를 하겠다고 해요.
娘は後で宿題をするそうです。

### 참고 参考

'-는다고 하다'의 부정형은 '-지 않는다고 하다'이고, '-다고 하다'의 부정형은 '-지 않다고 하다'이다.
'-는다고 하다'の否定形は'-지 않는다고 하다'で、'-다고 하다'の否定形は'-지 않다고 하다'である。

- 친구가 운동을 좋아하지 않는다고 합니다.
  友達は運動が好きではないそうです。
- 하숙집 아주머니가 삼계탕이 맵지 않다고 합니다.
  下宿のおばさんがサムゲタンは辛くないと言っています。



### 연습 練習 빈칸을 채우십시오.
空欄をうめなさい。

| 〈보기〉 웨이 : "중국 사람입니다." | 웨이 씨가 중국 사람이라고 합니다. |
|---|---|
| 미선 : "주말마다 남자친구를 만나." | |
| 아이 : "배가 아파요." | |
| 제인 : "어제 등산을 했어." | |
| 친구 : "내일 일찍 오겠습니다." | |
| 선생님 : "이번 시험이 어렵지 않아요." | |

### 연습 練習 대화를 완성하십시오.
会話を完成させなさい。

1. 가 : 마이클 씨가 지금 어디에 있다고 해요?

   나 : ______________________는다고/ㄴ다고, 다고 해요.

2. 가 : 웨이 씨가 주말에 뭘 했다고 해요?

   나 : ______________________었다고/았다고/였다고 해요.

## 023 | -는 대로

**용법 用法**

'앞에 어떤 동작이나 상태가 나타나는 즉시, 그 후에 곧'의 뜻을 나타낼 때 쓴다. 과거의 일에 대해서는 쓸 수 없다.
'前半部の動作や状態が起こり次第､その後すぐ'の意味を表すときに用いる｡過去のことに対して使う事ができない｡

**활용 형태 活用形態**

**-는 대로** 동사 어간 뒤에 사용한다.
動詞の語幹の後ろにつけて使用する。

예 받**는 대로**, 도착하**는 대로**

**예문 例文**

❶ 그 책을 다 읽는 대로 빌려 주세요.
その本を全部読み次第､貸してください｡

❷ 가방을 찾는 대로 연락드리겠습니다.
カバンを見つけ次第連絡致します｡

❸ 미국에서 돌아오시는 대로 전화해 주세요.
アメリカから帰り次第､電話してください｡

**연습 練習** 한 문장으로 만드십시오.
2つの文を1つの文に変えなさい｡

1. 편지를 받습니다. / 답장을 하겠습니다.

➡ ____________는 대로 ____________.

2. 아버지께서 들어오십니다. / 저녁을 먹자.

➡ ____________는 대로 ____________.

연습 練習 **대화를 완성하십시오.**
会話を完成させなさい。

1. 가 : 시험이 끝나는 대로 뭘 할 거예요?

   나 : ______________________는 대로 ___________________________.

2. 가 : 언제 여행을 떠날 거예요?

   나 : ______________________는 대로 ___________________________.

## 024 | -는데[1]

**용법 用法** 앞 문장과 뒤 문장이 서로 대비되는 관계를 나타낼 때 쓴다.
前半部と後半部が対比する関係を表すときに用いる。

**활용 형태** 活用形態

**-는데** 동사 어간이나 '있다', '없다' 어간 뒤에 사용한다.
動詞の語幹や'있다', '없다'の語幹の後ろにつけて使用する。

예 입**는데**, 쓰**는데**, 재미있**는데**

**-은데** 자음으로 끝나는 형용사 어간 뒤에 사용한다.
子音で終わる形容詞の語幹の後ろにつけて使用する。

예 작**은데**

**-ㄴ데** 모음으로 끝나는 형용사 어간 뒤에 사용한다.
母音で終わる形容詞の語幹の後ろにつけて使用する。

예 기**쁜데**

**인데** 명사 뒤에 사용한다.
名詞の後ろにつけて使用する。

예 학생**인데**, 노래**인데**

**-었는데/았는데/였는데**
과거나 완료를 나타낼 때 동사나 형용사의 어간 뒤에 사용한다.
過去や完了を表すとき動詞や形容詞の語幹の後ろにつけて使用する。

예 읽**었는데**, **갔는데**, 운동**했는데**, 슬**펐는데**, 좋**았는데**, 뚱뚱**했는데**

예문 例文

❶ 저는 탁구를 좋아하는데 친구들은 축구를 좋아해요.
私は卓球が好きですが友だちはサッカーが好きです。

❷ 지하철은 복잡한데 버스는 복잡하지 않아요.
地下鉄は混みますがバスは混みません。

❸ 여자 친구는 회사원인데 저는 아직 대학생이에요.
彼女は会社員ですが､私はまだ大学生です。

❹ 지난주에는 바빴는데 이번 주에는 좀 한가해요.
先週は忙しかったですが今週はちょっと暇です。



연습 練習 한 문장으로 만드십시오.
2つの文を1つの文に変えなさい。

1. 방은 좁아요. 거실은 넓어요.

➡ ____________________는데, 은데/ㄴ데 ____________________.

2. 작년에는 한국말을 하나도 몰랐어요. 지금은 조금 할 수 있어요.

➡ ____________________는데, 은데/ㄴ데 ____________________.

연습 練習 문장을 완성하십시오.
文を完成させなさい。

1. 저는 한식을 ________________는데, 은데/ㄴ데 동생은 양식을 먹고 싶어해요.

2. 어제는 ______________________________는데, 은데/ㄴ데 오늘은 좀 춥군요.

꼭~ 알아두기

## 025 | –는데²

**용법 用法** 뒤 문장에 대해 앞 문장은 배경이 되어 도입의 역할을 할 때 쓰고, 뒤 문장에는 질문이 온다.
前半部の内容は後半部の内容に対する背景として文の導入の役割をする。後半部には質問が来る。

**활용 형태 活用形態**

**–는데** 동사 어간이나 '있다', '없다' 어간 뒤에 사용한다.
動詞の語幹や'있다', '없다'の語幹の後ろにつけて使用する。

예 듣**는데**, 가**는데**, 맛있**는데**

**–은데** 자음으로 끝나는 형용사 어간 뒤에 사용한다.
子音で終わる形容詞の語幹の後ろにつけて使用する。

예 괜찮**은데**

**–ㄴ데** 모음으로 끝나는 형용사 어간 뒤에 사용한다.
母音で終わる形容詞の語幹の後ろにつけて使用する。

예 **큰데**

**인데** 명사 뒤에 사용한다.
名詞の後ろにつけて使用する。

예 한국 사람**인데**, 자전거**인데**

**–었는데/았는데/였는데**
과거나 완료를 나타낼 때 동사나 형용사의 어간 뒤에 사용한다.
過去や完了を表すとき動詞や形容詞の語幹の後ろにつけて使用する。

예 입**었는데**, **왔는데**, 공부**했는데**, 기**뻤는데**, 아**팠는데**, 한가**했는데**

**예문 例文**

❶ 저는 한국 음식을 좋아하는데 샤오밍 씨는 무슨 음식을 좋아하세요?
私は韓国の食べ物が好きですが,シャオミンさんはどんな食べ物が好きですか。

❷ 백화점 물건은 값이 비싼데 시장 물건은 어떻습니까?
デパートのものは値段が高いですが,市場のものはどうですか。

❸ 제 취미는 등산인데 선생님은 취미가 뭐예요?
私の趣味は山登りですが、先生の趣味は何でしょうか。

❹ 우리 학교는 어제 졸업식을 했는데 리에 씨 학교는 언제 졸업식을 해요?
うちの学校は昨日が卒業式だったのですが、りえさんの学校はいつ卒業式をしますか。



연습 練習 한 문장으로 만드십시오.
2つの文を1つの文に変えなさい。

1. 학생 식당은 복잡합니다. 학교 앞 식당은 어때요?

➡ ______________________는데, 은데/ㄴ데 ______________________?

2. 한국 사람들은 설날에 떡국을 먹습니다. 일본 사람들은 무엇을 먹습니까?

➡ ______________________는데, 은데/ㄴ데 ______________________?

연습 練習 대화를 완성하십시오.
会話を完成させなさい。

제인 : 여보세요? 영수 씨, 저 제인이에요.

영수 : 안녕하세요? 제인 씨, 잘 지내시지요?

제인 : 네, 학교생활은 어때요?

영수 : 재미있어요. 저는 요즘 1. ______________________는데, 은데/ㄴ데 제인 씨는 어때요?

제인 : 저도 바빠요. 우리 학교는 다음 주에 2. ______________________는데, 은데/ㄴ데 영수 씨 학교는 언제 시험이 있어요?

영수 : 우리 학교는 이번 주에 시험이 있어요.

제인 : 그럼 시험이 끝나고 같이 영화를 보러 갈까요?

영수 : 좋아요. 시험이 끝나고 다시 연락합시다.

## 026 | –는데[3]

**용법 用法**

어떤 사실을 소개하거나 제시할 때 쓴다. 뒤 문장에는 앞 문장의 사실과 관련된 부연 설명이나 부가적인 내용이 온다.
ある事実を紹介したり提示するときに用いる。その場合、後半部には前半部の事実と関連した詳しい説明や付加的な内容が来る。

**활용 형태 活用形態**

**–는데**
동사 어간이나 '있다', '없다' 어간 뒤에 사용한다.
動詞の語幹や'있다', '없다'の語幹の後ろにつけて使用する。

예 먹**는데**, 주**는데**, 맛없**는데**

**–은데**
자음으로 끝나는 형용사 어간 뒤에 사용한다.
子音で終わる形容詞の語幹の後ろにつけて使用する。

예 넓**은데**

**–ㄴ데**
모음으로 끝나는 형용사 어간 뒤에 사용한다.
母音で終わる形容詞の語幹の後ろにつけて使用する。

예 **싼데**

**인데**
명사 뒤에 사용한다.
名詞の後ろにつけて使用する。

예 선물**인데**, 누나**인데**

**–었는데/았는데/였는데**
과거나 완료를 나타낼 때 동사나 형용사의 어간 뒤에 사용한다.
過去や完了を表すとき動詞や形容詞の語幹の後ろにつけて使用する。

예 입**었는데**, **왔는데**, 공부**했는데**, 예**뻤는데**, 바**빴는데**, 복잡**했는데**

**예문 例文**

❶ 학교 앞 아파트에 사는데 교통이 편리합니다.
学校の前のアパートに住んでいますが交通が便利です。

❷ 웨이 씨는 친구가 많은데 대부분 한국 사람이에요.
ウェイさんは友だちが多いですが大部分が韓国人です。

❸ 제인 씨는 우리 반 친구인데 한국말을 아주 잘 해요.
ジェインさんはクラスメートですが韓国語がとても上手です。

❹ 어제 오랜만에 영화를 봤는데 아주 감동적이었습니다.
昨日久しぶりに映画を見ましたがとても感動的でした。



**연습 練習** 관계있는 것을 연결해서 문장을 만드십시오.
会話を完成させなさい。

| | |
|---|---|
| 이 분은 중국어 선생님입니다. • | • 아주 반가웠어요. |
| 저는 학생 식당에 자주 갑니다. • | • 맛도 좋고 값도 싸요. |
| 어제 학교에서 샤오밍 씨를 만났습니다. • | • 베이징에서 오셨어요. |

보기

이 분은 중국어 선생님인데 베이징에서 오셨어요

1. ____________________는데, 은데/ㄴ데 ____________________.
2. ____________________는데, 은데/ㄴ데 ____________________.

**연습 練習** 대화를 완성하십시오.
会話を完成させなさい。

1. 가 : 요즘 뭘 배워요?

   나 : ____________________는데, 은데/ㄴ데 ____________________.

2. 가 : 옆에 계신 분은 누구세요?

   나 : ____________________는데, 은데/ㄴ데 ____________________.

## 027 | -는데[4]

**용법 用法**

앞 문장의 내용이 뒤 문장 내용의 이유나 근거가 될 때 쓴다. 뒤 문장에는 주로 '-으십시오', '-읍시다', '-을까요?' 등이 온다.
前半部の内容が後半部の内容の理由や根拠になるときに用いる。文末には主に'-으십시오', '-읍시다', '-을까요?'等が来る。

**활용 형태 活用形態**

**-는데**
동사 어간이나 '있다', '없다' 어간 뒤에 사용한다.
動詞の語幹や'있다', '없다'の語幹の後ろにつけて使用する。
예 찾**는데**, 오**는데**, 재미없**는데**

**-은데**
자음으로 끝나는 형용사 어간 뒤에 사용한다.
子音で終わる形容詞の語幹の後ろにつけて使用する。
예 맑**은데**

**-ㄴ데**
모음으로 끝나는 형용사 어간 뒤에 사용한다.
母音で終わる形容詞の語幹の後ろにつけて使用する。
예 예**쁜데**

**인데**
명사 뒤에 사용한다.
名詞の後ろにつけて使用する。
예 시험**인데**, 휴가**인데**

**-었는데/았는데/였는데**
과거나 완료를 나타낼 때 동사나 형용사의 어간 뒤에 사용한다.
過去や完了を表すとき動詞や形容詞の語幹の後ろにつけて使用する。
예 먹**었는데**, 올라**갔는데**, 운동**했는데**, 기**뻤는데**, 좋**았는데**, 심심**했는데**

예문 例文

❶ 모두가 기다리고 있는데 빨리 오세요.
みんな待っているので早く来てください。

❷ 교통이 복잡한데 지하철을 탈까요?
道が混んでいるので地下鉄に乗りましょうか？

❸ 곧 회의 시간인데 서둘러서 준비합시다.
もうすぐ会議の時間なので急いで準備しましょう。

❹ 어제 눈이 많이 왔는데 조심해서 운전하십시오.
昨日雪がたくさん降ったので気をつけて運転してください。



연습 練習 맞는 것을 고르십시오.
正しいものを選びなさい。

1. 점심시간인데 같이 식당에 갈까요? ( )
   점심시간인데 같이 식당에 갔어요? ( )

2. 잘 어울릴 것 같은데 한번 입어 봅니다. ( )
   잘 어울릴 것 같은데 한번 입어 보세요. ( )

연습 練習 문장을 완성하십시오.
文を完成させなさい。

1. 신발이 싸고 ______________ 는데, 은데/ㄴ데 한 켤레 사세요.

2. ______________ 는데, 은데/ㄴ데 빨리 출발합시다.

## 028 | -는 데다가

**용법 用法** 앞의 동작이나 상태에 다른 동작이나 상태가 덧붙여짐을 나타낼 때 쓴다.
前半部の動作や状態に別の動作や状態が加えられることを表すときに用いる。

**활용 형태 活用形態**

**-는 데다가** 동사 어간이나 '있다', '없다' 어간 뒤에 사용한다.
動詞の語幹や'있다', '없다'の語幹の後ろにつけて使用する。

예 읽**는 데다가**, 좋아하**는 데다가**, 재미있**는 데다가**

**-은 데다가** 자음으로 끝나는 형용사 어간 뒤에 사용한다.
子音で終わる形容詞の語幹の後ろにつけて使用する。

예 많**은 데다가**

**-ㄴ 데다가** 모음으로 끝나는 형용사 어간 뒤에 사용한다.
母音で終わる形容詞の語幹の後ろにつけて使用する。

예 아픈 **데다가**

**인 데다가** 명사 뒤에 사용한다.
名詞の後ろにつけて使用する。

예 토요일**인 데다가**, 대도시**인 데다가**

**-은/ㄴ 데다가** 과거나 완료를 나타낼 때 동사 어간 뒤에 사용한다.
過去や完了を表すとき動詞の語幹の後ろにつけて使用する。

예 먹**은 데다가**, 기다**린 데다가**

## 예문 例文

❶ 열이 많이 나는 데다가 목도 아파요.
熱が高い上に喉も痛いです。

❷ 영수 씨는 성격이 좋은 데다가 똑똑해요.
ヨンスさんは性格が良い上に賢いです。

❸ 출근 시간인 데다가 사고도 나서 차가 많이 밀립니다.
通勤ラッシュの上に事故まで起きてかなり車が渋滞しています。

❹ 지각을 한 데다가 깜빡 잊고 교과서도 안 가지고 왔어요.
遅刻した上にうっかりして教科書も持ってきませんでした。

## 연습 練習

한 문장으로 만드십시오.
2つの文を1つの文に変えなさい。

1. 비도 옵니다. 바람도 많이 붑니다.

➡ ____________는, 은/ㄴ 데다가 ____________.

2. 학교 앞 커피숍은 커피 값이 쌉니다. 서비스도 좋아요.

➡ ____________는, 은/ㄴ 데다가 ____________.

## 연습 練習

대화를 완성하십시오.
会話を完成させなさい。

1. 가 : 어제 왜 학교에 안 왔어요? 어디 아팠어요?

나 : 네, ____________는, 은/ㄴ 데다가 ____________.

2. 가 : 샤오밍 씨는 재주가 많지요?

나 : 네, ____________는, 은/ㄴ 데다가 ____________.

ㄴ

## 029 | -는데요

**용법 用法**

어떤 상황을 말하면서 상대방의 반응을 기대하는 표현이다. 보통 대화가 끊어지지 않고 이어지기를 바랄 때 쓴다.
ある状況を述べながら相手の反応を期待する表現である。通常、会話が途切れずに続けられることを望むときに用いられる。

**활용 형태 活用形態**

**-는데요**
동사 어간이나 '있다', '없다' 어간 뒤에 사용한다.
動詞の語幹や'있다'、'없다'の語幹の後ろにつけて使用する。

예 읽**는데요**, 가**는데요**, 있**는데요**

**-은데요**
자음으로 끝나는 형용사 어간 뒤에 사용한다.
子音で終わる形容詞の語幹の後ろにつけて使用する。

예 좁**은데요**

**-ㄴ데요**
모음으로 끝나는 형용사 어간 뒤에 사용한다.
母音で終わる形容詞の語幹の後ろにつけて使用する。

예 한가**한데요**

**인데요**
명사 뒤에 사용한다.
名詞の後ろにつけて使用する。

예 가방**인데요**, 친구**인데요**

**-었는데요/았는데요/였는데요**
과거나 완료를 나타낼 때 동사나 형용사의 어간 뒤에 사용한다.
過去や完了を表すとき動詞や形容詞の語幹の後ろにつけて使用する。

예 먹**었는데요**, **샀는데요**, 일**했는데요**, 바**빴는데요**, 힘들**었는데요**, 따뜻**했는데요**

예문 例文

❶ 청바지가 잘 어울리는데요.
ジーパンが良く似合っていますね。

❷ 집이 아주 넓은데요.
家がとても広いですね。

❸ 바로 전데요. 누구세요?
まさに私ですが、どなたですか。

❹ 옆집에서 무슨 소리가 들렸는데요.
隣の家から何か物音が聞こえましたが。



연습 練習 〈보기〉와 같이 문장을 바꾸십시오.
〈例〉を参考に文を変えなさい。

보기

제가 김영수입니다. ➡ 제가 김영수인데요.

1. 지금 비가 옵니다. ➡ ______________________.

2. 김치가 좀 짭니다. ➡ ______________________.

연습 練習 대화를 완성하십시오.
会話を完成させなさい。

1. 가 : 내일 만날까요?

   나 : ______________________는데요, 은데요/ㄴ데요.

2. 가 : 뭘 먹고 싶어요?

   나 : ______________________는데요, 은데요/ㄴ데요.

## 030 | -는 동안

**용법 用法** 어떤 동작이나 상태가 지속되는 시간을 나타내는 표현이다.
ある動作や状態が続く時間を表す表現である。

**활용 형태 活用形態**

**-는 동안** 동사 어간 뒤에 사용한다.
動詞の語幹の後ろにつけて使用する。

예 찾**는 동안**, 자**는 동안**

**예문 例文**

❶ 학교에 가는 동안 버스 안에서 음악을 들어요.
学校へ行く間にバスの中で音楽を聞きます。

❷ 내가 없는 동안 놀지 말고 공부하고 있어라.
私がいない間に遊ばないで勉強しなさい。

❸ 집에서 쉬는 동안 영화나 볼까 해요.
家で休んでいる間に映画でも見ようかと思います。

**참고 参考**

시간이나 기간을 나타내는 명사 뒤에 사용할 때는 '동안'을 쓴다.
時間や期間を表す名詞の後ろにつけて使用するときは'동안'を用いる。

- 한 달 동안 한국에 있을 거예요. 一ヶ月間韓国に滞在します。
- 몇 년 동안 태권도를 배웠어요? 何年間テコンドーを習いましたか。

연습 練習 한 문장으로 만드십시오.
2つの文を1つの文に変えなさい。

1. 영화를 봅니다. 휴대 전화를 꺼 놓으세요.

➡ ____________________는 동안 ____________________.

2. 영수 씨가 점심을 먹었습니다. 샤오밍 씨는 텔레비전을 봤습니다.

➡ ____________________는 동안 ____________________.

연습 練習 대화를 완성하십시오.
会話を完成させなさい。

1. 가 : ____________________는 동안 ____________________?

나 : 친구도 많이 사귀고 여행도 많이 하고 싶어요.

2. 가 : ____________________ 동안 ____________________?

나 : 1년 동안 한국어를 공부했어요.



꼭~ 알아두기

## 031 | -는 줄 알다

**용법 用法**

어떤 사실의 결과가 나타나기 전에 미루어 짐작한 내용이 실제 사실과 다름을 나타낼 때 쓴다. 보통 '-는 줄 알았다'의 형태로 쓰인다.
ある事実の結果が現れる前に推測した内容が実際の事実と異なることを表すときに用いる。通常、'-는 줄 알았다'の形態で用いる。

**활용 형태 活用形態**

**-는 줄 알다** 동사 어간이나 '있다', '없다' 어간 뒤에 사용한다.
動詞の語幹や'있다', '없다'の語幹の後ろにつけて使用する。

예 먹**는 줄 알다**, 사귀**는 줄 알다**, 없**는 줄 알다**

**-은 줄 알다** 자음으로 끝나는 형용사 어간 뒤에 사용한다.
子音で終わる形容詞の語幹の後ろにつけて使用する。

예 많**은 줄 알다**

**-ㄴ 줄 알다** 모음으로 끝나는 형용사 어간 뒤에 사용한다.
母音で終わる形容詞の語幹の後ろにつけて使用する。

예 바**쁜 줄 알다**

**인 줄 알다** 명사 뒤에 사용한다.
名詞の後ろにつけて使用する。

예 학생**인 줄 알다**, 강아지**인 줄 알다**

**-은/ㄴ 줄 알다** 과거나 완료를 나타낼 때 동사 어간 뒤에 사용한다.
過去や完了を表すとき動詞の語幹の後ろにつけて使用する。

예 찾**은 줄 알다**, **간 줄 알다**

**-을/ㄹ 줄 알다** 미래나 추측을 나타낼 때 동사나 형용사 어간 뒤에 사용한다.
未来や推測を表すとき動詞や形容詞の語幹の後ろにつけて使用する。

예 받**을 줄 알다**, 만**날 줄 알다**, 넓**을 줄 알다**, 예**쁠 줄 알다**

예문 例文

❶ 마이클 씨가 축구를 좋아하는 줄 알았습니다.
マイケルさんがサッカーが好きだと思っていました。

❷ 웨이 씨가 저보다 나이가 적은 줄 알았습니다.
ウェイさんが私より年下だと思っていました。

❸ 저는 그 분이 선생님인 줄 알았어요.
私はあの方が先生だと思っていました。

❹ 연락이 없어서 벌써 고향으로 돌아가신 줄 알았어요.
連絡がなかったのでもう故郷へ帰られたと思っていました。

❺ 오늘 모임에 못 오실 줄 알았는데 어떻게 오셨어요?
今日の集まりに来れないと思いましたが、どうやっていらっしゃいましたか。



연습 練習 같은 의미가 되도록 문장을 바꾸십시오.
同じ意味を表す文にしなさい。

1. 그 사람이 대학생이라고 생각했는데 회사원이었어요.

→ 그 사람이 ______________________는, 은/ㄴ, 을/ㄹ 줄 알았어요.

2. 교통이 복잡할 것이라고 생각했는데 복잡하지 않았어요.

→ 교통이 ______________________는, 은/ㄴ, 을/ㄹ 줄 알았어요.

연습 練習 대화를 완성하십시오.
会話を完成させなさい。

1. 가 : 저는 매운 음식을 좋아해요.

나 : 그래요? 매운 음식을 ______________________.

2. 가 : 어제 모임에 왜 안 왔어요?

나 : 어제였어요? ______________________.

## 032 | –는지 알다/모르다

**용법 用法**

어떤 사실에 대해 알거나 모름을 나타낼 때 쓴다. '–는지 알다/모르다' 앞에는 주로 '언제', '누구', '어디', '얼마', '어떻게' 등의 의문사가 온다.
ある事実に対し、それを知っているか否かを表すときに用いる。'–는지 알다/모르다'の前には主に'언제', '누구', '어디', '얼마', '어떻게' 等の疑問詞が来る。

**활용 형태 活用形態**

**–는지 알다** 동사 어간이나 '있다', '없다' 어간 뒤에 사용한다
動詞の語幹や'있다', '없다'の語幹の後ろにつけて使用する。

예 닫**는지 알다**, 좋아하**는지 모르다**, 맛있**는지 알다**

**–은지 알다** 자음으로 끝나는 형용사 어간 뒤에 사용한다.
子音で終わる形容詞の語幹の後ろにつけて使用する。

예 좋**은지 알다**

**–ㄴ지 알다** 모음으로 끝나는 형용사 어간 뒤에 사용한다.
母音で終わる形容詞の語幹の後ろにつけて使用する。

예 **싼지 모르다**

**인지 알다** 명사 뒤에 사용한다.
名詞の後ろにつけて使用する。

예 무엇**인지 알다**, 어디**인지 모르다**

**–었는지/았는지/였는지 알다**
과거나 완료를 나타낼 때 동사 어간 뒤에 사용한다.
過去や完了を表すとき動詞の語幹の後ろにつけて使用する。

예 먹**었는지 알다**, **갔는지 모르다**, 일**했는지 알다**

**–을지/ㄹ지 알다** 미래를 나타낼 때 동사 어간 뒤에 사용한다.
未来を表すとき動詞の語幹の後ろにつけて使用する。

예 입**을지 알다**, **올지 모르다**

### 예문 例文

❶ 서울역에 어떻게 가는지 아십니까?
ソウル駅までどのように行くか御存知ですか。

❷ 오늘 도서관에 왜 사람이 많은지 알아요?
今日図書館に何故人が多いのか知っていますか。

❸ 지하철 요금이 얼마인지 몰라요.
地下鉄の料金がいくらなのか分かりません。

❹ 나는 두 사람이 어떻게 만났는지 몰라.
私は二人がどうやって出会ったのか知らないよ。

❺ 내일 선생님께서 무슨 말씀을 하실지 알아요.
明日先生が何をおっしゃるか知っています。

### 참고 参考

'-는지 모르다'는 '얼마나 -는지 모르다'의 형태로 쓰여 '아주 ~하다'의 의미를 나타내기도 한다.
'-는지 모르다'は'얼마나 -는지 모르다'の形態で用いられ'아주~하다'の意味を表したりもする。

- 학생들이 얼마나 열심히 공부하는지 모릅니다.
  学生達がどれだけ一生懸命勉強しているか分かりません。
- 병원에 환자가 얼마나 많은지 몰라요.
  病院に患者がどれだけ多いか分かりません。



### 연습 練習 한 문장으로 만드십시오.
2つの文を1つの文に変えなさい。

1. 경복궁이 어디에 있습니까? 아십니까?

   ➡ ________________는지, 은지/ㄴ지 ____________________?

2. 리에 씨 생일이 언제입니까? 알아요?

   ➡ ________________는지, 은지/ㄴ지 ____________________?

### 연습 練習 대화를 완성하십시오.
会話を完成させなさい。

1. 가 : ________________________________________________?

   나 : 네, 알아요. 회의는 2시에 끝날 거예요.

2. 가 : ________________________________________________?

   나 : 아니요, 웨이 씨가 어제 무엇을 했는지 몰라요.

## 033 | -니?

**용법 用法** 격식체 반말로 아랫사람이나 동급의 사람에게 질문을 할 때 쓴다.
格式体のくだけた言い回しで自分と同等か目下の者に質問をするときに用いる。

**활용 형태 活用形態**

**-니?** 동사나 형용사 어간 뒤에 사용한다.
動詞や形容詞の語幹の後ろにつけて使用する。

예 찾**니?**, 가**니?**, 많**니?**, 아프**니?**

**이니?** 명사 뒤에 사용한다.
名詞の後ろにつけて使用する。

예 학생**이니?**, 관광지**이니?**

**-었니?/았니?/였니?**
과거나 완료를 나타낼 때 동사나 형용사 어간 뒤에 사용한다.
過去や完了を表すとき動詞や形容詞の語幹の後ろにつけて使用する。

예 빌**렸니?**, 닫**았니?**, 세수**했니?**, 맛있**었니?**, 좁**았니?**, 한가**했니?**

**-겠니?** 미래나 추측을 나타낼 때 동사나 형용사 어간 뒤에 사용한다.
未来や推測を表すとき動詞や形容詞の語幹の後ろにつけて使用する。

예 앉**겠니?**, 보**겠니?**, 적**겠니?**, 비싸**겠니?**

**예문 例文**

❶ 요즘 어떻게 지내니?
最近どう？

❷ 어느 나라 사람이니?
どの国の人なの？

❸ 어디에서 그 시계를 샀니?
どこでその時計を買ったの？

❹ 내일 우리 집에 오겠니?
明日うちに来る？

**참고** 参考

1. '-니?'의 부정형은 '-지 않니?'이다.
'-니?'の否定形は'-지 않니?'である。
   - 아르바이트가 힘들지 않니? アルバイトが大変じゃないか。
   - 왜 오늘 학교에 가지 않니? 何故今日学校に行かないの。

2. 자음으로 끝나는 형용사 어간 뒤에는 '-으니?'를 쓸 수 있다.
子音で終わる形容詞の語幹の後ろに'-으니?'をつけて使用することもできる。
   - 날씨가 좋으니? 天気が良いか。
   - 운동장이 넓으니? 運動場が広いか。



**연습** 練習 빈칸을 채우십시오.
空欄をうめなさい。

| 높임말 | 반말 |
|---|---|
| 〈보기〉 요즘 무엇을 배웁니까? | 요즘 무엇을 배우니? |
| 가방이 무겁습니까? | |
| 이것은 누구 안경입니까? | |
| 어제 서울에 눈이 왔습니까? | |
| 무슨 노래를 부르겠습니까? | |

**연습** 練習 대화를 완성하십시오.
会話を完成させなさい。

1. 가 : ______________________________니?

   나 : 아니, 잘 못한다.

2. 가 : ______________________________니?

   나 : 공부한다.

문법 알아보기

# ㄷ

## 034 | ㄷ 불규칙 용언

**용법 用法**

ㄷ 불규칙 용언은 어간이 'ㄷ'으로 끝나는 동사 중의 일부 동사(묻다, 듣다, 걷다, 싣다 등)를 말한다. ㄷ 불규칙 용언은 모음으로 시작하는 어미 앞에서 받침 'ㄷ'이 'ㄹ'로 바뀐다.
ㄷ不規則用言は語幹が'ㄷ'で終わる動詞の内､一部の動作(묻다, 듣다, 걷다, 싣다 等)を言う｡ㄷ不規則用言は母音で始まる語尾の前でパッチム'ㄷ'が'ㄹ'に変わる。

**활용 형태 活用形態**

**묻다** + –어요/아요 → **물어요**
**걷다** + –으니까/니까 → **걸으니까**

**예문 例文**

❶ 날마다 학교까지 걸어서 옵니다.
毎日学校まで歩いてきます。

❷ 여행 가방을 자동차에 실으세요.
スーツケースを車に載せてください。

❸ 음악을 들으면 기분이 좋습니다.
音楽を聴くと気分が良いです。

**참고 参考**

받침 'ㄷ'이 있지만 불규칙 용언이 아닌 동사가 있다. '닫다', '믿다', '받다'는 ㄷ 불규칙 용언이 아니다.
パッチム'ㄷ'があるが不規則用言でない動詞がある｡'닫다', '믿다', '받다'はㄷ不規則用言ではない。

- 추우니까 창문을 닫으세요. 寒いから窓を閉めてください。
- 고향에서 보내온 소포를 받아서 기분이 좋아요. 故郷から送られて来た小包を受取ったので嬉しいです。

연습 練習 빈칸을 채우십시오.
空欄をうめなさい。

| ㄷ 불규칙 용언 | -고 | -어서/아서 | -으면/면 | -으세요/세요 |
|---|---|---|---|---|
| 듣다 | | | | |
| 걷다 | | | | |
| 싣다 | | | | |
| *닫다 | | | | |
| *받다 | | | | |

연습 練習 대화를 완성하십시오.
会話を完成させなさい。

1. 가 : 무슨 음악을 들을까요?

   나 : 조용한 음악을 ____________________읍시다/ㅂ시다. (듣다)

2. 가 : 약속 시간이 몇 시지요?

   나 : 글쎄요, 웨이 씨에게 한번 ______________어/아 볼까요? (묻다)

## 035 | –다가

**용법 用法** 어떤 동작이나 상태가 중단되고 다른 동작이나 상태로 바뀜을 나타낼 때 쓴다.
ある動作や状態が中断され別の動作や状態に変わることを表すときに用いる。

**활용 형태 活用形態**

**–다가** 동사나 형용사 어간 뒤에 사용한다.
動詞や形容詞の語幹の後ろにつけて使用する。

예 읽**다가**, 가르치**다가**, 춥**다가**, 흐리**다가**

**예문 例文**

❶ 저녁을 먹다가 전화를 받았어요.
晩御飯を食べている時に電話を受けました。

❷ 자다가 시끄러워서 깼어요.
寝ている時にうるさくて目が覚めました。

❸ 날씨가 맑다가 갑자기 비가 왔어요.
晴れていましたが急に雨が降りました。

**참고 参考**

앞 동작이 진행되면서 뒤 동작이 덧붙는 경우에도 쓴다.
前半部の動作が進行されながら後半部の動作が付け加えられる場合にも用いる。

- 학교에 가다가 친구를 만났어요. 学校に行く途中に友達に会いました。
- 음악을 듣다가 부모님 생각이 났어요. 音楽を聴いて両親のことを思い出しました。

연습 練習 **관계있는 것을 연결해서 문장을 완성하십시오.**
関係のあるものを線で結んで文を完成させなさい。

| | |
|---|---|
| 집에 돌아옵니다. • | • 오른쪽으로 가십시오. |
| 똑바로 갑니다. • | • 재미없어서 나갔어요. |
| 영화를 봅니다. • | • 빵을 샀습니다. |

보기

집에 돌아오다가 빵을 샀습니다.

1. ____________다가 ____________.
2. ____________다가 ____________.

연습 練習 **대화를 완성하십시오.**
会話を完成させなさい。

1. 가 : 무엇을 하다가 다리를 다쳤어요?

   나 : ____________다가 ____________.

2. 가 : 요즘도 중국어를 배우십니까?

   나 : 아니요, ____________다가 ____________.

ㄷ

## 036 | -더군요

**용법 用法**

과거에 직접 경험하여 알게 된 사실을 지금 상대방에게 말할 때 쓴다.
過去に直接経験し新たに知った事実を今相手に述べるときに用いる。

**활용 형태 活用形態**

**-더군요**

동사나 형용사 어간 뒤에 사용한다.
動詞や形容詞の語幹の後ろにつけて使用する。

예 받**더군요**, 자**더군요**, 많**더군요**, 싸**더군요**

**이더군요**

명사 뒤에 사용한다.
名詞の後ろにつけて使用する。

예 학생**이더군요**, 영화**이더군요**

**-었더군요/았더군요/였더군요**

과거나 완료를 나타낼 때 동사나 형용사 어간 뒤에 사용한다.
過去や完了を表すとき動詞や形容詞の語幹の後ろにつけて使用する。

예 먹**었더군요**, **왔더군요**, 공부**했더군요**, 적**었더군요**, 비**쌌더군요**, 한가**했더군요**

**예문 例文**

❶ 그 사람이 노래를 잘 부르더군요.
あの人が歌が上手でした。

❷ 월드컵 경기장이 정말 넓더군요.
ワールドカップ競技場が本当に広かったです。

❸ 어제 전화했을 때 통화중이더군요.
昨日電話した時に通話中だったです。

❹ 교실에 가니까 학생들이 이미 집에 갔더군요.
教室に行くと学生たちがすでに帰宅していました。

연습 練習 **문장을 완성하십시오.**
文を完成させなさい。

1. 지난 주말에 날씨가 아주 ________더군요. (맑다)
2. 어제 수영장에 갔는데 마이클 씨가 수영을 참 ________더군요. (잘 하다)

연습 練習 **대화를 완성하십시오.**
会話を完成させなさい。

1. 가 : 어제 본 영화가 어땠어요?

   나 : ______________________________더군요.

2. 가 : 지난 주 회의에 김 부장님이 오셨어요?

   나 : ______________________________더군요.

ㄷ

## 037 | –던

**용법 用法**

과거의 완료되지 않은 동작이나 중단된 상태를 회상하면서 말할 때 쓴다. '–던'의 뒤에는 명사가 온다.
過去の完了してない動作や中断した状態を回想して述べるときに用いる。'–던'の後ろには名詞が来る。

**활용 형태 活用形態**

**–던** 동사나 형용사 어간 뒤에 사용한다.
動詞や形容詞の語幹の後ろにつけて使用する。

예 걷**던**, 보**던**, 많**던**, 착하**던**

**예문 例文**

❶ 읽던 책을 덮고 밖으로 나갔습니다.
読んでいた本を閉じて外へ出かけました。

❷ 내가 마시던 커피가 어디에 있지?
私が飲んでいたコーヒーがどこにあるかな。

❸ 조용하던 아이가 요즘 말이 많아졌어요.
おとなしかった子供が最近口数が増えました。

**참고 参考**

과거의 습관적인 동작을 회상하며 말할 때도 쓴다.
過去の習慣的な動作を回想して述べるときにも用いる。

- 이 노래는 웨이 씨가 자주 부르던 노래예요. この歌はウェイさんがよく歌っていた歌です。
- 언니가 쓰던 사전을 제가 쓰고 있어요. 姉が使っていた辞書を私が使っています。

**연습 練習** 한 문장으로 만드십시오.
2つの文を1つの文に変えなさい。

1. 아이가 먹었습니다. 케이크를 엄마가 먹습니다.

➡ ______________________던 ______________________________.

2. 형이 쳤습니다. 피아노를 제가 치고 있어요.

➡ ______________________던 ______________________________.

**연습 練習** 다음을 읽고 문장을 만드십시오.
次の文章を読んで文を作りなさい。

진수는 제 초등학교 친구입니다.

진수의 집은 우리 집과 아주 가까워서 〈보기〉 우리는 날마다 같이 학교에 갔습니다.

수업이 끝나면 1. 자주 우리 집에 가서 함께 숙제를 했습니다.

또 2. 주말에 시간이 있을 때마다 운동장에서 축구도 하고 야구도 했습니다.

**보기**

진수는 초등학교 때 날마다 같이 학교에 가던 친구입니다.

1. 진수는 초등학교 때 자주 ______________________던 친구입니다.
2. 진수는 초등학교 때 주말에 ______________________던 친구입니다.

ㄷ

꼭~ 알아두기

## 038 | 도

**용법 用法** 이미 어떤 것이 포함되고 그 위에 더함의 뜻을 나타낼 때 쓴다.
既にあることが含まれており、その上にさらに含んだ意味を表すときに用いる。

**활용 형태 活用形態**

**도** 명사 뒤에 사용한다.
名詞の後ろにつけて使用する。

예 한국 사람**도**, 교과서**도**

**예문 例文**

1. 시장에서 고기를 샀어요. 생선도 샀어요.
   市場で肉を買いました。魚も買いました。
2. 친구가 한국말을 배워요. 저도 한국말을 배워요.
   友だちが韓国語を習っています。私も韓国語を習っています。
3. 학교 앞 커피숍은 커피도 맛있고 분위기도 좋습니다.
   学校前の喫茶店はコーヒーも美味しいし、雰囲気も良いです。

**참고 参考**

'도'는 '이', '을'과 같이 쓰지 않지만 '에', '에서', '께서', '과' 등과는 같이 쓸 수 있다.
'도'は'이', '을'と一緒に使わないが'에', '에서', '께서', '과'などとは一緒に用いる事ができる。

- 친구가 어제 저녁에 전화했어요. 오늘 아침에도 전화했어요.
  友達が昨日の夜に電話しました。今朝も電話しました。
- 생일에 아버지께서 선물을 주셨어요. 어머니께서도 선물을 주셨어요.
  誕生日に父がプレゼントをくれました。母もプレゼントをくれました。

**연습 練習** ( )을 채우십시오.
( )の中をうめなさい。

1. 김치찌개가 맛있어요. 냉면( ) 맛있어요.
2. 저는 학교에서 열심히 공부합니다. 집( ) 열심히 공부합니다.

**연습 練習** 같은 의미가 되도록 문장을 바꾸십시오.
同じ意味になるよう文を変えなさい。

1. 사과하고 배가 많습니다.

   ➡ 사과가 많습니다. ______________________________.

2. 친구하고 제가 숙제를 합니다.

   ➡ 친구가 숙제를 합니다. ______________________________.

문법 알아보기

# ㄹ

## 039 | ㄹ 불규칙 용언

**용법 用法**

ㄹ 불규칙 용언은 어간이 'ㄹ'로 끝나는 동사와 형용사(알다, 만들다, 썰다, 팔다 등)를 말한다. ㄹ 불규칙 용언은 뒤에 'ㄴ, ㅂ, ㅅ'으로 시작하는 어미가 오면 'ㄹ'이 없어진다. 그리고 ㄹ 불규칙 용언의 어간 뒤에는 '으'가 오지 않는다.

ㄹ不規則用言は語幹が'ㄹ'で終わる動詞や形容詞(알다, 만들다, 썰다, 팔다 等)を言う。ㄹ不規則用言は後ろに'ㄴ, ㅂ, ㅅ'で始まる語尾が来ると'ㄹ'が消える。そしてㄹ不規則用言の語幹の後ろには'으'が来ない。

**활용 형태 活用形態**

**알다** + 습니다/ㅂ니다 → **압니다**
**걸다** + 는데 → **거는데**
**울다** + 으니까/니까 → **우니까**

**예문 例文**

❶ 어머니께서 맛있는 음식을 만드십니다.
お母さんが美味しい料理を作っています。

❷ 소고기와 채소는 칼로 가늘게 써세요.
牛肉と野菜は包丁で細く切ってください。

❸ 집 근처 가게에서는 여러 가지 물건을 파는데 싸고 좋아요.
家の近くの店では様々な物を売っていますが安くて良いです。

연습 練習 빈칸을 채우십시오.
空欄をうめなさい。

| ㄹ 불규칙 용언 | -어요/아요 | -습니다/ㅂ니다 | -는데, -은데/ㄴ데 | -으세요/세요 |
|---|---|---|---|---|
| 살다 | | | | |
| 팔다 | | | | |
| 만들다 | | | | |
| 놀다 | | | | |
| 울다 | | | | |
| 열다 | | | | |
| 걸다 | | | | |
| 길다 | | | | |
| 멀다 | | | | |

연습 練習 대화를 완성하십시오.
会話を完成させなさい。

1. 가 : 이 옷을 어디에 걸까요?

   나 : ______________________________으세요/세요. (옷걸이에 걸다)

2. 가 : 샤오밍 씨, 지금 어디에서 살아요?

   나 : ___________________________습니다/ㅂ니다. (학교 기숙사에서 살다)

## 040 | 르 불규칙 용언

**용법 用法**

르 불규칙 용언은 어간이 '르'로 끝나는 동사와 형용사(다르다, 부르다, 고르다, 빠르다, 서두르다 등)를 말한다. 르 불규칙 용언은 뒤에 모음으로 시작하는 어미가 오면 모음 'ㅡ'가 없어진다. 그리고 '르' 앞에 있는 음절에 받침 'ㄹ'이 생긴다.

르不規則用言は語幹が'르'で終わる動詞や形容詞(다르다, 부르다, 고르다, 빠르다, 서두르다等)を言う。르不規則用言は後ろに母音で始まる語尾が来ると母音'ㅡ'が消える。そして'르'の前にある音節にパッチム'ㄹ'が生じる。

**활용 형태** 活用形態

**다르다** + -어요/아요 → **달라요**
**부르다** + -어서/아서 → **불러서**

**예문** 例文

❶ 잘 듣고 맞는 답을 골라야 합니다.
良く聞いて正しい答えを選ばなければなりません。

❷ 출근 시간에는 버스보다 지하철이 더 빨라요.
朝の通勤時間はバスより地下鉄の方がもっと早いです。

❸ 회의 시간이 얼마 남지 않았으니까 서둘러서 준비합시다.
会議まで時間があまり残ってないので急いで準備しましょう。

**연습 練習** 빈칸을 채우십시오.
空欄をうめなさい。

| 르 불규칙 용언 | –으니까/니까 | –어요/아요 | –었어요/았어요 | –어서/아서 |
|---|---|---|---|---|
| 자르다 | | | | |
| 마르다 | | | | |
| 모르다 | | | | |
| 고르다 | | | | |
| 기르다 | | | | |
| 흐르다 | | | | |
| 서두르다 | | | | |
| 게으르다 | | | | |

**연습 練習** 대화를 완성하십시오.
会話を完成させなさい。

1. 가 : 더 드세요.

   나 : 배가 ____________어서/아서 더 못 먹겠어요. (부르다)

2. 가 : 한국에 오기 전에 한국말을 배우셨어요?

   나 : 아니요, 처음 한국에 왔을 때는 한국말을 하나도 __________었어요/았어요. (모르다)

문법 알아보기

# ㅁ

## 041 | 만

**용법 用法** 어떤 것을 한정할 때 쓴다. 강조의 의미로도 사용된다.
あることを限定するときに用いる。強調の意味としても使用される。

**활용 형태 活用形態**

**만** 명사나 일부 부사 뒤에 사용한다.
名詞や一部の副詞の後ろにつけて使用する。

예 10분**만**, 친구**만**, 조금**만**, 잠시**만**

**예문 例文**

❶ 하루 종일 책만 읽었습니다.
一日中本ばかり読みました。

❷ 모두 왔는데 웨이 씨만 안 왔어요.
皆来ましたけど、ウェイさんだけ来ていません。

❸ 처리하는 동안 잠깐만 기다려 주십시오.
処理する間にしばらくお待ちください。

**참고 参考**

'만'은 '이', '을'과 같이 쓰이지 않지만 '에', '에서', '까지', '에게' 등과는 같이 쓸 수 있다.
'만'は'이','을'と一緒に使われないが'에','에서','까지','에게'等とは一緒に用いる事ができる。

- 오늘은 여기까지만 공부합시다. 今日はここまで勉強しましょう。
- 그 사람은 회사 일에만 관심이 있어요. その人は会社の事にだけ関心があります。

연습 練習 (　　)을 채우십시오.
(　　)の中をうめなさい。

1. 주말에 잠(　　　　) 잤어요.
2. 다른 학생들은 모두 2학년인데 저(　　　　) 1학년이에요.

연습 練習 대화를 완성하십시오.
会話を完成させなさい。

1. 가 : 예습도 했어요?

   나 : 아니요, ______________________. (숙제)

2. 가 : 이 책은 어디에서 팔아요?

   나 : ______________________. (학교 앞 서점)



꼭~ 알아두기

## 042 | 만에

**용법 用法** 동작이 일어나서 계속된 기간을 나타내거나 어떤 일이 일어난 후에 또 일어나기까지의 기간을 나타낼 때 쓴다.
動作が起こり継続した期間を表したり､あることが起こった後または起こるまでの期間を表すときに用いる。

**활용 형태 活用形態**

**만에** 명사 뒤에 사용한다.
名詞の後ろにつけて使用する。

예 1년 **만에**, 얼마 **만에**

**예문 例文**

❶ 소설을 쓰기 시작한 지 6개월 만에 완성했습니다.
小説を書きはじめてから6ヶ月ぶりに完成しました。

❷ 자동차를 고친 지 닷새 만에 또 고장이 났어요.
車を修理して5日目にまた故障しました。

❸ 오래간만에 선생님께 편지를 써서 보냈습니다.
久しぶりに先生に手紙を書いて送りました。

연습 練習 **뜻이 같게 문장을 만드십시오.**
同じ意味の文を作りなさい。

보기

한국에 2년 전에 왔습니다. 또 왔습니다.
→ 한국에 2년 만에 왔어요.

1. 고향 음식을 6개월 전에 먹었습니다. 오늘 또 먹었습니다.

➡ ____________ 만에 ________________.

2. 집에 온 지 10분 됐습니다. 다시 밖으로 나갔습니다.

➡ ____________ 만에 ________________.

연습 練習 **대화를 완성하십시오.**
会話を完成させなさい。

1. 가 : 얼마 만에 가는 여행이에요?

   나 : ______________________________.

2. 가 : ______________________________?

   나 : 10년 만에 고등학교 동창을 만났어요.



꼭~ 알아두기

## 043 | 만큼

**용법 用法** 앞에 오는 명사와 정도나 한도가 비슷함을 나타낼 때 쓴다.
前に来る名詞と程度や限度が似ていることを表すときに用いる。

**활용 형태 活用形態**

**만큼** 명사 뒤에 사용한다.
名詞の後ろにつけて使用する。

예 고향**만큼**, 너**만큼**

**예문 例文**

1. 동생이 형만큼 키가 컸다.
   弟が兄ぐらい背が高かった。
2. 청바지만큼 편한 옷이 없어요.
   ジーンズほど楽な服はありません。
3. 아이에게 독서만큼 중요한 것이 없습니다.
   子供には読書ほど重要なものはありません。

연습 練習 〈보기〉에서 알맞은 것을 골라 문장을 완성하십시오.
<例>の中から適切なものを選び文を完成させなさい。

보기

고기　　하늘　　어른

나는 너를 하늘만큼 사랑해.

1. 요즘 채소가 ________만큼 비싸요.

2. 그 아이는 밥을 ________만큼 많이 먹어요.

연습 練習 대화를 완성하십시오.
会話を完成させなさい。

1. 가 : 어느 시간이 제일 재미있었어요?

   나 : ____________________만큼 ______________________.

2. 가 : 여행한 곳 중에서 어디가 제일 아름다웠어요?

   나 : ____________________만큼 ______________________.

꼭~ 알아두기

ㅁ

문법 알아보기

# ㅂ

## 044 | ㅂ 불규칙 용언

**용법 用法**

ㅂ 불규칙 용언은 어간이 'ㅂ'으로 끝나는 일부 동사와 형용사(덥다, 맵다, 싱겁다, 아름답다 등)를 말한다. ㅂ 불규칙 용언은 뒤에 모음으로 시작하는 어미가 오면 받침 'ㅂ'이 '우'나 '오'로 바뀐다.

ㅂ不規則用言は語幹が'ㅂ'で終わる一部の動詞と形容詞(덥다, 맵다, 싱겁다, 아름답다等)を言う。ㅂ不規則用言は後ろに母音で始まる語尾が来るとパッチム'ㅂ'が'우'或は'오'に変わる。

**활용 형태** 活用形態

**덥다** + -어요/아요 → **더워요**

**아름답다** + -으니까/니까 → **아름다우니까**

**예문 例文**

❶ 비빔밥은 좀 매워요.
ビビンバはちょっと辛いです。

❷ 지난주에는 날씨가 아주 추웠습니다.
先週はとても寒かったです。

❸ 간을 보고 싱거우면 소금을 넣으세요.
味見をして薄かったら塩を入れてください。

**참고** 参考

1. '돕다'와 '곱다'는 뒤에 '어/아'로 시작하는 문형이 오면 받침 'ㅂ'이 '오'로 바뀐다.
'돕다'と'곱다'は後ろに'어/아'で始まる文型が来るとパッチム'ㅂ'が'오'に変わる。

**돕다** + -어요/아요 → **도와요**
**곱다** + -어서/아서 → **고와서**

- 도와 주셔서 감사합니다.
助けて下さって有難うございます。
- 한복 색깔이 정말 고와요.
韓服の色が本当に綺麗です。

2. 받침 'ㅂ'이 있지만 불규칙 용언이 아닌 동사도 있다. '입다', '잡다', '씹다', '뽑다', '좁다' 등은 ㅂ 불규칙 용언이 아니다.
パッチム 'ㅂ'があるが不規則用言でない動詞もある。'입다', '잡다', '씹다', '뽑다', '좁다' 等はㅂ不規則用言ではない。

- 한국에서는 설날에 한복을 입어요.
  韓国では正月に韓服を着ます。
- 길이 미끄러우니까 제 손을 잡으세요.
  道が滑るので私の手を掴んで下さい。

연습 練習 빈칸을 채우십시오.
空欄をうめなさい。

| ㅂ 불규칙 용언 | -고 | -어요/아요 | -은/ㄴ | -으면/면 |
|---|---|---|---|---|
| 춥다 | | | | |
| 맵다 | | | | |
| 싱겁다 | | | | |
| 어렵다 | | | | |
| 쉽다 | | | | |
| 고맙다 | | | | |
| 돕다 | | | | |
| 곱다 | | | | |

연습 練習 대화를 완성하십시오.
会話を完成させなさい。

1. 가 : 한국어 공부가 재미있어요?

   나 : 네, 재미있지만 문법이 좀 ____________어요/아요. (어렵다)

2. 가 : 서울 레스토랑입니다. 무엇을 ____________어/아 드릴까요? (돕다)

   나 : 내일 저녁 예약을 하려고 합니다.

ㅂ

## 045 | 밖에

**용법 用法** 어떤 것을 한정할 때 쓴다. 뒤에 부정을 나타내는 표현만 올 수 있다.
あることを限定するときに用いる。後ろに否定を表す表現だけが来る。

**활용 형태** 活用形態

**밖에** 명사 뒤에 사용한다.
名詞の後ろにつけて使用する。

예 학생**밖에**, 고기**밖에**

**예문** 例文

1. 저는 그 사람 이름밖에 몰라요.
   私はその人の名前しか知りません。
2. 남은 것이 하나밖에 없어요.
   残ったものが一つしかありません。
3. 집에서 학교까지 10분밖에 안 걸려요.
   家から学校まで10分しかかかりません。

꼭~ 알아두기

연습 練習 맞는 것을 고르십시오.
正しいものを選びなさい。

1. 주머니에 천 원밖에 없어요. (　　)

   주머니에 천 원밖에 있어요. (　　)

2. 저는 하루에 다섯 시간밖에 자요. (　　)

   저는 하루에 다섯 시간밖에 안 자요. (　　)

연습 練習 대화를 완성하십시오.
会話を完成させなさい。

1. 가 : 어제 공부를 많이 했어요?

   나 : 아니요, ____________________밖에 ____________________.

2. 가 : 양복이 몇 벌이나 있어요?

   나 : ____________________밖에 ____________________.

## 046 | 보다

**용법 用法** 비교의 대상을 나타낼 때 쓴다. 동일 범주의 대상을 비교할 때 쓴다.
比較の対象を表すとき使う。同一範疇の対象を比較するときに用いる。

**활용 형태 活用形態**

**보다** 명사 뒤에 사용한다.
名詞の後ろにつけて使用する。

예 오늘**보다**, 영어**보다**

**예문 例文**

❶ 올해는 작년보다 비가 많이 온다.
今年は去年よりたくさん雨が降る。

❷ 저는 비빔밥보다 냉면을 더 좋아합니다.
私はビビンバより冷麺の方が好きです。

❸ 출퇴근 시간에는 지하철이 버스보다 더 빠릅니다.
通勤時間には地下鉄がバスよりもっと早いです。

**연습 練習** 다음을 보고 문장을 완성하십시오.
次の単語を使って文を完成させなさい。

1. 한국어 영어

저는 ________________보다 ____________________.(재미있다)

2. 축구 수영

저는 ________________보다 ____________________.(잘 하다)

**연습 練習** 대화를 완성하십시오.
会話を完成させなさい。

1. 가 : 서울이 더워요? 고향이 더워요?

나 : ________________보다 ____________________.

2. 가 : 도시와 시골 중에서 어디를 더 좋아해요?

나 : ________________보다 ____________________.

## 047 | 부터

**용법 用法** 동작의 순서에서 제일 먼저 할 일을 나타낼 때 쓴다.
動作の順序で一番初めにすることを表すときに用いる。

**활용 형태 活用形態**

**부터** 명사 뒤에 사용한다.
名詞の後ろにつけて使用する。

예 물**부터**, 세수**부터**

**예문 例文**

1. 고향에 돌아가면 가족부터 만나고 싶습니다.
   故郷へ帰ったら家族から会いたいです。
2. 우선 숙제부터 하고 쉬세요.
   とりあえず宿題をして休みなさい。
3. 할 일이 많아서 뭐부터 해야 할지 모르겠어요.
   やることが多くて何からすれば良いのか分かりません。

꼭~ 알아두기

**연습 練習** 다음을 보고 대화를 완성하십시오.
次の単語を使って会話を完成させなさい。

1. 빨래 / 청소 / 설거지

가 : 집안일을 할 때 무엇부터 하세요?

나 : ______________부터 ______________________.

2. 인사동 / 경복궁 / 남산

가 : 서울에 가면 어디부터 구경하고 싶어요?

나 : ______________부터 ______________________.

**연습 練習** 대화를 완성하십시오.
会話を完成させなさい。

1. 가 : 아침에 일어나면 무엇부터 하십니까?

나 : ______________________________________.

2. 가 : 방학을 하면 제일 먼저 무엇을 하고 싶어요?

나 : ______________________________________.

ㅂ

꼭~ 알아두기

## 048 | 부터 까지

**용법 用法** '부터'는 어떤 범위의 시작점을 나타내고, '까지'는 어떤 범위의 끝을 나타낸다.
'부터'はある範囲の始点を表し、'까지'はある範囲の終りを表す。

**활용 형태 活用形態**

**부터 까지** 명사 뒤에 사용한다.
名詞の後ろにつけて使用する。

예 8시 반**부터** 10시 반**까지**, 1과**부터** 5과**까지**

**예문 例文**

❶ 9시부터 1시까지 수업이 있습니다.
9時から1時まで授業です。

❷ 시험 범위는 37쪽부터 68쪽까지입니다.
テストの範囲は37ページから68ページまでです。

❸ 월요일부터 금요일까지 회사에서 일을 합니다.
月曜日から金曜日まで会社で働いています。

**연습 練習** (　　)을 채우십시오.
(　　)の中をうめなさい。

1. 한국은 보통 6월(　　　　) 8월(　　　　) 여름이에요.
2. 언제(　　　　) 언제(　　　　) 일본에 계실 거예요?

**연습 練習** 다음을 보고 대화를 완성하십시오.
次の日程を見て会話を完成させなさい。

1.

| 14일 | 15일 | 16일 |
|---|---|---|
| ← | 시험 | → |

가 : 며칠부터 며칠까지 시험입니까?

나 : ______________________________.

2.

| 월요일 | 화요일 | 수요일 | 목요일 |
|---|---|---|---|
| ← | 한국어 수업 | | → |

가 : ______________________________?

나 : ______________________________.

ㅂ

문법 알아보기

# ㅅ

## 049 | ㅅ 불규칙 용언

**용법 用法**

ㅅ 불규칙 용언은 어간이 'ㅅ'으로 끝나는 일부 동사(낫다, 붓다, 젓다, 긋다 등)를 말한다. ㅅ 불규칙 용언은 뒤에 모음으로 시작하는 어미가 오면 받침 'ㅅ'이 없어진다.
ㅅ不規則用言は語幹が'ㅅ'で終わる一部の動詞(낫다, 붓다, 젓다, 긋다等)を言う。ㅅ不規則用言は後ろに母音で始まる語尾が来るとパッチム'ㅅ'が消える。ㅅ不規則用言はパッチム'ㅅ'が消えても母音'으'が来ることができる。

**활용 형태** 活用形態

**낫다** + -어요/아요 → **나아요**

**붓다** + -으면/면 → **부으면**

**예문** 例文

❶ 커피에 설탕을 넣고 잘 저으세요.
コーヒーに砂糖を入れて良くかき混ぜてください。

❷ 어제 다친 다리가 많이 부었습니다.
昨日痛めた脚がとても腫れました。

❸ 중요한 문법에는 밑줄을 그으십시오.
重要な文法には下線を引いてください。

**참고** 参考

받침 'ㅅ'이 있지만 불규칙 용언이 아닌 동사도 있다. '웃다', '벗다', '씻다', '빗다' 등은 ㅅ 불규칙 용언이 아니다.
パッチム'ㅅ'があるが不規則用言でない動詞もある。'웃다', '벗다', '씻다', '빗다' 等はㅅ不規則用言ではない。

- 신발을 벗어서 신발장에 넣었어요.
  靴を脱いで下駄箱に入れました。
- 이야기를 듣고 모두 크게 웃었습니다.
  話を聞いてみんな大きな声で笑いました。

연습 練習 **빈칸을 채우십시오.**
空欄をうめなさい。

| ㅅ 불규칙 용언 | –고 | –어서/아서 | –으니까/니까 | –었어요/았어요 |
|---|---|---|---|---|
| 젓다 | | | | |
| 잇다 | | | | |
| 긋다 | | | | |
| 짓다 | | | | |
| *웃다 | | | | |
| *씻다 | | | | |
| *벗다 | | | | |
| *빗다 | | | | |

연습 練習 **대화를 완성하십시오.**
会話を完成させなさい。

1. 가 : 여기에도 건물을 짓는군요.

   나 : 네, 다 ______________으려면/려면 3년쯤 걸릴 거예요.(짓다)

2. 가 : 잡채는 어떻게 만들어요?

   나 : 우선 당근과 양파를 깨끗하게 ______________은/ㄴ 후에 가늘게 써세요. (씻다)

## 050 | -습니까?

**용법 用法** '-습니다'의 의문 형태로 정중하게 질문할 때 쓴다.
'습니다'の疑問形態で丁寧に質問するときに用いる。

**활용 형태 活用形態**

**-습니까?** 자음으로 끝나는 동사나 형용사 어간 뒤에 사용한다.
子音で終わる動詞や形容詞の語幹の後ろにつけて使用する。

예 찾**습니까?**, 아름답**습니까?**

**-ㅂ니까?** 모음으로 끝나는 동사나 형용사 어간 뒤에 사용한다.
母音で終わる動詞や形容詞の語幹の後ろにつけて使用する。

예 **옵니까?**, 기**쁩니까?**

**예문 例文**

❶ 일주일에 책을 몇 권쯤 읽습니까?
一週間に本を何冊ぐらい読みますか。

❷ 어느 것이 더 예쁩니까?
どっちがもっと可愛いですか。

❸ 주말에 보통 무엇을 합니까?
週末には普通何をしますか。

연습 練習 맞는 것을 고르십시오.
正しいものを選びなさい。

1. 키가 (크습니까, 큽니까)?
2. 몇 시에 회의를 (시작하습니까, 시작합니까)?

연습 練習 대화를 완성하십시오.
会話を完成させなさい。

1. 가 : ______________________________?

   나 : 네, 요즘 바쁩니다.
2. 가 : ______________________________?

   나 : 김 선생님께서 가르치십니다.

## 051 | -습니다

**용법 用法** 격식체 종결어미이다. 주로 윗사람이나 높임의 대상에게 쓴다.
格式体の終結語尾である。主に目上の人や敬意の対象に対して用いる。

**활용 형태 活用形態**

**-습니다** 자음으로 끝나는 동사나 형용사 어간 뒤에 사용한다.
子音で終わる動詞や形容詞の語幹の後ろにつけて使用する。

예 앉**습니다**, 어렵**습니다**

**-ㅂ니다** 모음으로 끝나는 동사나 형용사 어간 뒤에 사용한다.
母音で終わる動詞や形容詞の語幹の後ろにつけて使用する。

예 **갑니다**, 예**쁩니다**

**예문 例文**

❶ 창문을 닦습니다.
窓を拭きます。

❷ 백화점 물건은 시장 물건보다 비쌉니다.
デパートのものは市場のものより高いです。

❸ 아침마다 공원에서 운동을 합니다.
毎朝公園で運動します。

**연습 練習** 맞는 것을 고르십시오.
正しいものを選びなさい。

1. 김치가 (맵습니다, 맵니다).
2. 수업이 끝나고 친구를 (만나습니다, 만납니다).

**연습 練習** 대화를 완성하십시오.
会話を完成させなさい。

1. 가 : 어디에 갑니까?

   나 : ________________________________.

2. 가 : 숙제가 많습니까?

   나 : ________________________________.

문법 알아보기

# ㅇ

052 –어
053 –어 가지고$^1$
054 –어 가지고$^2$
055 –어도
056 –어도 되다
057 –어라
058 –어 보다
059 –어 보이다
060 –어서$^1$
061 –어서$^2$
062 –어서 그런지
063 –어야 하다
064 –어요
065 –어 있다
066 –어 주다
067 –어지다$^1$
068 –어지다$^2$
069 –어하다
070 –었–
071 –었다가
072 –었던
073 에$^1$
074 에$^2$
075 에$^3$
076 에게
077 에게서
078 에다가
079 에 대해서
080 에 비해서
081 에서
082 에서 까지
083 으 불규칙 용언
084 –으니까$^1$
085 –으니까$^2$
086 –으라고 하다
087 –으러
088 –으려고
089 –으려고 하다
090 –으려면
091 으로$^1$
092 으로$^2$
093 –으면
094 –으면서
095 –으면 안 되다
096 –으세요
097 –으시–
098 –으십시오
099 은
100 –은 적이 있다/없다
101 –은 지
102 –은 후에
103 을
104 –을 거예요$^1$
105 –을 거예요$^2$
106 –을게요
107 –을까요?$^1$
108 –을까요?$^2$
109 –을까요?$^3$
110 –을까 하다
111 –을 때
112 –을래요?
113 –을수록
114 –을 수 있다/없다
115 –을지
116 –을 테니까
117 –읍시다
118 의
119 이
120 이나$^1$
121 이나$^2$
122 이나$^3$
123 이나$^4$
124 이든지
125 이 아니다
126 입니까?
127 입니다

## 052 | -어

**용법 用法**

비격식체 종결어미이다. 주로 아랫사람이나 동급의 사람에게 쓰는데 아주 친한 윗사람에게도 쓸 수 있다.
非格式体の終結語尾である。主に友達や目下の者に対して用いるが目上の人に対しても、とても親しい場合使うことができる。

**활용 형태** 活用形態

**-어**

'ㅏ, ㅗ' 이외의 모음으로 끝나는 동사나 형용사의 어간 뒤에 사용한다.
'ㅏ,ㅗ'以外の母音で終わる動詞や形容詞の語幹の後ろにつけて使用する。

예 찍**어**, 쉬**어**, 적**어**, 가늘**어**

**-아**

'ㅏ, ㅗ'로 끝나는 동사나 형용사의 어간 뒤에 사용한다.
'ㅏ,ㅗ'で終わる動詞や形容詞の語幹の後ろにつけて使用する。

예 찾**아**, 만**나**, 좋**아**, 비**싸**

**-여**

'하다'가 붙는 동사나 형용사의 어간 뒤에 사용한다. 주로 '하여'는 줄여서 '해'로 쓴다.
'하다'がつく動詞や形容詞の語幹の後ろにつけて使用する。主に'하여'は縮約して'해'の形態で使用する。

예 공부**해**, 튼튼**해**

**이야**

자음으로 끝나는 명사 뒤에 사용한다.
子音で終わる名詞の後ろにつけて使用する。

예 학생**이야**

**야**

모음으로 끝나는 명사 뒤에 사용한다.
母音で終わる名詞の後ろにつけて使用する。

예 독서**야**

**-었어/았어/였어**

과거나 완료를 나타낼 때 동사나 형용사 어간 뒤에 사용한다.
過去や完了を表すとき動詞や形容詞の語幹の後ろにつけて使用する。

예 만들**었어**, **갔어**, 수영**했어**, 흐**렸어**, 바**빴어**, 복잡**했어**

**-겠어**

미래나 추측을 나타낼 때 동사나 형용사 어간 뒤에 사용한다.
未来や推測を表すとき動詞や形容詞の語幹の後ろにつけて使用する。

예 읽**겠어**, 빌리**겠어**, 작**겠어**, 슬프**겠어**

## 예문 例文

❶ 나는 지금 공부하고 있어.
私は今勉強している。

❷ 그 옷가게에는 예쁜 옷이 많아.
その洋服屋には可愛い服が多いよ。

❸ 나는 한국 사람이야.
私は韓国人よ。

❹ 왜 어제 학교에 안 왔어?
何故昨日学校に来なかったの？

❺ 나는 내일 집에서 쉬겠어.
私は明日､家で休むよ。



## 참고 参考

1. 상대방에게 질문할 때 쓸 수 있다.
相手に質問するときに用いることができる。
   - 지금 어디에 있어? 今どこ？
   - 무슨 음식을 좋아해? どんな食べ物が好き？

2. 상대방에게 명령하거나 권유할 때 쓸 수 있다.
相手に命令したり勧誘するときに用いることができる。
   - 너 먼저 가. 先に行きな。
   - 고향에 돌아가서 연락해. 故郷に帰ってから連絡して。

3. 상대방에게 함께 할 것을 제안할 때 쓸 수 있다.
相手に何か一緒にすることを提案するときに用いることができる。
   - 이번 주말에 같이 자전거를 타. 今週末に一緒に自転車に乗ろう。
   - 내일 날씨가 좋으면 같이 축구를 해. 明日天気が良かったら一緒にサッカーをしよう。

4. 일부 모음이 탈락되거나 축약된다.
一部の母音が脱落したり縮約したりする。

| | | | | | |
|---|---|---|---|---|---|
| 탈락 (脱落) | 가 | + | 아 | → | 가 |
| | 서 | + | 어 | → | 서 |
| | 쓰 | + | 어 | → | 써 |
| 축약 (縮約) | 오 | + | 아 | → | 와 |
| | 외우 | + | 어 | → | 외워 |
| | 가르치 | + | 어 | → | 가르쳐 |
| | 공부하 | + | 여 | → | 공부해 |

- 이 구두가 좋으니까 사. この靴が良いから買って。
- 나는 요즘 태권도를 배워. 私は最近テコンドを習ってるよ。

연습 練習 문장을 완성하십시오.
文を完成させなさい。

1. 너무 매워서 ______________________________어/아/여. (먹을 수 없다)
2. 시끄러우니까 문을 ______________________________어/아/여. (닫다)

연습 練習 대화를 완성하십시오.
会話を完成させなさい。

1. 가 : 어떤 사람이 좋아?

   나 : ______________________________어/아/여.

2. 가 : 수업이 끝나고 어디에 갈까?

   나 : ______________________________어/아/여.

## 053 | -어 가지고[1]

**용법 用法**

앞뒤의 동작이 순차적으로 일어남을 나타내거나 앞의 동작을 바탕으로 뒤의 동작이 이루어짐을 나타낼 때 쓴다.
前後の動作が順次起ることを表したり前半部の動作をもとに後半部の動作が行われることを表すときに用いる。

**활용 형태 活用形態**

**-어 가지고** 'ㅏ, ㅗ' 이외의 모음으로 끝나는 동사의 어간 뒤에 사용한다.
'ㅏ,ㅗ'以外の母音で終わる動詞の語幹の後ろにつけて使用する。

예 넣**어 가지고**, 써 **가지고**

**-아 가지고** 'ㅏ, ㅗ'로 끝나는 동사의 어간 뒤에 사용한다.
'ㅏ,ㅗ'で終わる動詞の語幹の後ろにつけて使用する。

예 잡**아 가지고**, 싸 **가지고**

**-여 가지고** '하다'가 붙는 동사의 어간 뒤에 사용한다. 주로 '하여'는 줄여서 '해'로 쓴다.
'하다'がつく動詞の語幹の後ろにつけて使用する。主に'하여'は縮約して'해'の形態で使用する。

예 공부**해 가지고**

**예문 例文**

❶ 채소를 씻어 가지고 냉장고에 넣으세요.
野菜を洗って冷蔵庫に入れてください。

❷ 한국에서는 집들이에 갈 때 세제를 사 가지고 가요.
韓国では引っ越しパーティーの時に洗剤を買っていきます。

❸ 주말에 친구들을 초대해 가지고 파티를 할 거예요.
週末に友だちを招待してパーティーをします。

**연습 練習** 한 문장으로 만드십시오.
2つの文を1つの文に変えなさい。

1. 배운 단어로 문장을 만듭니다. / 오세요.

➡ ____________어/아/여 가지고 ____________.

2. 은행에서 돈을 찾았습니다. / 등록금을 냈어요.

➡ ____________어/아/여 가지고 ____________.

**연습 練習** 대화를 완성하십시오.
会話を完成させなさい。

1. 가 : 돈을 모아 가지고 무엇을 사고 싶어요?

나 : ____________어/아/여 가지고 ____________.

2. 가 : 한국어를 배운 후에 뭘 하실 거예요?

나 : ____________어/아/여 가지고 ____________.

## 054 | -어 가지고[2]

**용법 用法**

앞의 동작이나 상태가 뒤의 동작이나 상태에 대한 이유를 나타낼 때 쓴다. 주로 말할 때 쓰인다.
前半部の動作や状態が後半部の動作や状態に対する理由を表すときに用いる。主に会話の中で使われる。

**활용 형태 活用形態**

**-어 가지고** 'ㅏ, ㅗ' 이외의 모음으로 끝나는 동사나 형용사의 어간 뒤에 사용한다.
'ㅏ, ㅗ'以外の母音で終わる動詞や形容詞の語幹の後ろに使用する。

예 마**셔 가지고**, 적**어 가지고**

**-아 가지고** 'ㅏ, ㅗ'로 끝나는 동사나 형용사의 어간 뒤에 사용한다.
'ㅏ, ㅗ'で終わる動詞や形容詞の語幹の後ろに使用する。

예 앉**아 가지고**, 바**빠 가지고**

**-여 가지고** '하다'가 붙는 동사나 형용사의 어간 뒤에 사용한다. 주로 '하여'는 줄여서 '해'로 쓴다.
'하다'がつく動詞や形容詞の語幹の後ろに使用する。主に'하여'は縮約して'해'の形態で使用する。

예 운동**해 가지고**, 복잡**해 가지고**

**예문 例文**

❶ 그렇게 게을러 가지고 무슨 일을 하겠니?
そんなに怠けていて何の仕事をするんだ。

❷ 어제 잠을 못 자 가지고 피곤합니다.
昨日寝られなくて疲れています。

❸ 열심히 일해 가지고 돈을 많이 모았습니다.
一生懸命働いてお金をたくさん貯めました。

**연습 練習** 한 문장으로 만드십시오.
2つの文を1つの文に変えなさい。

1. 바람이 많이 붑니다. / 나무들이 쓰러졌습니다.

➡ ____________________어/아/여 가지고 ________________________.

2. 언니와 얼굴이 비슷합니다./ 친구들이 자주 오해해요.

➡ ____________________어/아/여 가지고 ________________________.

**연습 練習** 대화를 완성하십시오.
会話を完成させなさい。

1. 가 : 집에 일찍 들어왔군요. 무슨 일이 있어요?

   나 : ______________________________어/아/여 가지고 일찍 왔어요.

2. 가 : 식중독에 걸렸다면서요?

   나 : 네, ________________________어/아/여 가지고 식중독에 걸렸어요.

## 055 | -어도

**용법 用法** 앞의 내용으로 예상할 수 있는 일반적인 결과가 나타나지 않을 때 쓴다.
前半部の内容で予想できる一般的な結果が現れないときに用いる。

**활용 형태 活用形態**

**-어도** 'ㅏ, ㅗ' 이외의 모음으로 끝나는 동사나 형용사의 어간 뒤에 사용한다.
'ㅏ, ㅗ'以外の母音で終わる動詞や形容詞の語幹の後ろにつけて使用する。

예 먹**어도**, 피**워도**, 넓**어도**, 슬**퍼도**

**-아도** 'ㅏ, ㅗ'로 끝나는 동사나 형용사의 어간 뒤에 사용한다.
'ㅏ, ㅗ'で終わる動詞や形容詞の語幹の後ろにつけて使用する。

예 닦**아도**, 끝**나도**, 작**아도**, 바**빠도**

**-여도** '하다'가 붙는 동사나 형용사의 어간 뒤에 사용한다. 주로 '하여'는 줄여서 '해'로 쓴다.
'하다'がつく動詞や形容詞の語幹の後ろにつけて使用する。主に'하여'は縮約して'해'の形態で使用する。

예 공부**해도**, 조용**해도**

**이어도** 명사 뒤에 사용한다.
名詞の後ろにつけて使用する。

예 선생님**이어도**, 천재**이어도**

**예문 例文**

❶ 맛이 없어도 남기지 말고 다 드세요.
美味しくなくても残さないで全部食べてください。

❷ 약속시간이 1시간이 지나도 친구가 오지 않았어요.
待ち合わせの時間から1時間が経っても友だちが来ませんでした。

❸ 아무리 많이 연습해도 발음이 좋아지지 않습니다.
いくら練習しても発音が良くなりません。

❹ 똑똑한 사람이어도 이 문제는 풀지 못할 거예요.
賢い人でもこの問題は解けないでしょう。

**연습 練習** 한 문장으로 만드십시오.
2つの文を1つの文に変えなさい。

1. 비가 옵니다. / 축구를 할 거예요.

➡ ____________________어도/아도/여도 ______________________________.

2. 술을 많이 마십니다. / 취하지 않아요.

➡ ____________________어도/아도/여도 ______________________________.

**연습 練習** 대화를 완성하십시오.
会話を完成させなさい。

1. 가 : 택시로 가면 제 시간에 갈 수 있을까요?

나 : 아니요, __________________어도/아도/여도 ________________________.

2. 가 : 이 옷이 너무 비싸지 않아요?

나 : 네, 하지만 ________________어도/아도/여도 ________________________.

## 056 | -어도 되다

**용법 用法** 허락이나 허용을 나타낼 때 쓴다. 허락하거나 허용하지 않을 때는 '-으면 안 되다'를 쓴다.
許諾や許容を表すときに用いる。許諾したり許容しないときには'-으면 안 되다'を用いる。

**활용 형태 活用形態**

**-어도 되다** 'ㅏ, ㅗ' 이외의 모음으로 끝나는 동사나 형용사의 어간 뒤에 사용한다.
'ㅏ, ㅗ'以外の母音で終わる動詞や形容詞の語幹の後ろにつけて使用する。

예 읽**어도 되다**, 마**셔도 되다**, 늦**어도 되다**, **커도 되다**

**-아도 되다** 'ㅏ, ㅗ'로 끝나는 동사나 형용사의 어간 뒤에 사용한다.
'ㅏ, ㅗ'で終わる動詞や形容詞の語幹の後ろにつけて使用する。

예 앉**아도 되다**, 들어**와도 되다**, 많**아도 되다**, 바**빠도 되다**

**-여도 되다** '하다'가 붙는 동사나 형용사의 어간 뒤에 사용한다. 주로 '하여'는 줄여서 '해'로 쓴다.
'하다'がつく動詞や形容詞の語幹の後ろにつけて使用する。主に'하여'は縮約して'해'の形態で使用する。

예 출발**해도 되다**, 복잡**해도 되다**

**이어도 되다** 명사 뒤에 사용한다.
名詞の後ろにつけて使用する。

예 외국 사람**이어도 되다**, 아이**이어도 되다**

**예문 例文**

❶ 약속 시간에 조금 늦어도 돼요?
約束の時間に少し遅れても大丈夫ですか。

❷ 교실에 들어가도 됩니다.
教室に入っても良いです。

❸ 모르는 것이 있으면 언제든지 질문해도 돼요.
知らないことがあればいつでも質問して良いです。

❹ 아르바이트를 하고 싶은데요. 고등학생이어도 돼요?
アルバイトがしたいですが高校生でも大丈夫ですか。

**참고** 参考

'-어도 괜찮다', '-어도 좋다', '-어도 상관없다' 등의 형태로도 사용된다.
'-어도 괜찮다','-어도 좋다','-어도 상관없다' 等も類似した意味として使用することができる。

- 가 : 밤 9시 이후에 전화해도 괜찮아요? 夜9時以降に電話しても良いですか。
  나 : 그럼요. 밤 10시에 전화해도 상관없어요. もちろん。夜10時に電話しても差障りありません。
- 가 : 잘 생긴 남자를 좋아하세요? 格好いい人がお好きですか。
  나 : 성격만 좋으면 잘 생기지 않아도 좋아요. 性格さえ良ければ格好良くなくても良いです。

**연습 練習** 문장을 완성하십시오.
文を完成させなさい。

1. 여기에 ____________________어도/아도/여도 돼요? (앉다)
2. 먼저 ________________어도/아도/여도 괜찮습니다. (퇴근하다)

**연습 練習** 대화를 완성하십시오.
会話を完成させなさい。

1. 가 : ________________________________?
   나 : 그럼요, 한번 입어 보세요.
2. 가 : 신발을 신고 집에 들어가도 돼요?
   나 : 아니요, ________________________________.

## 057 | -어라

**용법 用法** 격식체 반말로 아랫사람이나 친구와 같이 친한 사이에서 명령의 의미를 나타낼 때 쓴다.
格式体のくだけた言い回しで目下の者や友達のように親しい間柄で命令の意味を表すときに用いる。

**활용 형태 活用形態**

**-어라**
'ㅏ, ㅗ' 이외의 모음으로 끝나는 동사의 어간 뒤에 사용한다.
'ㅏ, ㅗ'以外の母音で終わる動詞の語幹の後ろにつけて使用する。

예 열**어라**, 쉬**어라**

**-아라**
'ㅏ, ㅗ'로 끝나는 동사의 어간 뒤에 사용한다.
'ㅏ, ㅗ'で終わる動詞の語幹の後ろにつけて使用する。

예 닫**아라**, **가라**

**-여라**
'하다'가 붙는 동사의 어간 뒤에 사용한다. 주로 '하여'는 줄여서 '해'로 쓴다.
'하다'がつく動詞の語幹の後ろにつけて使用する。主に'하여'は縮約して'해'の形態で使用する。

예 준비**해라**, 말**해라**

**예문 例文**

❶ 쌀쌀하니까 옷을 따뜻하게 입어라.
肌寒いから暖かい服を来ろ。

❷ 집에 밤 10시까지 들어와라.
家に夜10時までに帰ってこい。

❸ 손님이 오시니까 깨끗하게 청소해라.
お客さんが来るから綺麗に掃除しろ。

**참고 参考**

'-어라'의 부정형은 '-지 마라'이다.
'-어라'の否定形は'-지 마라'である。

- 여기에 앉지 마라. ここに座るな。
- 담배를 피우지 마라. たばこを吸うな。

**연습 練習** 빈칸을 채우십시오.
空欄をうめなさい。

| 높임말 | 반말 |
|---|---|
| 〈보기〉 창문을 닫으십시오. | 창문을 닫아라. |
| 여기에 이름을 쓰십시오. | |
| 열심히 공부하십시오. | |
| 밖에 나가지 마십시오. | |
| 다른 사람의 시험지를 보지 마십시오. | |

**연습 練習** 대화를 완성하십시오.
会話を完成させなさい。

1. 가 : 이 케이크를 먹어도 돼요?

   나 : 응, ______________________어라/아라/여라.

2. 가 : 할아버지, 텔레비전을 켤까요?

   나 : 아니, ______________________지 마라.

## 058 | −어 보다

**용법 用法** 어떤 동작을 시도함을 나타낼 때 쓴다.
ある動作を試すことを表すときに用いる。

**활용 형태 活用形態**

**−어 보다** 'ㅏ, ㅗ' 이외의 모음으로 끝나는 동사의 어간 뒤에 사용한다.
'ㅏ,ㅗ'以外の母音で終わる動詞の語幹の後ろにつけて使用する。

예 입**어 보다**, 배**워 보다**

**−아 보다** 'ㅏ, ㅗ'로 끝나는 동사의 어간 뒤에 사용한다.
'ㅏ,ㅗ'で終わる動詞の語幹の後ろにつけて使用する。

예 만**나 보다**, **와 보다**

**−여 보다** '하다'가 붙는 동사의 어간 뒤에 사용한다. 주로 '하여'는 줄여서 '해'로 쓴다.
'하다'がつく動詞の語幹の後ろにつけて使用する。主に'하여'は縮約して'해'の形態で使用する。

예 연습**해 보다**

**예문 例文**

❶ 이 옷이 손님에게 잘 어울릴 것 같은데 한번 입어 보세요.
この服がお客さんに良く似合いそうですが、一度着てみてください。

❷ 작년에 스키를 처음 타 봤는데 재미있었어요.
去年スキー場でスキーをしてみましたが面白かったです。

❸ 잘 할 수 있을지 모르겠지만, 제가 그 일을 한번 해 보겠습니다.
上手く出来るか分かりませんが私がその仕事を一度してみます。

꼭~ 알아두기

**연습 練習** 문장을 완성하십시오.
文を完成させなさい。

1. 이 문제에 대해서 같이 ________________어/아/여 봅시다. (이야기하다)
2. 요즘 인기가 있는 구두입니다. 한번 ________________어/아/여 보세요. (신다)

**연습 練習** 대화를 완성하십시오.
会話を完成させなさい。

1. 가 : 요즘 좀 우울해요.

   나 : 그럼 ________________어/아/여 보세요. 기분이 좋아질 거예요.

2. 가 : 이 근처에 맛있는 식당이 있어요?

   나 : 글쎄요. 인터넷으로 한번 ________________어/아/여 보세요.

## 059 | -어 보이다

**용법 用法** 어떤 대상을 보고 생겨난 느낌이나 짐작을 나타낼 때 쓴다.
ある対象を見て抱いた感想や推測を表すときに用いる。

**활용 형태** 活用形態

**-어 보이다** 'ㅏ, ㅗ' 이외의 모음으로 끝나는 형용사의 어간 뒤에 사용한다.
'ㅏ, ㅗ'以外の母音で終わる形容詞の語幹の後ろにつけて使用する。

예 적**어 보이다**, **커 보이다**

**-아 보이다** 'ㅏ, ㅗ'로 끝나는 형용사의 어간 뒤에 사용한다.
'ㅏ, ㅗ'で終わる形容詞の語幹の後ろにつけて使用する。

예 좋**아 보이다**, 비**싸 보이다**

**-여 보이다** '하다'가 붙는 형용사의 어간 뒤에 사용한다. 주로 '하여'는 줄여서 '해'로 쓴다.
'하다'がつく形容詞の語幹の後ろにつけて使用する。主に'하여'は縮約して '해'の形態で使用する。

예 행복**해 보이다**

**예문 例文**

❶ 밝은 색 옷을 입으니까 훨씬 젊어 보입니다.
明るい色の服を着たらもっと若く見えます。

❷ 농구 선수 옆에 서 있어서 그런지 키가 작아 보여요.
バスケット選手の横に立っているからか身長が低く見えます。

❸ 처음 영수 씨를 봤을 때 아주 성실해 보였어요.
はじめてヨンスさんを見たとき、とても真面目そうに見えました。

연습 練習 문장을 완성하십시오.
文を完成させなさい。

1. 리에 씨, 머리를 자르니까 ____________________어/아/여 보입니다. (어리다)
2. 언제 남자 친구가 ____________________어/아/여 보여요? (멋있다)

연습 練習 대화를 완성하십시오.
会話を完成させなさい。

1. 가 : 제가 만든 케이크예요. 한번 드셔 보세요.

   나 : 와, 정말 ____________________어/아/여 보여요.

2. 가 : 무슨 일이 있어요? 아주 ____________________어/아/여 보이는군요.

   나 : 네, 요즘 회사에 일이 많아서 밤늦게까지 일을 하고 있어요.

## 060 | -어서[1]

**용법 用法** 동작을 시간 순서에 따라 연결할 때 쓴다.
動作を時間の順序に従って繋ぐときに用いる。

**활용 형태 活用形態**

**-어서** 'ㅏ, ㅗ' 이외의 모음으로 끝나는 동사의 어간 뒤에 사용한다.
'ㅏ,ㅗ'以外の母音で終わる動詞の語幹の後ろにつけて使用する。

예 씻**어서**, 빌**려서**

**-아서** 'ㅏ, ㅗ'로 끝나는 동사의 어간 뒤에 사용한다.
'ㅏ,ㅗ'で終わる動詞の語幹の後ろにつけて使用する。

예 앉**아서**, **와서**

**-여서** '하다'가 붙는 동사의 어간 뒤에 사용한다. 주로 '하여'는 줄여서 '해'로 쓴다.
'하다'がつく動詞の語幹の後ろにつけて使用する。主に'하여'は縮約して'해'の形態で使用する。

예 일**해서**

**예문 例文**

❶ 편지를 써서 부모님께 부쳤습니다.
手紙を書いて両親に送りました。

❷ 병원에 가서 진찰을 한번 받아 보세요.
病院に行って一度診察を受けてみてください。

❸ 열심히 공부해서 좋은 대학교에 들어가고 싶습니다.
一生懸命勉強して良い大学に入りたいです。

**참고** 参考

'-어서'는 단순하게 동작의 순서를 나타내는 '-고'에 비해 앞 뒤 동작의 관계가 긴밀한 경우에 사용한다.
'-어서'は単純に動作の順序を表す'-고'に比べ前後動作の関係が緊密な場合に使用する。

- 친구와 만나서 영화를 봤어요. (친구를 만난 후에 그 친구와 영화를 봤다는 의미)
  友達と会って映画を見ました。(友達に会った後にその友達と映画を見たという意味)
- 친구와 만나고 영화를 봤어요. (친구를 만난 후에 그 친구와 관계없이 영화를 봤다는 의미)
  友達と会って映画を見ました。(友達と会った後にその友達と関係なく映画を見たという意味)

**연습 練習** 한 문장으로 만드십시오.
2つの文を1つの文に変えなさい。

1. 불고기를 만들겠습니다. / 친구들과 먹겠습니다.

   ➡ ____________________어서/아서/여서 ____________________________.

2. 학교에 왔습니다. / 수업을 들었습니다.

   ➡ ____________________어서/아서/여서 ____________________________.

**연습 練習** 대화를 완성하십시오.
会話を完成させなさい。

1. 가 : 밖에서 저녁을 먹고 들어갈까요?

   나 : 아니요, ____________________어서/아서/여서 먹읍시다.

2. 가 : 남대문 시장에 어떻게 가요?

   나 : ________________어서/아서/여서 오른쪽으로 가세요.

## 061 | –어서²

**용법 用法** 앞의 내용이 뒤의 내용에 대한 원인이나 이유를 나타낼 때 쓴다.
前半部の内容が後半部の内容に対する原因や理由を表すときに用いる。

### 활용 형태 活用形態

**–어서**
'ㅏ, ㅗ' 이외의 모음으로 끝나는 동사나 형용사의 어간 뒤에 사용한다.
'ㅏ,ㅗ'以外の母音で終わる動詞や形容詞の語幹の後ろにつけて使用する。

예 먹**어서**, 기다**려서**, 넓**어서**, 예**뻐서**

**–아서**
'ㅏ, ㅗ'로 끝나는 동사나 형용사의 어간 뒤에 사용한다.
'ㅏ,ㅗ'で終わる動詞や形容詞の語幹の後ろにつけて使用する。

예 닫**아서**, **와서**, 좁**아서**, 비**싸서**

**–여서**
'하다'가 붙는 동사나 형용사의 어간 뒤에 사용한다. 주로 '하여'는 줄여서 '해'로 쓴다.
'하다'がつく動詞や形容詞の語幹の後ろにつけて使用する。主に'하여'は縮約して'해'の形態で使用する。

예 운동**해서**, 깨끗**해서**

**이어서**
명사 뒤에 사용한다.
名詞の後ろにつけて使用する。

예 선생님**이어서**, 부자**이어서**

### 예문 例文

❶ 약속이 있어서 먼저 가야겠어요.
約束があるのでお先に失礼します。

❷ 처음 뵙겠습니다. 만나서 반갑습니다.
はじめまして。お会いできて嬉しいです。

❸ 이번 학기에 열심히 공부해서 장학금을 받았어요.
今学期に一生懸命勉強して奨学金を受け取りました。

❹ 오늘은 일요일이어서 늦잠을 잤어요.
今日は日曜日なので遅くまで寝ました。

**참고 参考**

이유를 나타내는 다른 표현으로 '-기 때문에'와 '-으니까[1]'가 있다. '-어서[2]'와 '-기 때문에'는 청유문이나 명령문에서 쓸 수 없고 '-으니까[1]'는 청유문이나 명령문에서 쓸 수 있다.
理由を表す他の表現として'-기 때문에'と'-으니까[1]'がある。'-어서[2]'と'-기 때문에'は請誘文や命令文では用いる事ができないが'-으니까[1]'は請誘文や命令文で使うことができる。

- 배가 고파서 식당에 갑시다. (×)
- 배가 고프니까 식당에 갑시다. お腹がすいたから食堂に行きましょう。 (○)

**연습 練習** 한 문장으로 만드십시오.
2つの文を1つの文に変えなさい。

1. 늦었습니다. / 죄송합니다.

   ➡ ____________어서/아서/여서 ____________.

2. 옷을 많이 입었습니다. / 춥지 않습니다.

   ➡ ____________어서/아서/여서 ____________.

**연습 練習** 대화를 완성하십시오.
会話を完成させなさい。

1. 가 : 왜 그 식당에 자주 가세요?

   나 : ____________어서/아서/여서 ____________.

2. 가 : 오늘 왜 회사에 안 갔어요?

   나 : ____________어서/아서/여서 ____________.

## 062 | -어서 그런지

**용법 用法**

원인이나 이유를 추측할 때 쓴다. 앞의 내용은 뒤의 내용에 대한 불확실한 원인이나 이유를 나타낸다.
原因や理由を推測するときに用いる。前半部の内容は後半部の内容に対する不確実な原因や理由を表す。



**활용 형태 活用形態**

**-어서 그런지** 'ㅏ, ㅗ' 이외의 모음으로 끝나는 동사나 형용사의 어간 뒤에 사용한다.
'ㅏ,ㅗ'以外の母音で終わる動詞や形容詞の語幹の後ろにつけて使用する。

예 먹**어서 그런지**, 쉬**어서 그런지**, 멀**어서 그런지**, 예**뻐서 그런지**

**-아서 그런지** 'ㅏ, ㅗ'로 끝나는 동사나 형용사의 어간 뒤에 사용한다.
'ㅏ,ㅗ'で終わる動詞や形容詞の語幹の後ろにつけて使用する。

예 닫**아서 그런지**, **봐서 그런지**, 작**아서 그런지**, 비**싸서 그런지**

**-여서 그런지** '하다'가 붙는 동사나 형용사의 어간 뒤에 사용한다. 주로 '하여'는 줄여서 '해'로 쓴다.
'하다'がつく動詞や形容詞の語幹の後ろにつけて使用する。主に'하여'は縮約して'해'の形態で使用する。

예 일**해서 그런지**, 피곤**해서 그런지**

**이어서 그런지** 명사 뒤에 사용한다.
名詞の後ろにつけて使用する。

예 주말**이어서 그런지**, 막내**이어서 그런지**

**예문 例文**

❶ 감기에 걸려서 그런지 머리가 많이 아파요.
風邪を引いたせいか頭がすごく痛いです。

❷ 비가 와서 그런지 놀이 공원에 사람이 별로 없군요.
雨が降ったせいか遊園地に人があまりいませんね。

❸ 열심히 공부해서 그런지 이번 기말 시험은 아주 쉬웠다.
一生懸命勉強したからか今回の期末テストはとても簡単だった。

❹ 그곳은 유명한 관광지이어서 그런지 관광객이 항상 많습니다.
あそこは有名な観光地だからか観光客が常に多いです。

**연습 練習** 다음을 보고 문장을 완성하십시오.
次の３つを参考にし文を完成させなさい。

1.

| 음식이 맛있다 | 아주머니가 친절하다 | 음식 값이 싸다 |
|---|---|---|

➡ 그 식당은 ____________________어서/아서/여서 그런지 손님이 많아요.

2.

| 한국 친구가 많다 | 열심히 공부한다 | 한국에 오래 살았다 |
|---|---|---|

➡ 샤오밍 씨는 ________________어서/아서/여서 그런지 한국어를 잘 해요.

**연습 練習** 대화를 완성하십시오.
会話を完成させなさい。

1. 가 : 왜 이렇게 길이 막힐까요?

   나 : ________________________어서/아서/여서 그런지 교통이 복잡하군요.

2. 가 : 요즘 아주 건강해 보이세요.

   나 : ______________________어서/아서/여서 그런지 전보다 건강해졌어요.

## 063 | -어야 하다

**용법 用法**

어떤 일을 하거나 어떤 상황에 이르기 위한 필수적이거나 의무적인 동작 혹은 꼭 필요한 상태나 조건임을 나타낼 때 쓴다. '-어야 하다' 대신에 '-어야 되다'로 쓸 수도 있다.
あることをしたり又はある状況に至るための必須的・義務的な動作、或は必ず必要な状態・条件であることを表すときに用いる。'-어야 하다'の代わりに'-어야 되다'を用いることもできる。

**활용 형태** 活用形態

**-어야 하다**
'ㅏ, ㅗ' 이외의 모음으로 끝나는 동사나 형용사의 어간 뒤에 사용한다.
'ㅏ,ㅗ'以外の母音で終わる動詞や形容詞の語幹の後ろにつけて使用する。

예 입**어야 하다**, 쉬**어야 하다**, 적**어야 하다**, 예**뻐야 하다**

**-아야 하다**
'ㅏ, ㅗ'로 끝나는 동사나 형용사의 어간 뒤에 사용한다.
'ㅏ,ㅗ'で終わる動詞や形容詞の語幹の後ろにつけて使用する。

예 앉**아야 하다**, **사야 하다**, 좋**아야 하다**, **싸야 하다**

**-여야 하다**
'하다'가 붙는 동사나 형용사의 어간 뒤에 사용한다. 주로 '하여'는 줄여서 '해'로 쓴다.
'하다'がつく動詞や形容詞の語幹の後ろにつけて使用する。主に'하여'は縮約して'해'の形態で使用する。

예 복습**해야 하다**, 깨끗**해야 하다**

**이어야 하다**
명사 뒤에 사용한다.
名詞の後ろにつけて使用する。

예 대학생**이어야 하다**, 의사**이어야 하다**

### 예문 例文

❶ 해외여행을 하려면 여권이 있어야 합니다.
海外旅行をするならパスポートがなければなりません。

❷ 장학금을 받으려면 시험을 잘 봐야 합니다.
奨学金をもらうならテストで良い成績を取らなければなりません。

❸ 오늘은 할 일이 많아서 늦게까지 일해야 돼요.
今日はやることが多くて遅くまで仕事しなければなりません。

❹ 제 여자 친구는 미인이어야 합니다.
私の彼女は美人でなければなりません。

### 연습 練習

문장을 완성하십시오.
文を完成させなさい。

1. 가수는 노래를 잘 ____________어야/아야/여야 합니다. (부르다)
2. 농구 선수가 되려면 ____________어야/아야/여야 해요. (키가 크다)

### 연습 練習

대화를 완성하십시오.
会話を完成させなさい。

1. 가 : 몇 시까지 도착해야 합니까?

   나 : ______________________________.

2. 가 : 한국말을 잘 하려면 어떻게 해야 해요?

   나 : ______________________________.

## 064 | −어요

**용법 用法** 비격식체 종결 어미이다.
非格式体の終結語尾である。

**활용 형태 活用形態**

**−어요**
'ㅏ, ㅗ' 이외의 모음으로 끝나는 동사나 형용사의 어간 뒤에 사용한다.
'ㅏ,ㅗ'以外の母音で終わる動詞や形容詞の語幹の後ろにつけて使用する。

예 입**어요**, 바**꿔요**, 적**어요**, 예**뻐요**

**−아요**
'ㅏ, ㅗ'로 끝나는 동사나 형용사의 어간 뒤에 사용한다.
'ㅏ,ㅗ'で終わる動詞や形容詞の語幹の後ろにつけて使用する。

예 앉**아요**, 만**나요**, 맑**아요**, **싸요**

**−여요**
'하다'가 붙는 동사나 형용사의 어간 뒤에 사용한다. 주로 '하여'는 줄여서 '해'로 쓴다.
'하다'がつく動詞や形容詞の語幹の後ろにつけて使用する。主に'하여'は縮約して '해'の形態で使用する。

예 운동**해요**, 한가**해요**

**이에요**
자음으로 끝나는 명사 뒤에 사용한다.
子音で終わる名詞の後ろにつけて使用する。

예 학생**이에요**

**예요**
모음으로 끝나는 명사 뒤에 사용한다.
母音で終わる名詞の後ろにつけて使用する。

예 교과서**예요**

**예문 例文**

❶ 가을에는 사람들이 책을 많이 읽어요.
秋には人々が本をたくさん読みます。

❷ 날마다 학교에 갈 때 지하철을 타요.
毎日学校に行くときに地下鉄を利用します。

❸ 주말에는 놀이공원이 아주 복잡해요.
週末には遊園地がとても混みます。

❹ 이것은 우리 가족사진이에요.
これはうちの家族写真です。

❺ 경주는 한국의 유명한 유적지예요.
慶州は韓国の有名な遺跡地です。

## 참고 参考

1. 상대방에게 질문할 때 쓸 수 있다.
相手に質問するときに用いることができる。

- 어디에 살아요? どこに住んでいますか。
- 대학생이에요? 大学生ですか。

2. 상대방에게 명령하거나 권유를 할 때 쓸 수 있다.
相手に命令したり勧誘をするときに用いることができる。

- 여기에 앉아요. ここに座って下さい。
- 지하철을 타고 가요. 地下鉄に乗って行ってください。

3. 상대방에게 함께 할 것을 제안할 때 쓸 수 있다.
相手に何かを一緒にすることを提案するときに使うことができる。

- 같이 들어가요. 一緒に入りましょう。
- 내일 학교 앞에서 만나요. 明日学校の前で会いましょう。

4. 일부 모음이 탈락되거나 축약된다.
一部の母音が脱落したり縮約したりする。

| | |
|---|---|
| 탈락 (脫落) | 가 + 아요 → 가요 |
| | 서 + 어요 → 서요 |
| | 쓰 + 어요 → 써요 |
| 축약 (縮約) | 오 + 아요 → 와요 |
| | 배우 + 어요 → 배워요 |
| | 가르치 + 어요 → 가르쳐요 |
| | 공부하 + 여요 → 공부해요 |

- 텔레비전을 꺼요. テレビを消します。
- 음악을 들으면서 친구를 기다려요. 音楽を聴きながら友達を待ちます。

연습 練習 빈칸을 채우십시오.
空欄をうめなさい。

| 동사 / 형용사 | −어요/아요/여요 |
|---|---|
| 타다 | |
| 앉다 | |
| 좋다 | |
| 주다 | |
| 크다 | |
| 마시다 | |
| 바쁘다 | |
| 일하다 | |
| 복잡하다 | |

연습 練習 대화를 완성하십시오.
会話を完成させなさい。

1. 가 : 내일 학교에 가요?

   나 : 네, ______________________________어요/아요/여요.

2. 가 : 주말에 뭘 할까요?

   나 : ______________________________어요/아요/여요.

## 065 | -어 있다

**용법 用法** 어떤 동작이 끝난 후 그 상태가 지속됨을 나타낼 때 쓴다.
ある動作が終了した後も、その状態が持続することを表すときに用いる。

**활용 형태 活用形態**

**-어 있다** 'ㅏ, ㅗ' 이외의 모음으로 끝나는 동사의 어간 뒤에 사용한다.
'ㅏ,ㅗ'以外の母音で終わる動詞の語幹の後ろにつけて使用する。

예 붙**어 있다**, 걸**려 있다**

**-아 있다** 'ㅏ, ㅗ'로 끝나는 동사의 어간 뒤에 사용한다.
'ㅏ,ㅗ'で終わる動詞の語幹の後ろにつけて使用する。

예 앉**아 있다**, **가 있다**

**-여 있다** '하다'가 붙는 동사의 어간 뒤에 사용한다. 주로 '하여'는 줄여서 '해'로 쓴다.
'하다'がつく動詞の語幹の後ろにつけて使用する。主に'하여'は縮約して'해'の形態で使用する。

예 입원**해 있다**

**예문 例文**

❶ 가방 안에 책과 필통이 들어 있어요.
カバンの中に本と筆箱が入っています。

❷ 어렸을 때 기억이 모두 남아 있습니다.
幼いときの記憶が全て残っています。

❸ 집에 들어오니까 텔레비전이 켜져 있었어요.
家に帰ったらテレビがついていました。

연습 練習 문장을 완성하십시오.
文を完成させなさい。

1. 창문이 ________어/아/여 있어요. (닫히다)
2. 하루 종일 ________어/아/여 있어서 다리가 아파요. (서다)

연습 練習 대화를 완성하십시오.
会話を完成させなさい。

1. 가 : 책상 위에 무엇이 놓여 있어요?

   나 : ________________________________________.

2. 가 : 학교에 왔을 때 누가 와 있었어요?

   나 : ________________________________________.

## 066 | -어 주다

**용법 用法** 다른 사람을 위해 어떤 행동을 할 때 쓴다.
誰かの為にある行動をするときに用いる。

**활용 형태 活用形態**

**-어 주다** 'ㅏ, ㅗ' 이외의 모음으로 끝나는 동사의 어간 뒤에 사용한다.
'ㅏ,ㅗ'以外の母音で終わる動詞の語幹の後ろにつけて使用する。

예 만들**어 주다**, **써 주다**

**-아 주다** 'ㅏ, ㅗ'로 끝나는 동사의 어간 뒤에 사용한다.
'ㅏ,ㅗ'で終わる動詞の語幹の後ろにつけて使用する。

예 닫**아 주다**, **가 주다**

**-여 주다** '하다'가 붙는 동사의 어간 뒤에 사용한다. 주로 '하여'는 줄여서 '해'로 쓴다.
'하다'がつく動詞の語幹の後ろにつけて使用する。主に'하여'は縮約して'해'の形態で使用する。

예 요리**해 주다**

**예문 例文**

❶ 더운데 창문 좀 열어 주세요.
暑いのですが窓をちょっと開けてください。

❷ 친구가 나에게 점심을 사 줬다.
友だちが私に昼御飯をおごってくれた。

❸ 가족들이 제 생일을 축하해 줬어요.
家族が私の誕生日を祝ってくれました。

참고 参考

동작이 미치는 대상이 윗사람인 경우에는 '-어 드리다'를 쓴다.
その動作が及ぼす対象が目上の人である場合には'-어 드리다'を用いる。

- 부모님께 음식을 만들어 드렸어요. 両親に御飯を作って差し上げました。
- 할머니, 제가 가방을 들어 드릴게요. おばあさん、わたしが鞄をお持ちします。



연습 練習 맞는 것을 고르십시오.
正しいものを選びなさい。

1. 아이에게 동화책을 읽어 (줬어요, 드렸어요).
2. 의사 선생님, 제 병을 고쳐 (주세요, 드리세요).

연습 練習 대화를 완성하십시오.
会話を完成させなさい。

1. 가 : 일을 도와드릴까요?

   나 : 네, ______________________________어/아/여 주세요.

2. 가 : 좀 비싸요. ______________________________어/아/여 주세요.

   나 : 그럼 25,000원만 주세요.

## 067 | –어지다[1]

**용법 用法**

어떤 상태로 변화함을 나타낸다.
ある状態に変わることを表す。

**활용 형태** 活用形態

**–어지다**

'ㅏ, ㅗ' 이외의 모음으로 끝나는 형용사의 어간 뒤에 사용한다.
'ㅏ,ㅗ'以外の母音で終わる形容詞の語幹の後ろにつけて使用する。

예 길**어지다**, **커지다**

**–아지다**

'ㅏ, ㅗ'로 끝나는 형용사의 어간 뒤에 사용한다.
'ㅏ,ㅗ'で終わる形容詞の語幹の後ろにつけて使用する。

예 많**아지다**, **싸지다**

**–여지다**

'하다'가 붙는 형용사의 어간 뒤에 사용한다. 주로 '하여'는 줄여서 '해'로 쓴다.
'하다'がつく形容詞の語幹の後ろにつけて使用する。主に'하여'は縮約して'해'の形態で使用する。

예 따뜻**해지다**

**예문 例文**

❶ 샤오밍 씨가 요즘 예뻐졌어요.
シャオミンさんが最近綺麗になりました。

❷ 휴가철이 되면 비행기 요금이 비싸져요.
休暇シーズンになると飛行機代が高くなります。

❸ 두 사람이 같이 여행을 한 후에 더욱 친해졌어요.
二人は一緒に旅行をしてからもっと仲良くなりました。

연습 練習 관계있는 것을 연결해서 문장을 완성하십시오.
関係のあるものを線で結んで文を完成させなさい。

| | |
|---|---|
| 감기약을 먹다 • | • 시원하다 |
| 창문을 열다 • | • 괜찮다 |
| 과일을 먹다 • | • 피부가 좋다 |

보기

감기약을 먹으면 괜찮아질 거예요.

1. 창문을 열면 ______________________________.
2. 과일을 먹으면 ______________________________.

연습 練習 문장을 완성하십시오.
文を完成させなさい。

1. 청소를 해서 교실이 __________어졌어요/아졌어요/여졌어요.
2. 컴퓨터를 많이 사용해서 그런지 눈이 __________어졌어요/아졌어요/여졌어요.

## 068 | –어지다²

**용법 用法** 피동을 나타낼 때 쓴다.
受け身を表すときに用いる。

**활용 형태 活用形態**

**–어지다** 'ㅏ, ㅗ' 이외의 모음으로 끝나는 동사의 어간 뒤에 사용한다.
'ㅏ, ㅗ'以外の母音で終わる動詞の語幹の後ろにつけて使用する。

예 만들**어지다**, **꺼지다**

**–아지다** 'ㅏ, ㅗ'로 끝나는 동사의 어간 뒤에 사용한다.
'ㅏ, ㅗ'で終わる動詞の語幹の後ろにつけて使用する。

예 삶**아지다**, **빠지다**

**예문 例文**

❶ 이 지우개는 잘 지워집니다.
この消しゴムはよく消えます。

❷ 거울이 쨍그랑 깨졌습니다.
鏡がパリンと割れました。

❸ 커피 잔을 떨어뜨려서 커피가 쏟아졌어요.
コーヒーカップを落としたのでコーヒーがこぼれました。

**참고 参考**

'빼다'의 피동 형태는 '빠지다'이다.
'빼다'の受動態は'빠지다'である。

- 이런 얼룩은 잘 빠지니까 걱정하지 마세요. こんな染みは簡単に落ちるから心配しないで下さい。
- 요즘 열심히 운동을 해서 살이 빠졌습니다. 最近頑張って運動をしたので痩せました。

연습 練習 〈보기〉와 같이 문장을 바꾸십시오.
〈例〉を参考にし文を変えなさい。

보기

전화를 끊었어요. ➡ 전화가 끊어졌어요.

1. 불을 켰어요. ➡ ______________________.

2. 종이를 찢었어요. ➡ ______________________.

연습 練習 대화를 완성하십시오.
会話を完成させなさい。

1. 가 : 왜 안 드세요?

   나 : 이가 ______________어져서/아져서 먹을 수가 없어요. (빼다)

2. 가 : 유럽 여행은 언제 가세요?

   나 : 다음 주말에 떠나요. 벌써부터 __________어져요/아져요. (기다리다)

## 069 | –어하다

**용법 用法** 감정을 나타내는 형용사를 동사로 만들 때 쓴다. 주로 3인칭 주어의 문장에 쓰인다.
感情を表す形容詞を動詞にするときに用いる。主に3人称の主語の文に用いる。

**활용 형태 活用形態**

**–어하다** 'ㅏ, ㅗ' 이외의 모음으로 끝나는 형용사의 어간 뒤에 사용한다.
'ㅏ,ㅗ'以外の母音で終わる形容詞の語幹の後ろにつけて使用する。

예 싫**어하다**, 기**뻐하다**

**–아하다** 'ㅏ, ㅗ'로 끝나는 형용사의 어간 뒤에 사용한다.
'ㅏ,ㅗ'で終わる形容詞の語幹の後ろにつけて使用する。

예 좋**아하다**, 아**파하다**

**–여하다** '하다'가 붙는 형용사의 어간 뒤에 사용한다. 주로 '하여'는 줄여서 '해'로 쓴다.
'하다'がつく形容詞の語幹の後ろにつけて使用する。主に'하여'は縮約して'해'の形態で使用する。

예 시원**해하다**

**예문 例文**

❶ 샤오밍 씨는 일이 많아서 힘들어해요.
シャオミンさんは仕事が多くて大変そうです。

❷ 아이는 사탕을 받고 아주 좋아했습니다.
子供はキャンディーをもらってとても嬉しがりました。

❸ 리에 씨는 약속시간에 늦어서 미안해했어요.
りえさんは待ち合わせの時間に遅れて申し訳なさそうでした。

연습 練習 맞는 것을 고르십시오.
正しいものを選びなさい。

1. 영수 씨는 고양이를 귀엽습니다. ( )

   영수 씨는 고양이를 귀여워합니다. ( )

2. 저는 고향 친구를 보고 싶어합니다. ( )

   언니는 고향 친구를 보고 싶어합니다. ( )

연습 練習 대화를 완성하십시오.
会話を完成させなさい。

1. 가 : 방학에 어디에 가고 싶어요?

   나 : 저는 제주도에 가고 싶어요. 영수 씨도 ____________어해요/아해요/여해요.

2. 가 : 환영회는 재미있었어요?

   나 : 네, 아주 재미있었어요. 친구들도 모두 ____________어했어요/아했어요/여했어요.

## 070 | -었-

**용법 用法** 어떤 동작이나 상태가 이미 일어났음을 나타낼 때 쓴다.
ある動作や状態が既に起ったことを表すときに用いる。

**활용 형태 活用形態**

**-었-** 'ㅏ, ㅗ' 이외의 모음으로 끝나는 동사나 형용사의 어간 뒤에 사용한다.
'ㅏ,ㅗ'以外の母音で終わる動詞や形容詞の語幹の後ろにつけて使用する。

예 입**었**-, 빌**렸**-, 적**었**-, 예**뻤**-

**-았-** 'ㅏ, ㅗ'로 끝나는 동사나 형용사의 어간 뒤에 사용한다.
'ㅏ,ㅗ'で終わる動詞や形容詞の語幹の後ろにつけて使用する。

예 닫**았**-, 만**났**-, 좋**았**-, 나**빴**-

**-였-** '하다'가 붙는 동사나 형용사의 어간 뒤에 사용한다. 주로 '하여'는 줄여서 '해'로 쓴다.
'하다'がつく動詞や形容詞の語幹の後ろにつけて使用する。主に'하여'は縮約して '해'の形態で使用する。

예 노래**했**-, 복잡**했**-

**이었-** 명사 뒤에 사용한다.
名詞の後ろにつけて使用する。

예 생일**이었**-, 가수**이었**-

**예문 例文**

❶ 친구들과 함께 저녁을 먹었어요.
友だちと一緒に晩御飯を食べました。

❷ 어제 밤에 머리가 많이 아팠다.
昨日の夜に頭がすごく痛かった。

❸ 지난 주말에 무엇을 했어요?
先週の週末に何をしましたか。

❹ 정말 즐거운 수학여행이었습니다.
本当に楽しい修学旅行でした。

**연습 練習** 문장을 완성하십시오.
文を完成させなさい。

1. 어제는 날씨가 참 ______________었어요/았어요/였어요. (따뜻하다)
2. 지난 주 토요일에 명동에 ______________었어요/았어요/였어요. (가다)

**연습 練習** 대화를 완성하십시오.
会話を完成させなさい。

1. 가 : 지난 주말에 무엇을 했어요?

   나 : ________________________________________었어요/았어요/였어요.

2. 가 : 영화가 어땠어요?

   나 : ________________________________________었어요/았어요/였어요.

## 071 | –었다가

**용법 用法**

어떤 동작이 끝난 후에 다른 동작으로 바뀜을 나타낼 때 쓴다. 주로 반대의 의미로 쓸 수 있는 동사가 온다.

ある動作が終わった後に別の動作に移ることを表すときに用いる。主に反対の意味で使うことができる動詞が来る。

**활용 형태 活用形態**

**–었다가** 'ㅏ, ㅗ' 이외의 모음으로 끝나는 동사의 어간 뒤에 사용한다.

'ㅏ,ㅗ'以外の母音で終わる動詞の語幹の後ろにつけて使用する。

예 입**었다가**, 썼**다가**

**–았다가** 'ㅏ, ㅗ'로 끝나는 동사의 어간 뒤에 사용한다.

'ㅏ,ㅗ'で終わる動詞の語幹の後ろにつけて使用する。

예 참**았다가**, 왔**다가**

**–였다가** '하다'가 붙는 동사의 어간 뒤에 사용한다. 주로 '하여'는 줄여서 '해'로 쓴다.

'하다'がつく動詞の語幹の後ろにつけて使用する。主に'하여'は縮約して'해'の形態で使用する。

예 말**했다가**

**예문 例文**

❶ 창문을 열었다가 닫았습니다.
窓を開けて閉めました。

❷ 학교에 갔다가 오겠습니다.
学校に行って来ます。

❸ 친구하고 약속을 했다가 급한 일이 생겨서 취소했어요.
友だちと会う約束をしましたが急用が出来てキャンセルしました。

참고 参考

어떤 동작을 한 후에 의도하지 않은 동작이 이어질 때도 쓸 수 있다.
ある動作をした後に意図しない動作が続くときにも用いることができる。

- 명동에 갔다가 초등학교 동창을 만났어요. 明洞へ行ったら小学校時代の同窓生に会いました。
- 백화점에 갔다가 세일을 해서 옷을 샀어요. デパートに行ったらセールをしていたので服を買いました。



연습 練習 관계있는 것을 연결해서 문장을 완성하십시오.
関係のあるものを線で結んで文を完成させなさい。

| | |
|---|---|
| 신발을 샀습니다. • | • 일어섰습니다. |
| 의자에 앉았습니다. • | • 바꿨습니다. |
| 텔레비전을 켰습니다. • | • 껐습니다. |

보기

신발을 샀다가 바꿨습니다.

1. ______________ 었다가/았다가/였다가 ______________.

2. ______________ 었다가/았다가/였다가 ______________.

연습 練習 대화를 완성하십시오.
会話を完成させなさい。

1. 가 : 방학에 어디에 갔다가 왔어요?

   나 : ______________________________.

2. 가 : 왜 버스를 탔다가 내렸어요?

   나 : ______________________________.

## 072 | -었던

**용법 用法**

과거에 완료된 동작이나 상태를 회상하며 말할 때 쓴다. 과거의 시간을 나타내는 표현과 함께 쓰인다. '-었던'의 뒤에는 명사가 온다.
過去に完了した動作や状態を回想しながら述べるときに用いる。過去の時間を表す表現と共に用いられる。'-었던'の後ろには名詞が来る。

**활용 형태 活用形態**

**-었던**

'ㅏ, ㅗ' 이외의 모음으로 끝나는 동사나 형용사의 어간 뒤에 사용한다.
'ㅏ, ㅗ'以外の母音で終わる動詞や形容詞の語幹の後ろにつけて使用する。

예 배**웠던**, 적**었던**

**-았던**

'ㅏ, ㅗ'로 끝나는 동사나 형용사의 어간 뒤에 사용한다.
'ㅏ, ㅗ'で終わる動詞や形容詞の語幹の後ろにつけて使用する。

예 앉**았던**, **쐈던**

**-였던**

'하다'가 붙는 동사나 형용사의 어간 뒤에 사용한다. 주로 '하여'는 줄여서 '해'로 쓴다.
'하다'がつく動詞や形容詞の語幹の後ろにつけて使用する。主に'하여'は縮約して '해'の形態で使用する。

예 말**했던**, 복잡**했던**

**예문 例文**

❶ 어렸을 때 예뻤던 아이가 지금은 아줌마가 다 되었구나.
幼いときに可愛かった子供が今やすっかりおばさんになったね。

❷ 지난번에 갔던 식당에 갈까요?
この前行った食堂に行きましょうか。

❸ 제가 초등학교에 다닐 때 사용했던 바이올린입니다.
私が小学校に通っていた時に使っていたバイオリンです。

**연습 練習** 문장을 완성하십시오.
文を完成させなさい。

1. 이 커피숍은 처음 여자 친구를 ________________었던/았던/였던 곳입니다. (만나다)
2. 이 옷은 어머니가 30년 전에 ______________었던/았던/였던 웨딩드레스입니다. (입다)

**연습 練習** 대화를 완성하십시오.
会話を完成させなさい。

1. 가 : 무슨 노래를 부를 거예요?

   나 : 지난번에 ____________________었던/았던/였던 ____________________.

2. 가 : 여행한 곳 중에서 어디가 제일 좋았어요?

   나 : 제일 ____________________었던/았던/였던 ____________________.

## 073 | 에[1]

**용법 用法**

사람이나 사물이 존재하거나 위치하는 곳을 나타낼 때 쓴다. 보통 뒤에는 위치나 존재를 나타내는 '있다, 없다, 많다, 적다' 등의 형용사나 '앉다, 놓다, 넣다, 쓰다' 등의 동사가 쓰인다.
人物や事物が存在したり位置するところを表すときに用いる。通常、後ろには位置や存在を表す'있다, 없다, 많다, 적다'等の形容詞や'앉다, 놓다, 넣다, 쓰다' 等の動詞が用いられる。

**활용 형태 活用形態**

**에** 명사 뒤에 사용한다.
名詞の後ろにつけて使用する。

예 집**에**, 의자**에**

**예문 例文**

❶ 저는 지금 교실에 있습니다.
私は今、教室にいます。

❷ 옷가게에 예쁜 옷이 많아요.
洋服屋に可愛い服が多いです。

❸ 가방 안에 교과서와 공책을 넣었어요.
カバンの中に教科書とノートを入れました。

**참고 参考**

1. '에'는 위치나 존재를 나타내는 형용사나 동사와만 쓰이는 반면, '에서'는 모든 동사와 쓰인다.
'에'は位置や存在を表す形容詞や動詞にだけ使われる反面'에서'は全ての動詞に用いられる。
   - 놀이공원에 놀이기구를 탔어요. (×)
   - 놀이공원에서 놀이기구를 탔어요. 遊園地で乗り物に乗りました。 (○)

2. 목적지를 나타낼 때도 쓴다. '가다, 오다, 다니다, 도착하다' 등의 '가다, 오다'류의 동사와 함께 쓰인다.
目的地を表すときにも用いる。'가다, 오다, 다니다, 도착하다'等の'가다, 오다'類の動詞と共に用いられる。
   - 한국말을 배우러 한국에 왔어요. 韓国語を学びに韓国へ来ました。
   - 저는 대학교에 다니고 동생은 고등학교에 다닙니다. 私は大学に通い、弟(若しくは妹)は高校に通います。

연습 練習 다음 단어를 사용하여 문장을 만드십시오.
次の単語を使って文を作りなさい。

1. 지갑 안 / 돈과 카드 / 있습니다.

➡ ______________________________.

2. 학생들 / 의자 / 앉습니다.

➡ ______________________________.

연습 練習 대화를 완성하십시오.
会話を完成させなさい。

1. 가 : 버스에 사람이 많습니까?

나 : ______________________________.

2. 가 : 꽃병을 어디에 놓을까요?

나 : ______________________________.



꼭~ 알아두기

## 074 | 에²

**용법 用法** 어떤 동작이나 상태가 일어나는 시간이나 때를 나타낼 때 쓴다.
ある動作や状態が起こる時間や時を表す際に用いる。

**활용 형태 活用形態**

| | |
|---|---|
| **에** | 명사 뒤에 사용한다.<br>名詞の後ろにつけて使用する。<br>예 오전**에**, 두 시**에** |

**예문 例文**

❶ 우리 몇 시에 만날까요?
私たち、何時に会いましょうか。

❷ 평일에 열심히 공부하고 주말에 쉽니다.
平日に一生懸命勉強して週末に休みます。

❸ 친구는 그림 공부를 하러 1년 전에 프랑스로 갔다.
友だちは絵画の勉強をしに1年前にフランスへ行った。

**참고 参考**

'언제, 오늘, 내일, 모레' 등에는 '에'를 붙이지 않는다.
'언제, 오늘, 내일, 모레' 等には'에'をつけない。

- 마이클 씨, 언제 여행을 떠날 거예요? マイケルさん、いつ旅行に行きますか。 (○)
- 마이클 씨, 언제에 여행을 떠날 거예요? (X)

**연습 練習** 문장을 완성하십시오.
文を完成させなさい。

1. 지난 생일____ 선물을 많이 받았어요.
2. 주말____ 친구와 같이 영화를 볼 거예요.

**연습 練習** 다음을 보고 대화를 완성하십시오.
次の単語を使って会話を完成させなさい。

1.

| 월요일 | 화요일 | 수요일 |
|---|---|---|

가 : 무슨 요일에 시험이 있어요?

나 : ______________________________________________.

2.

| 아침 | 점심 | 저녁 |
|---|---|---|

가 : 언제 운동을 해요?

나 : ______________________________________________.

## 075 | 에[3]

**용법 用法**

값이나 셈 등의 단위에 쓰여 기준을 나타낼 때 쓴다.
値段や計算等の単位に使われ基準を表すとき用いられる。

**활용 형태 活用形態**

**에** 명사 뒤에 사용한다.
名詞の後ろにつけて使用する。

예 천 원**에**, 하루**에**

**예문 例文**

❶ 이 공책 한 권에 얼마예요?
このノート1冊でいくらですか。

❷ 저는 일주일에 두 번 수영을 배웁니다.
私は週2回水泳を習っています。

❸ 이 사과는 5개에 5,000원이고 저 사과는 5개에 8,000원입니다.
このりんごは5個で5千ウォンで,あのりんごは5個で8千ウォンです。

연습 練習 문장을 완성하십시오.
文を完成させなさい。

1. 이 구두는 한 켤레______ 십만 원입니다.
2. 저는 한 달______ 한 번 영화를 봅니다.

연습 練習 대화를 완성하십시오.
会話を完成させなさい。

1. 가 : 하루에 몇 시간쯤 공부해요?

   나 : ______________________________.

2. 가 : 얼마나 자주 영화를 보세요?

   나 : ______________________________.

## 076 | 에게

**용법 用法** 어떤 동작의 영향을 받는 대상을 나타낼 때 쓴다. '한테'로 바꿔 쓸 수 있다.
ある動作の影響を受ける対象を表すときに用いる。'한테'に置き換えることができる。

**활용 형태** 活用形態

**에게** 명사 뒤에 사용한다.
名詞の後ろにつけて使用する。

예 동생**에게**, 친구**에게**

**예문** 例文

❶ 나는 친구들에게 이메일을 보냈다.
私は友だちにメールを送った。

❷ 여자 친구에게 장미 100송이를 선물할 거예요.
彼女に100本のバラをプレゼントするつもりです。

❸ 아침에 강아지에게 무슨 음식을 줬습니까?
朝、子犬にどんな餌をあげましたか。

**참고** 参考

1. 앞에 오는 명사가 사람이 아닐 경우에는 '에'를 쓴다.
前に来る名詞が人物でない場合には'에'を用いる。
   - 회사에 이메일을 보냈다. 会社にメールを送った。
   - 극장에 전화를 걸어서 영화 시간을 물어 봤다. 映画館に電話を掛けて映画の時間を尋ねた。

2. 앞에 오는 명사가 윗사람일 경우에는 '께'를 쓴다.
前に来る名詞が目上の人である場合には'께'を用いる。
   - 어제 일을 사장님께 말씀드렸다. 昨日のことを社長に申し上げた。
   - 어버이날에 부모님께 선물을 드립니다. オボイナル(両親の日)に両親にプレゼントをあげます。

연습 練習 (　　)을 채우십시오.
空欄をうめなさい。

1. 나는 친구(　　　) 음식을 만들어 줬다.
2. 모르는 것이 있으면 선생님(　　　) 여쭤 보세요.

연습 練習 대화를 완성하십시오.
会話を完成させなさい。

1. 가 : 누구에게 전화를 했어요?

   나 : ______________________________.

2. 가 : 남자친구에게 무엇을 선물하고 싶습니까?

   나 : ______________________________.



꼭~ 알아두기

## 077 | 에게서

**용법 用法**

사람을 나타내는 명사와 함께 쓰여 어떤 동작이 시작되는 출발점을 나타낸다. '한테서'로 바꿔 쓸 수 있다.
人物を表す名詞と共に使われ、ある動作が開始する出発点を表す。'한테서'に置き換えることができる。

**활용 형태 活用形態**

**에게서** 명사 뒤에 사용한다.
名詞の後ろにつけて使用する。

예 형**에게서**, 친구**에게서**

**예문 例文**

❶ 고등학교 동창에게서 전화가 왔어요.
高校の同級生から電話がありました。

❷ 이 선물은 누구에게서 받은 거예요?
このプレゼントは誰からもらったものですか。

❸ 한국 친구에게서 태권도를 배워요.
韓国の友だちからテコンドーを習っています。

**참고 参考**

1. 앞에 오는 명사가 사람이 아닐 경우에는 '에서'를 쓴다.
前に来る名詞が人ではない場合には'에서'を用いる。
- 사무실에서 전화가 왔어요. 事務室から電話が来ました。
- 라디오에서 그 이야기를 들었어요. ラジオからその話を聴きました。

2. 앞에 오는 명사가 윗사람일 경우에는 '께'를 쓴다.
前に来る名詞が目上の人である場合には'께'を用いる。
- 김 선생님께 한국말을 배웁니다. キム先生から韓国語を習っています。
- 고향에 계시는 부모님께 편지가 왔어요. 故郷にいる親から手紙が来ました。

**연습 練習** 두 문장의 뜻이 같게 문장을 완성하십시오.
2つの文の意味が同じになるよう文を完成させなさい。

1. 친구가 저에게 꽃을 주었습니다.

➡ ____________________에게서 ____________________________.

2. 언니가 저에게 옷을 빌려 주었습니다.

➡ ____________________에게서 ____________________________.

**연습 練習** 대화를 완성하십시오.
会話を完成させなさい。

1. 가 : 부모님께 선물을 받았어요?

나 : 네, ________________________________________________.

2. 가 : 이 책을 누구에게서 빌렸어요?

나 : ________________________________________________.(도서관)

## 078 | 에다가

**용법 用法**

명사 뒤에 쓰여 그 명사에 어떤 것이 부가됨을 나타낼 때 쓴다. 뒤에는 목적어를 가지는 동사만 올 수 있으며 '에', '에다'로 줄여 쓸 수 있다.
名詞の後ろに付けられ、その名詞にあることが付加されることを表すときに用いる。後ろには他動詞(目的語を持つ動詞)だけ来ることができ'에', '에다'のように縮めて用いることができる。

**활용 형태 活用形態**

**에다가** 명사 뒤에 사용한다.
名詞の後ろにつけて使用する。

예 칠판**에다가**, 택시**에다가**

**예문 例文**

❶ 가방에다가 교과서와 공책을 넣었어요.
カバンに教科書とノートを入れました。

❷ 조금 전에 어디에다가 지갑을 놓았어요?
少し前どこに財布を置きましたか。

❸ 우선 시험지에다가 이름부터 쓰십시오.
まずテスト用紙に名前から書きなさい。

**연습 練習** 관계있는 것을 연결해서 문장을 완성하십시오.
関係のあるものを線で結んで文を完成させなさい。

| | |
|---|---|
| 꽃병 • | • 사진을 붙이다 |
| 신청서 • | • 주소를 쓰다 |
| 편지봉투 • | • 꽃을 꽂다 |

**보기**

꽃병에다가 꽃을 꽂아요.

1. ________________에다가 ________________.

2. ________________에다가 ________________.

**연습 練習** 대화를 완성하십시오.
会話を完成させなさい。

1. 가 : 어디에 친구 전화번호를 적었어요?

   나 : ________________에다가 ________________.

2. 가 : 이 옷을 어떻게 할까요?

   나 : ________________에다가 ________________.

## 079 | 에 대해서

**용법 用法**

어떤 것을 대상으로 하여 뒤 동작이 이루어짐을 나타낼 때 쓴다. '에 대하여'로 바꿔 쓸 수 있다.

あることを対象にし後ろの動作が行われることを表すときに用いる。'에 대하여'に置き換えることができる。

**활용 형태 活用形態**

**에 대해서** 명사 뒤에 사용한다.
名詞の後ろにつけて使用する。

예 가족**에 대해서**, 문화**에 대해서**

**예문 例文**

❶ 선생님께서 기말 시험에 대해서 말씀하셨어요.
先生が期末テストについておっしゃいました。

❷ 한국 종교에 대해서 알아보려고 도서관에 갔어요.
韓国の宗教について調べようと図書館に行きました。

❸ 저는 오늘 환경 문제에 대해서 발표하겠습니다.
私は今日環境問題について発表します。

**참고 参考**

'에 대한'의 형태로 쓸 수 있다. 이 경우 뒤에 명사가 온다.
'에 대한'の形態で用いることができる。この場合、後ろに名詞が来る。

- 숙박시설에 대한 보고서를 준비하고 있어요. 宿泊施設についての報告書を準備しています。
- 세계 경제에 대한 교수님의 의견을 듣고 싶습니다. 世界経済についての教授の御意見を伺いたいです。

연습 練習 다음을 보고 문장을 완성하십시오.
次の単語を使って文を完成させなさい。

1.

| 역사 | 정치 | 경제 |
|---|---|---|

➡ ______________에 대해서 공부하고 싶어요.

2.

| 우정 | 사랑 | 전쟁 |
|---|---|---|

➡ 그 소설은 ______________에 대한 이야기입니다.

연습 練習 대화를 완성하십시오.
会話を完成させなさい。

1. 가 : 무엇에 대해서 알아보고 싶어요?

   나 : ______________________________________.

2. 가 : 친구들과 만나면 무엇에 대해서 이야기해요?

   나 : ______________________________________.

## 080 | 에 비해서

**용법 用法**

비교의 대상을 나타낼 때 쓴다. '에 비하여'로 바꿔 쓸 수 있다.
比較の対象を表すときに用いる。'에 비하여'に置き換えることができる。

**활용 형태 活用形態**

**에 비해서** 명사 뒤에 사용한다.
名詞の後ろにつけて使用する。

예 값**에 비해서**, 영어**에 비해서**

**예문 例文**

❶ 올해는 작년에 비해서 비가 많이 오는군요.
今年は去年に比べてたくさん雨が降りますね。

❷ 시골은 도시에 비해서 조용하고 공기도 맑아요.
田舎は都会に比べて静かで空気も綺麗です。

❸ 학생 수에 비해서 교실이 좁아서 불편합니다.
学生数に比べて教室が狭くて不便です。

연습 練習 다음 단어를 사용해서 문장을 만드십시오.
文を完成させなさい。

1. 기말시험 / 중간시험 / 쉬웠어요.

➡ ________________________________________.

2. 제 조카 / 나이 / 키가 커요.

➡ ________________________________________.

연습 練習 대화를 완성하십시오.
会話を完成させなさい。

1. 가 : 버스가 빠를까요? 지하철이 빠를까요?

나 : ________________________________________.

2. 가 : 그 가게 물건이 어때요?

나 : ________________________________________.



꼭~ 알아두기

# 081 | 에서

**용법 用法** 동작이 이루어지고 있는 장소를 나타날 때 쓴다.
動作が行われている場所を表すときに用いる。

**활용 형태 活用形態**

**에서** 명사 뒤에 사용한다.
名詞の後ろにつけて使用する。

예 운동장**에서**, 거리**에서**

**예문 例文**

❶ 도서관에서 책을 빌렸습니다.
図書館で本を借りました。

❷ 아침에 버스에서 친구를 만났습니다.
朝バスで友だちに会いました。

❸ 어디에서 점심을 먹어요?
どこで昼御飯を食べますか。

**연습 練習** 관계있는 것을 연결해서 문장을 완성하십시오.
関係のあるものを線で結んで文を完成させなさい。

| | |
|---|---|
| 서점 • | • 바다를 봤습니다. |
| 은행 • | • 책을 삽니다. |
| 제주도 • | • 돈을 찾습니다. |

**보기**

서점에서 책을 삽니다.

1. ____________에서 ____________________.

2. ____________에서 ____________________.

연습 練習 다음을 보고 대화를 완성하십시오.
次の単語を使って会話を完成させなさい。

1.

| 학교 | 백화점 | 커피숍 |
|---|---|---|

가 : 어디에서 친구를 만나요?

나 : ______________________.

2.

| 교실 | 집 | 도서관 |
|---|---|---|

가 : ______________________?

나 : ______________________.



꼭~ 알아두기

## 082 | 에서 까지

**용법 用法** '에서'는 출발점을 나타내고 '까지'는 도착점을 나타낸다.
'에서'は出発点を表し、'까지'は到着点を表す。

**활용 형태 活用形態**

**에서 까지** 명사 뒤에 사용한다.
名詞の後ろにつけて使用する。

예 서울**에서** 부산**까지**, 회사**에서** 집**까지**

**예문 例文**

❶ 학교에서 집까지 10분 걸립니다.
学校から家まで10分かかります。

❷ 12시에서 1시까지 점심시간입니다.
12時から1時まで昼休みの時間です。

❸ 서울에서 뉴욕까지 비행기로 얼마나 걸립니까?
ソウルからニューヨークまで飛行機でどれくらいかかりますか。

**참고 参考**

'에서 오다'의 형식으로도 쓰인다.
'에서 오다'の形式でも用いられる。

- 어디에서 왔어요? どこから来ましたか。
- 김 선생님은 한국에서 오셨어요. キム先生は韓国からいらっしゃいました。

연습 練習 (　　)을 채우십시오.
空欄をうめなさい。

1. 집(　　　) 버스정류장(　　　) 얼마나 걸려요?
2. 한국(　　　) 일본(　　　) 배를 타고 갔어요.

연습 練習 대화를 완성하십시오.
会話を完成させなさい。

1. 가 : ______________________? (학교 → 하숙집)
   나 : 버스로 20분쯤 걸려요.
2. 가 : ______________________? (지하철역 → 기숙사)
   나 : 걸어서 왔습니다.

## 083 | 으 불규칙 용언

**용법 用法**

으 불규칙 용언은 어간이 '으'로 끝나는 동사와 형용사(아프다, 예쁘다, 쓰다, 고프다, 슬프다, 크다 등)를 말한다. 으 불규칙 용언은 뒤에 모음으로 시작하는 어미가 오면 모음 '으'가 없어진다.

으不規則用言は語幹が'으'で終わる動詞や形容詞(아프다, 예쁘다, 쓰다, 고프다, 슬프다, 크다 等)を言う。으不規則用言は後ろに母音で始まる語尾が来ると母音'으'が消える。

**활용 형태** 活用形態

아프다 + -어요/아요 → **아파요**

예쁘다 + -어서/아서 → **예뻐서**

쓰다 + -었어요/았어요 → **썼어요**

**예문 例文**

❶ 아침을 굶어서 배가 고파요.
朝御飯を抜いたのでお腹がすきました。

❷ 그 영화에서 주인공이 죽는 장면은 정말 슬펐어요.
あの映画で主人公が死ぬ場面は本当に悲しかったです。

❸ 어제 산 옷이 너무 커서 바꾸고 싶어요.
昨日買った服が大き過ぎるので換えたいです。

연습 練習 빈칸을 채우십시오.
空欄をうめなさい。

| 으 불규칙 용언 | -ㅂ니다 | -어요/아요 | -었어요/았어요 | -어서/아서 |
|---|---|---|---|---|
| 바쁘다 | | | | |
| 고프다 | | | | |
| 나쁘다 | | | | |
| 슬프다 | | | | |
| 기쁘다 | | | | |
| 크다 | | | | |
| 끄다 | | | | |

연습 練習 대화를 완성하십시오.
会話を完成させなさい。

1. 가 : 요즘도 많이 바쁘세요?

   나 : 네, 회사에 일이 많아서 좀 ____________어요/아요.

2. 가 : 좀 추운데 에어컨을 ____________어/아 주세요.

   나 : 네, 알겠습니다.

## 084 | -으니까[1]

**용법 用法** 앞의 내용이 뒤의 내용에 대한 이유나 판단의 근거일 때 쓴다.
前の内容が後ろの内容に対する理由や判断の根拠であるときに用いる。

**활용 형태 活用形態**

**-으니까** 자음으로 끝나는 동사나 형용사의 어간 뒤에 사용한다.
子音で終わる動詞や形容詞の語幹の後ろにつけて使用する。

예 입**으니까**, 좋**으니까**

**-니까** 모음으로 끝나는 동사나 형용사의 어간 뒤에 사용한다.
母音で終わる動詞や形容詞の語幹の後ろにつけて使用する。

예 자**니까**, 피곤하**니까**

**이니까** 명사 뒤에 사용한다.
名詞の後ろにつけて使用する。

예 회사원**이니까**, 학교**이니까**

**-었으니까/았으니까/였으니까**
과거나 완료를 나타낼 때 동사나 형용사의 어간 뒤에 사용한다.
過去や完了を表すとき動詞や形容詞の語幹の後ろにつけて使用する。

예 쉬**었으니까**, 앉**았으니까**, 산책**했으니까**, 맛없**었으니까**, 많**았으니까**, 피곤**했으니까**

**예문 例文**

❶ 은행이 4시에 문을 닫으니까 빨리 가세요.
銀行が4時に閉るから早く行ってください。

❷ 이 옷이 너무 비싸니까 사지 마세요.
この服は高すぎるから買わないでください。

❸ 저는 지금 학생이니까 돈이 별로 없습니다.
私は今、学生なのでお金があまりありません。

❹ 그 영화는 전에 봤으니까 다른 영화를 봅시다.
あの映画は前に見たから違う映画を見ましょう。

**참고 参考**

이유를 나타내는 다른 표현으로 '-기 때문에'와 '-어서[2]'가 있다. '-으니까[1]'는 청유문이나 명령문에서도 쓸 수 있지만, '-기 때문에'와 '-어서[2]'는 청유문이나 명령문에서는 쓸 수 없다.

理由を表す別の表現に'-기 때문에'と'-어서[2]'がある。'-으니까[1]'は請誘文や命令文でも使うことができるが'-기 때문에'と'-어서[2]'は請誘文や命令文では用いることができない。

- 배가 고프니까 식당에 갑시다. お腹がすいたから食堂に行きましょう。 (○)
- 배가 고파서 식당에 갑시다. (X)

**연습 練習** 관계있는 것을 연결해서 문장을 완성하십시오.
関係のあるものを線で結んで文を完成させなさい。

| | |
|---|---|
| 날씨가 좋습니다. • | • 조용히 해라. |
| 아버지께서 주무십니다. • | • 물 좀 주세요. |
| 목이 마릅니다. • | • 밖에 나갈까요? |

**보기**

날씨가 좋으니까 밖에 나갈까요?

1. ________________으니까/니까 ________________________.
2. ________________으니까/니까 ________________________.

**연습 練習** 대화를 완성하십시오.
会話を完成させなさい。

1. 가 : 어디에 갈까요?

   나 : ________________으니까/니까 ________________.

2. 가 : 버스를 탈까?

   나 : 아니, ____________으니까/니까 ________________.

## 085 | -으니까[2]

**용법 用法** 앞의 동작을 한 결과로 뒤의 사실을 발견하게 되었을 때 쓴다.
前の動作をした結果、後ろの事実を発見することになったときに用いる。

**활용 형태 活用形態**

**-으니까** 자음으로 끝나는 동사의 어간 뒤에 사용한다.
子音で終わる動詞の語幹の後ろにつけて使用する。

예 입**으니까**

**-니까** 모음으로 끝나는 동사의 어간 뒤에 사용한다.
母音で終わる動詞の語幹の後ろにつけて使用する。

예 오**니까**

**예문 例文**

❶ 친구 손을 잡으니까 참 따뜻했어요.
友だちの手を握るととても暖かかったです。

❷ 아침에 일어나니까 7시였어요.
朝起きたら7時でした。

❸ 버스에서 내리니까 친구가 버스정류장에서 나를 기다리고 있었다.
バスから降りたら友だちがバス停で私を待っていた。

연습 練習 **관계있는 것을 연결해서 문장을 완성하십시오.**
関係のあるものを線で結んで文を完成させなさい。

| | |
|---|---|
| 텔레비전을 켰어요. | 뉴스를 하고 있었어요. |
| 지갑을 열어 봤어요. | 친구가 왔어요. |
| 10분쯤 기다렸어요. | 돈이 하나도 없었어요. |

보기

텔레비전을 켜니까 뉴스를 하고 있었어요.

1. ____________________으니까/니까 ____________________.

2. ____________________으니까/니까 ____________________.

연습 練習 **대화를 완성하십시오.**
会話を完成させなさい。

가 : 어제 친구 집에 가니까 어땠어요?

나 : 1. ____________________으니까/니까 ____________________.

가 : 친구 여동생도 만났어요?

나 : 네, 만났어요.

가 : 친구 여동생을 만나 보니까 어땠어요?

나 : 2. ____________________으니까/니까 ____________________.

꼭~ 알아두기

## 086 | -으라고 하다

**용법 用法** 다른 사람이 명령하거나 부탁한 내용을 간접적으로 옮겨 말할 때 쓴다.
誰かが命令したり依頼した内容を間接的に別の誰かに伝えるときに用いる。

**활용 형태** 活用形態

**-으라고 하다** 자음으로 끝나는 동사 어간 뒤에 사용한다.
子音で終わる動詞の語幹の後ろにつけて使用する。

예 읽**으라고 하다**

**-라고 하다** 모음으로 끝나는 동사 어간 뒤에 사용한다.
母音で終わる動詞の語幹の後ろにつけて使用する。

예 쉬**라고 하다**

**예문** 例文

❶ 언니가 문을 닫으라고 해요.
姉がドアを閉めろと言っています。

❷ 사장님께서 내일까지 이 일을 다 끝내라고 하셨어요.
社長が明日までにこの仕事を終わらせろとおっしゃいました。

❸ 부모님께서 밥 잘 먹고 열심히 공부하라고 하셨어요.
両親がしっかりご飯を食べて一生懸命勉強しろと言いました。

**참고** 参考

1. '-으라고 하다'의 부정형은 '-지 말라고 하다'이다.
'-으라고 하다'の否定形は'-지 말라고 하다'である。
   - 선생님이 떠들지 말라고 하셨어요. 先生が騒ぐなとおっしゃいました。
   - 어머니가 늦게 들어오지 말라고 했어요. 母が遅く帰るなと言いました。

2. '-어 주다'는 보통 '-어 달라고 하다'로 바뀌는데, 다른 사람을 위해서 할 경우에는 '-어 주라고 하다'로 쓴다.
'-어 주다'は通常、'-어 달라고 하다'に変わるが他の誰かのために何かをする場合には'-어 주라고 하다'を用いる。
   - 미선 씨가 도와달라고 합니다. ミソンさんが助けて下さいと言いました。
   - 미선 씨가 영수 씨를 도와주라고 합니다. ミソンさんがヨンスさんを助けてあげろと言いました。

연습 練習 빈칸을 채우십시오.
空欄をうめなさい。

| 〈보기〉 어머니 : "손부터 씻어." | 어머니께서 손부터 씻으라고 하십니다. |
|---|---|
| 아버지 : "빨리 자라." | |
| 친구 : "공책을 보여 줘." | |
| 부모님 : "동생에게 영어를 가르쳐 줘라." | |
| 선생님 : "결석하지 마세요." | |

ㅇ

연습 練習 대화를 완성하십시오.
会話を完成させなさい。

1. 가 : 웨이 씨가 몇 시까지 오라고 했어요?

   나 : ______________________________으라고/라고 했어요.

2. 가 : 방이 깨끗하군요.

   나 : 어머니가 ______________________으라고/라고 하셨어요.

꼭~ 알아두기

## 087 | -으러

**용법 用法**

이동하는 동작에 앞서 이동하는 목적을 나타낼 때 쓴다. '가다, 오다'류의 동사와 함께 쓰인다.

移動する動作に先立ちその目的を表すときに用いる。'가다, 오다'類の動詞と共に用いる。

**활용 형태 活用形態**

**-으러** 자음으로 끝나는 동사 어간 뒤에 사용한다.
子音で終わる動詞の語幹の後ろにつけて使用する。

예 씻**으러**

**-러** 모음으로 끝나는 동사 어간 뒤에 사용한다.
母音で終わる動詞の語幹の後ろにつけて使用する。

예 마시**러**

**예문 例文**

❶ 비자를 받으러 대사관에 갔어요.
ビザを取りに大使館に行きました。

❷ 오후에 영화를 보러 극장에 갈 거예요.
午後映画を見に映画館へ行くつもりです。

❸ 쉬는 시간에 담배를 피우러 밖으로 나갔다.
休みの時間にタバコを吸いに外へ出て行った。

**참고 参考**

'-으러'는 '가다, 오다'류의 동사와만 쓰이고, '-으려고'는 모든 동사와 함께 쓸 수 있다.
'-으러'は'가다','오다'類の動詞にだけ使われ、'-으려고'は全ての動詞と共に用いることができる。

- 저는 집을 사러 돈을 모아요. (×)
- 저는 집을 사려고 돈을 모아요. 私は家を買うためにお金を貯めます。 (○)

연습 練習 문장을 완성하십시오.
文を完成させなさい。

1. 소포를 ________________으러/러 우체국에 갔어요. (부치다)

2. 이따가 돈을 ________________으러/러 은행에 갈 거예요. (찾다)

연습 練習 이야기를 완성하십시오.
話を完成させなさい。

나는 지금 한국에서 유학 생활을 하고 있다. 오늘도 아침에 한국말을 〈보기〉배우러 학교에 갔다. 한국말 수업이 재미있고 여러 나라 친구들도 사귈 수 있어서 좋다. 수업이 끝나고 점심을 1. ________________으러/러 학생식당에 갔다. 학생식당 음식은 값도 싸고 맛있다. 점심을 먹고 책을 2. ________________으러/러 도서관에 갔다. 도서관에서 숙제도 하고 인터넷도 한 후에 5시쯤 집에 돌아왔다.



꼭~ 알아두기

## 088 | -으려고

**용법 用法**

어떤 동작을 할 의도나 목적이 있음을 나타낼 때 쓴다. 명령문이나 청유문에는 쓸 수 없다.
ある動作をする意図や目的が存在することを表すときに用いる。命令文や請誘文には使うことができない。

**활용 형태 活用形態**

**-으려고** 자음으로 끝나는 동사의 어간 뒤에 사용한다.
子音で終わる動詞の語幹の後ろにつけて使用する。

예 받**으려고**

**-려고** 모음으로 끝나는 동사의 어간 뒤에 사용한다.
母音で終わる動詞の語幹の後ろにつけて使用する。

예 빌리**려고**

**예문 例文**

❶ 돈을 찾으려고 은행에 갔어요.
お金を引き出そうと銀行へ行きました。

❷ 집을 사려고 돈을 모으고 있습니다.
家を買おうとお金を貯めています。

❸ 나는 교수가 되려고 열심히 공부한다.
私は教授になろうと一生懸命勉強している。

**연습 練習** 맞는 것을 고르십시오.
正しいものを選びなさい。

1. 서점에 가려고 책을 사요. (　　)

   책을 사려고 서점에 가요. (　　)

2. 어제 순두부찌개를 먹으려고 한식집에 갔어요. (　　)

   어제 순두부찌개를 먹었으려고 한식집에 갔어요. (　　)

**연습 練習** 대화를 완성하십시오.
会話を完成させなさい。

1. 가 : 왜 여권을 만들었어요?

   나 : ____________ 으려고/려고 ____________.

2. 가 : 왜 출입국관리사무소에 갔어요?

   나 : ____________ 으려고/려고 ____________.



꼭~ 알아두기

## 089 | –으려고 하다

**용법 用法** 어떤 동작을 할 마음이나 뜻이 있을 때 쓴다.
ある動作をする気持ちや想いがあるときに用いる。

**활용 형태 活用形態**

**–으려고 하다** 자음으로 끝나는 동사의 어간 뒤에 사용한다.
子音で終わる動詞の語幹の後ろにつけて使用する。

예 읽**으려고 하다**

**–려고 하다** 모음으로 끝나는 동사의 어간 뒤에 사용한다.
母音で終わる動詞の語幹の後ろにつけて使用する。

예 쉬**려고 하다**

**예문 例文**

❶ 은행에 가서 돈을 찾으려고 합니다.
銀行へ行ってお金を引き出そうとしています。

❷ 방학 때 친구들과 유럽으로 배낭여행을 가려고 해요.
休みの時に友だちとヨーロッパに貧乏旅行をしようと思っています。

❸ 나는 한국말을 배워 가지고 한국 회사에서 일하려고 한다.
私は韓国語を習って韓国の会社で働こうとしている。

ㅇ

**연습 練習** 문장을 완성하십시오.
文を完成させなさい。

1. 저는 내일 오후에 ______________________으려고/려고 해요. (공원에서 자전거를 타다)
2. 주말에 친구를 만나서 ______________________으려고/려고 합니다. (같이 저녁을 먹다)

**연습 練習** 대화를 완성하십시오.
会話を完成させなさい。

1. 가 : 왜 백화점에 가세요?

   나 : 내일이 친구 생일이어서 ______________________________으려고/려고 해요.

2. 가 : 친구가 다음 주에 고향에 돌아가요?

   나 : 네, 그래서 ________________________________________으려고/려고 해요.

## 090 | -으려면

**용법 用法** 어떤 일을 할 의도나 의향이 있는 경우를 가정할 때 쓴다.
あることをする意図や意向がある場合を仮定するときに用いる。

**활용 형태 活用形態**

**-으려면** 자음으로 끝나는 동사 어간 뒤에 사용한다.
子音で終わる動詞の語幹の後ろにつけて使用する。

예 받**으려면**

**-려면** 모음으로 끝나는 동사 어간 뒤에 사용한다.
母音で終わる動詞の語幹の後ろにつけて使用する。

예 일어나**려면**

**예문 例文**

❶ 좋은 성적을 받으려면 열심히 공부하세요.
良い成績を取るには一生懸命勉強しなさい。

❷ 그 약을 사려면 처방전이 있어야 합니다.
その薬を買うには処方せんが必要です。

❸ 비행기를 놓치지 않으려면 지금 출발해야 해요.
飛行機に乗り遅れないためには今出発しなければなりません。

**연습 練習** 관계있는 것을 연결해서 문장을 완성하십시오.
関係のあるものを線で結んで文を完成させなさい。

일찍 일어나다 • • 학생증이 있어야 합니다.

돈을 찾다 • • 비밀번호를 알아야 합니다.

책을 빌리다 • • 일찍 자야 합니다.

**보기**

일찍 일어나려면 일찍 자야 합니다.

1. ____________________ 으려면/려면 ____________________.
2. ____________________ 으려면/려면 ____________________.

**연습 練習** 대화를 완성하십시오.
会話を完成させなさい。

1. 가 : 옷을 싸게 사고 싶어요.

   나 : ____________________ 으려면/려면 ____________________.

2. 가 : 좋은 회사에 취직했으면 좋겠어요.

   나 : ____________________ 으려면/려면 ____________________.

## 091 | 으로[1]

**용법 用法**

이동의 방향이나 목적지를 나타낼 때 쓴다. '가다, 오다' 류의 동사와 함께 쓰인다.
移動の方向や目的地を表すときに用いる。'가다, 오다' 類の動詞と共に用いられる。

**활용 형태 活用形態**

**으로** 자음으로 끝나는 명사 뒤에 사용한다.
子音で終わる名詞の後ろにつけて使用する。

예 아래층**으로**

**로** 모음으로 끝나는 명사 뒤에 사용한다.
母音で終わる名詞の後ろにつけて使用する。

예 여기**로**

**예문 例文**

❶ 사거리에서 오른쪽으로 가세요.
十字路で右側へ行ってください。

❷ 이번 휴가는 어디로 갈 거예요?
今度の休みはどこへ行くつもりですか。

❸ 수업이 끝나면 학생회관으로 오세요.
授業が終わったら学生会館へ来てください。

**참고 参考**

'ㄹ' 받침으로 끝나는 명사 뒤에는 '로'를 사용한다.
'ㄹ' パッチムで終わる名詞には'로'を使用する。

- 지금 사무실로 오세요.
  今事務室に来てください。
- 학생들이 모두 교실로 들어갔습니다.
  学生がみんな教室に入りました。

**연습 練習** 맞는 것을 고르십시오.
正しいものを選びなさい。

1. 내일 미국(으로, 로) 돌아가겠습니다.
2. 4시까지 도서관 열람실(으로, 로) 오세요.

**연습 練習** 대화를 완성하십시오.
会話を完成させなさい。

1. 가 : 실례지만 화장실이 어디에 있어요?

   나 : 여기에서 ____________________으로/로 가세요.

2. 가 : 선생님께서 어디로 이사를 가셨어요?

   나 : ____________________으로/로 이사를 가셨어요.

## 092 | 으로2

**용법 用法** 어떤 일의 도구나 수단, 방법 등을 나타낼 때 쓴다. 또한 어떤 물건의 재료를 나타낼 때도 쓴다.
あることの道具､手段､方法などを表すときに用いる｡また､ある物の材料を表すときも使う。

**활용 형태 活用形態**

| | |
|---|---|
| **으로** | 자음으로 끝나는 명사 뒤에 사용한다.<br>子音で終わる名詞の後ろにつけて使用する。<br>예 콩**으로** |
| **로** | 모음으로 끝나는 명사 뒤에 사용한다.<br>母音で終わる名詞の後ろにつけて使用する。<br>예 영어**로** |

**예문 例文**

❶ 한국 사람들은 숟가락과 젓가락으로 음식을 먹는다.
韓国人はスプーンと箸で食べ物を食べる。

❷ 지금 시간이 없으니까 택시로 오세요.
今時間がないからタクシーで来てください。

❸ 삼계탕은 닭과 인삼으로 만든 음식이에요.
サムゲタンは鶏と高麗人参で作った食べ物です。

**참고 参考**

1. 어떤 결과로 바뀌거나 변함을 나타낼 때 쓸 수 있다.
ある結果に変わったり変化を表すときに用いる。
   - 버스에서 지하철로 갈아타세요. バスから地下鉄に乗り換えて下さい。
   - 은행에 가서 중국 돈을 한국 돈으로 바꿨습니다. 銀行に行って中国のお金を韓国のお金に変えました。

2. '으로 하다'의 형태로 쓰여 선택의 의미를 나타낸다.
'으로 하다'の形態で使われ選択の意味を表す。
   - 선물은 책으로 합시다. プレゼントは本にしましょう。
   - 계산은 카드로 하겠습니다. 支払いはカードにします。

**연습 練習** 관계있는 것을 연결해서 문장을 완성하십시오.
関係のあるものを線で結んで文を完成させなさい。

| | | |
|---|---|---|
| 자장면 • | • 인터넷 • | • 쓰십시오 |
| 한국말 • | • 젓가락 • | • 공부합니다 |
| 이름 • | • 연필 • | • 먹습니다 |

**보기**

자장면을 젓가락으로 먹습니다.

1. ________을/를 ________으로/로 ________________.

2. ________을/를 ________으로/로 ________________.

**연습 練習** 대화를 완성하십시오.
会話を完成させなさい。

1. 가 : 이 빵은 무엇으로 만들었어요?

   나 : ________________으로/로 ________________.

2. 가 : 회사에 갈 때 어떻게 가요?

   나 : ________________으로/로 ________________.

## 093 | –으면

**용법 用法**

뒤의 내용에 대한 조건임을 나타낼 때 쓴다.
後ろの内容に対する条件であることを表すときに用いる。

**활용 형태 活用形態**

**–으면** 자음으로 끝나는 동사나 형용사의 어간 뒤에 사용한다.
子音で終わる動詞や形容詞の語幹の後ろにつけて使用する。

예 입**으면**, 없**으면**

**–면** 모음으로 끝나는 동사나 형용사의 어간 뒤에 사용한다.
母音で終わる動詞や形容詞の語幹の後ろにつけて使用する。

예 일하**면**, 예쁘**면**

**예문 例文**

❶ 저는 찬 음식을 많이 먹으면 배가 아파요.
私は冷たい食べ物をたくさん食べるとお腹が痛くなります。

❷ 열심히 공부하면 시험을 잘 볼 수 있을 거예요.
一生懸命勉強すればテストで良い成績を取れると思います。

❸ 저는 돈이 많으면 좋은 자동차를 사고 싶습니다.
私はお金がたくさんあれば良い車を買いたいです。

**참고 参考**

'–었으면'의 형태로 쓰이면 앞의 완료된 상태가 뒤의 조건이 됨을 나타낸다. '–었으면 좋겠다'의 형태로 쓰여 바람을 나타내기도 한다.
'–었으면'の形態で使われる場合、前の完了した状態が後ろの条件になることを表す。'–었으면 좋겠다'の形態で使われ希望を表したりもする。

- 모두 모였으면 빨리 회의를 시작합시다. みんな集まったら早く会議を始めましょう。
- 올해 겨울은 따뜻했으면 좋겠습니다. 今年の冬は暖かかったらいいなと思います。

연습 練習 **문장을 완성하십시오.**
文を完成させなさい。

1. ________________으면/면 여행을 많이 하고 싶어요. (시간이 많다)
2. ________________으면/면 발음이 좋아질 수 있어요. (많이 연습하다)

연습 練習 **대화를 완성하십시오.**
会話を完成させなさい。

1. 가 : 주말에 날씨가 좋으면 무엇을 할까요?

   나 : ________________으면/면 ________________________.

2. 가 : 밤에 잠이 오지 않으면 어떻게 하세요?

   나 : ________________으면/면 ________________________.

꼭~ 알아두기

## 094 | -으면서

**용법 用法** 어떤 동작을 하면서 동시에 다른 동작을 할 때 쓴다.
ある動作をしながら同時に別の動作をするときに用いる。

**활용 형태 活用形態**

**-으면서** 자음으로 끝나는 동사 어간 뒤에 사용한다.
子音で終わる動詞の語幹の後ろにつけて使用する。

예 읽**으면서**

**-면서** 모음으로 끝나는 동사 어간 뒤에 사용한다.
母音で終わる動詞の語幹の後ろにつけて使用する。

예 청소하**면서**

**예문 例文**

❶ 저는 팝콘을 먹으면서 영화를 봤어요.
私はポップコーンを食べながら映画を見ました。

❷ 여기에 있는 잡지나 책을 보면서 기다리세요.
ここにある雑誌や本を読みながら待っていてください。

❸ 요즘은 춤을 추면서 노래하는 가수들이 많아요.
最近は踊りながら歌う歌手が多いです。

꼭~ 알아두기

**연습 練習** 문장을 완성하십시오.
文を完成させなさい。

1. ________으면서/면서 인사했어요. (웃다)
2. ________으면서/면서 과자를 먹어요. (숙제하다)

**연습 練習** 대화를 완성하십시오.
会話を完成させなさい。

1. 가 : 버스를 타고 오면서 무엇을 했어요?

   나 : ________으면서/면서 ______________.

2. 가 : 무엇을 하면서 청소를 해요?

   나 : ________으면서/면서 ______________.

## 095 | -으면 안 되다

**용법 用法** 어떤 동작이나 상태에 대해 금지하거나 제한할 때 쓴다.
ある動作や状態に対し禁止あるいは制限をするときに用いる。

**활용 형태 活用形態**

**-으면 안 되다** 자음으로 끝나는 동사나 형용사 어간 뒤에 사용한다.
子音で終わる動詞や形容詞の語幹の後ろにつけて使用する。

예 입**으면 안 되다**, 좁**으면 안 되다**

**-면 안 되다** 모음으로 끝나는 동사나 형용사 어간 뒤에 사용한다.
母音で終わる動詞や形容詞の語幹の後ろにつけて使用する。

예 오**면 안 되다**, 크**면 안 되다**

**이면 안 되다** 명사 뒤에 사용한다.
名詞の後ろにつけて使用する。

예 학생**이면 안 되다**, 여자**이면 안 되다**

**예문 例文**

❶ 교실에서 담배를 피우면 안 됩니다.
教室でたばこを吸ってはいけません。

❷ 농구 선수가 되려면 키가 너무 작으면 안 돼요.
バスケット選手になるなら身長が低すぎてはいけません。

❸ 이 영화 관람은 19세 이하이면 안 됩니다.
この映画は19才以下は御覧頂けません。

**참고 参考**

반드시 해야 하는 일일 때는 '-지 않으면 안 되다'를 쓴다.
必ずしなければならない事を述べるときは'-지 않으면 안 되다'を用いる。

- 수술을 받지 않으면 안 됩니다. 手術を受けないといけません。
- 날마다 숙제를 하지 않으면 안 돼요. 毎日宿題をしなくてはいけません。

연습 練習 두 문장의 뜻이 같게 바꾸십시오.
2つの文の意味が同じになるようにしなさい。

1. 학교 도서관에 들어가려면 학생증이 필요합니다.

➡ 학교 도서관에 들어가려면 ______________________으면/면 안 돼요.

2. 담배를 끊어야 합니다.

➡ 담배를 ______________________________________으면/면 안 돼요.

연습 練習 대화를 완성하십시오.
会話を完成させなさい。

1. 가 : 시험시간에 사전을 봐도 돼요?

나 : 아니요, ________________________________________________.

2. 가 : 결혼식에 갈 때 청바지를 입어도 돼요?

나 : ______________________________________________________.

## 096 | -으세요

**용법 用法**

비격식체 표현으로 문장의 주어를 높이는 뜻을 나타낸다. 높이는 대상 뒤에는 보통 '께서'를 붙인다.
非格式体表現の敬語体。文の主語を敬う意味を表す。尊敬の対象の後ろには通常'께서'をつける。

**활용 형태 活用形態**

**-으세요** 자음으로 끝나는 동사나 형용사 어간 뒤에 사용한다.
子音で終わる動詞や形容詞の語幹の後ろにつけて使用する。

예 닫**으세요**, 괜찮**으세요**

**-세요** 모음으로 끝나는 동사나 형용사 어간 뒤에 사용한다.
母音で終わる動詞や形容詞の語幹の後ろにつけて使用する。

예 오**세요**, 한가하**세요**

**이세요** 명사 뒤에 사용한다.
名詞の後ろにつけて使用する。

예 사장님**이세요**, 할아버지**이세요**

**예문 例文**

1. 사장님께서 웨이 씨를 찾으세요.
   社長がウェイさんをお探しです。
2. 아버지께서 지금 바쁘세요.
   父は今忙しいです。
3. 이분은 우리 선생님이세요.
   こちらの方は私たちの先生です。

**참고 参考**

1. 문장의 주어를 높이면서 상대방에게 질문할 때 쓸 수 있다.
文の主語を敬いながら相手に質問するときに用いることができる。
   - 무엇을 읽으세요? 何をお読みですか。
   - 어디에 가세요? どちらにいらっしゃいますか。

2. 높임의 대상인 상대방에게 명령하거나 권유할 때 쓸 수 있다.
尊敬の対象である相手に命令や勧誘をするときに用いる事ができる。
   - 먼저 타세요. お先にどうぞ。
   - 여기서 잠깐만 기다리세요. ここで少々お待ち下さい。

**연습 練習** 문장을 완성하십시오.
文を完成させなさい。

1. 우리 어머니는 음식 솜씨가 아주 ________________으세요/세요.(좋다)
2. 선생님께서 한국말을 잘 ____________________으세요/세요.(가르치다)

**연습 練習** 대화를 완성하십시오.
会話を完成させなさい。

1. 가 : 손님, 뭘 드릴까요?

   나 : __________________________________으세요/세요.

2. 가 : 어디에 가세요?

   나 : ___________________________________________.

## 097 | -으시-

**용법 用法**

문장의 주어를 높이는 뜻을 나타낸다. 높이는 대상 뒤에는 보통 '께서'를 붙인다.
文の主語を敬う意味を表す。尊敬の対象の後ろには通常'께서'をつける。

**활용 형태 活用形態**

**-으시-**

자음으로 끝나는 동사나 형용사 어간 뒤에 사용한다.
子音で終わる動詞や形容詞の語幹の後ろにつけて使用する。

예 찾**으시-**, 좋**으시-**

**-시-**

모음으로 끝나는 동사나 형용사 어간 뒤에 사용한다.
母音で終わる動詞や形容詞の語幹の後ろにつけて使用する。

예 가**시-**, 친절하**시-**

**이시-**

명사 뒤에 사용한다.
名詞の後ろにつけて使用する。

예 선생님**이시-**, 할머니**이시-**

**예문 例文**

❶ 할머니께서 문을 닫으셨어요.
お祖母さんがドアを閉めました。

❷ 요즘 바쁘십니까?
最近お忙しいですか。

❸ 오른쪽에 계신 분이 고모님이십니다.
右側にいるのがおばです。

**연습 練習** 문장을 완성하십시오.
文を完成させなさい。

1. 듣고 ________________ 으십시오/십시오. (따라하다)
2. 추우니까 옷을 많이 ________________ 으십시오/십시오. (입다)

**연습 練習** 대화를 완성하십시오.
会話を完成させなさい。

1. 가 : 제가 책을 읽을까요?

   나 : 네, ________________________________.

2. 가 : 제가 뭘 준비할까요?

   나 : ________________________________.

## 099 | 은

**용법 用法** 어떤 대상이 주제임을 나타낼 때 쓴다. 또한 어떤 대상이 다른 대상과 대비됨을 나타낼 때 쓴다.
ある対象が主題であることを表すときに用いる。さらにある対象が別の対象と対比されることを表すときに用いる。

**활용 형태 活用形態**

**은** 자음으로 끝나는 명사 뒤에 사용한다.
子音で終わる名詞の後ろにつけて使用する。

예 이것**은**

**는** 모음으로 끝나는 명사 뒤에 사용한다.
母音で終わる名詞の後ろにつけて使用する。

예 우리**는**

**예문 例文**

❶ 서울은 한국의 수도입니다.
ソウルは韓国の首都です。

❷ 웨이 씨는 중국 사람입니다.
ウェイさんは中国人です。

❸ 형은 회사원이고 동생은 학생이에요.
兄は会社員で弟は学生です。

꼭~ 알아두기

**연습 練習** 맞는 것을 고르십시오.
正しいものを選びなさい。

1. 제 고향(은, 는) 부산이에요.

2. 어제(은, 는) 비가 많이 왔는데 오늘(은, 는) 날씨가 아주 맑군요.

**연습 練習** 이야기를 완성하십시오.
話を完成させなさい。

처음 뵙겠습니다.

제 이름〈보기〉은 김영수입니다.

저 1. ______ 한국에서 왔습니다. 직업 2. ______ 회사원입니다.

만나서 반갑습니다.



꼭~ 알아두기

## 100 | -은 적이 있다/없다

**용법 用法**

과거에 경험한 일이 있을 때 쓴다. 과거에 경험한 일이 없을 때는 '-은 적이 없다'로 쓴다. '-은 적이 있다/없다'는 '-은 일이 있다/없다'로 바꿔 쓸 수 있다.
過去に経験があるときに用いる。過去に経験したことがないときには'-은 적이 없다'を使う。'-은 적이 있다/없다'は'-은 일이 있다/없다'に置き換える事ができる。

**활용 형태 活用形態**

**-은 적이 있다/없다**

자음으로 끝나는 동사 어간 뒤에 사용한다.
子音で終わる動詞の語幹の後ろにつけて使用する。

예 읽**은 적이 있다**

**-ㄴ 적이 있다/없다**

모음으로 끝나는 동사 어간 뒤에 사용한다.
母音で終わる動詞の語幹の後ろにつけて使用する。

예 마**신 적이 없다**

**예문 例文**

❶ 노래 대회에서 상을 받은 적이 있습니다.
のど自慢大会で賞を取ったことがあります。

❷ 초등학교 때 병원에 입원한 적이 있어요.
小学校の時病院に入院したことがあります。

❸ 외국에서 길을 잃어버린 적이 있어요?
外国で道に迷ったことがありますか。

**연습 練習** 문장을 완성하십시오.
文を完成させなさい。

1. 5년 전에 태권도를 ______________ 은/ㄴ 적이 있어요.(배우다)
2. 한국 음식을 ______________ 은/ㄴ 적이 있습니다.(먹다)

**연습 練習** 표를 보고 〈보기〉와 같이 대화를 완성하십시오.
下の表を参考に〈例〉のように会話を完成させなさい。

| 경험 | 네 | 아니요 |
|---|---|---|
| 한복을 입어 봤어요. | ∨ | |
| 버스를 잘못 탔어요. | ∨ | |
| 아르바이트를 했어요. | | ∨ |

**보기**

가 : 한복을 입어 본 적이 있어요?
나 : 네, 한복을 입어 본 적이 있어요.

1. 가 : ______________ 은/ㄴ 적이 있어요?
   나 : 네, ______________.
2. 가 : ______________ 은/ㄴ 적이 있습니까?
   나 : 아니요, ______________.

## 101 | -은 지

**용법 用法** 어떤 일을 한 후 시간이 얼마나 지났는지를 나타낼 때 쓴다.
あることをした後,時間がどのくらい経過したのかを表すときに用いる。

**활용 형태 活用形態**

**-은 지** 자음으로 끝나는 동사 어간 뒤에 사용한다.
子音で終わる動詞の語幹の後ろにつけて使用する。

예 먹**은 지**

**-ㄴ 지** 모음으로 끝나는 동사 어간 뒤에 사용한다.
母音で終わる動詞の語幹の後ろにつけて使用する。

예 운전**한 지**

**예문 例文**

❶ 그 소설책을 읽은 지 너무 오래됐어요.
その小説を読んでから時間がかなり経ちました。

❷ 한국에 온 지 5년쯤 돼서 이제는 한국생활에 많이 익숙해졌어요.
韓国に来てから5年くらいになったのでもう韓国生活にだいぶ慣れてきました。

❸ 대학교를 졸업한 게 엊그제 같은데 졸업한 지 벌써 10년이 됐어요.
大学を卒業したのがついこの間の出来事のように感じますが卒業してもう10年になりました。

ㅇ

**연습 練習** 뜻이 같게 문장을 만드십시오.
同じ意味の文を作りなさい。

1. 지금은 2010년입니다. 2002년에 한일월드컵이 열렸습니다.

➡ 한일월드컵이 ______________________ 은/ㄴ 지 8년 됐습니다.

2. 두 달 전에 이 회사에 취직했습니다.

➡ ______________________________ 은/ㄴ 지 두 달 됐습니나.

**연습 練習** 대화를 완성하십시오.
会話を完成させなさい。

1. 가 : 언제 그 휴대전화를 샀어요?

나 : _______________ 은/ㄴ 지 ________________________.

2. 가 : 언제부터 한국말을 배웠어요?

나 : _______________ 은/ㄴ 지 ________________________.

# 102 | -은 후에

**용법 用法** 어떤 동작을 하고 시간적으로 뒤에 다른 동작을 할 때 쓴다.
ある動作をした後に別の動作をするときに用いる。

**활용 형태 活用形態**

**-은 후에** 자음으로 끝나는 동사 어간 뒤에 사용한다.
子音で終わる動詞の語幹の後ろにつけて使用する。

예 입**은 후에**

**-ㄴ 후에** 모음으로 끝나는 동사 어간 뒤에 사용한다.
母音で終わる動詞の語幹の後ろにつけて使用する。

예 세수**한 후에**

**예문 例文**

❶ 저는 아침을 먹은 후에 커피를 마십니다.
私は朝御飯を食べたあとコーヒーを飲みます。

❷ 어제 숙제를 한 후에 밖에 나가서 놀았어요.
昨日宿題をしたあと外に出て遊びました。

❸ 편지를 받은 후에 친구에게 답장을 썼습니다.
手紙をもらったあとに友だちに返事を書きました。

ㅇ

**연습 練習** 뜻이 같게 문장을 바꾸십시오.
文の意味が同じになるようにしなさい。

1. 일이 끝나고 친구를 만났어요.

   ➡ ______________ 은/ㄴ 후에 ______________________.

2. 아침을 먹기 전에 신문을 봅니다.

   ➡ ______________ 은/ㄴ 후에 ______________________.

**연습 練習** 표를 보고 대화를 완성하십시오.
下の表を参考に会話を完成させなさい。

| 3:00 | 아르바이트 |
|---|---|
| 5:00 | 숙제 |
| 7:00 | 저녁 식사 |
| 8:00 | 산책 |

1. 가 : 아르바이트를 한 후에 무엇을 했어요?

   나 : ______________ 은/ㄴ 후에 ______________________.

2. 가 : ______________ 은/ㄴ 후에 ______________________?

   나 : ______________ 은/ㄴ 후에 ______________________.

## 103 | 을

**용법 用法** 문장의 목적어임을 나타낸다.
文の目的語であることを表す。

**활용 형태 活用形態**

**을** 자음으로 끝나는 명사 뒤에 사용한다.
子音で終わる名詞の後ろにつけて使用する。

예 텔레비전**을**

**를** 모음으로 끝나는 명사 뒤에 사용한다.
母音で終わる名詞の後ろにつけて使用する。

예 언니**를**

**예문 例文**

❶ 점심에는 보통 김밥을 먹습니다.
昼には普通キムパプ(韓国風のりまき)を食べます。

❷ 모두 모여서 노래를 부르기로 했습니다.
みんな集まって歌を歌うことにしました。

❸ 주말에 친구를 만나서 영화를 볼 거예요.
週末に友だちと会って映画を見ます。

**참고 参考**

'하다'가 있는 동사 앞에서는 '을'이 생략될 수도 있다.
'하다'がある動詞の前では'을'を省略することもできる。

- 날마다 밤늦게까지 공부를 해요 ( = 공부해요). 毎日夜遅くまで勉強をします。
- 같이 노래를 할까요 (=노래할까요)? 一緒に歌を歌いましょうか。

**연습 練習** (　　)을 채우십시오.
空欄をうめなさい。

1. 저는 김치(　　) 좋아합니다.
2. 영수 씨와 샤오밍 씨가 산책(　　) 합니다.

**연습 練習** 대화를 완성하십시오.
会話を完成させなさい。

1. 가 : 무엇을 읽고 있습니까?

   나 : ______________________________.

2. 가 : 수업이 끝나고 무엇을 하세요?

   나 : ______________________________.

## 104 | -을 거예요[1]

**용법 用法** 말하는 사람의 의지를 나타내거나 상대방의 의지를 물어볼 때 쓴다.
話者の意志を表したり相手の意志を尋ねるときに用いる。

**활용 형태 活用形態**

**-을 거예요** 자음으로 끝나는 동사 뒤에 사용한다.
子音で終わる動詞の語幹の後ろにつけて使用する。

예 먹**을 거예요**

**-ㄹ 거예요** 모음으로 끝나는 동사 뒤에 사용한다.
母音で終わる動詞の語幹の後ろにつけて使用する。

예 **쉴 거예요**

**예문 例文**

❶ 저는 한복을 입을 거예요.
私は韓服を着ます。

❷ 휴일에 뭘 할 거예요?
休日に何をしますか。

❸ 피곤하니까 오늘은 일찍 잘 거예요.
疲れているので今日は早く寝ます。

**연습 練習** 문장을 완성하십시오.
文を完成させなさい。

1. 저는 방학이 되면 유럽으로 ______________________ 을/ㄹ 거예요. (여행을 가다)
2. 나는 내년 3월까지 한국에 ______________________ 을/ㄹ 거야. (있다)

**연습 練習** 대화를 완성하십시오.
会話を完成させなさい。

1. 가 : 이번 주말에 뭘 할 거예요?

   나 : ______________________________ 을/ㄹ 거예요.

2. 가 : 몇 급까지 공부할 거예요?

   나 : ______________________________ 을/ㄹ 거예요.

# 105 | -을 거예요[2]

**용법 用法** 추측의 의미를 나타낼 때 쓴다.
推測の意味を表すときに用いる。

**활용 형태 活用形態**

**-을 거예요** 자음으로 끝나는 동사나 형용사 어간 뒤에 사용한다.
子音で終わる動詞や形容詞の語幹の後ろにつけて使用する。

예 먹**을 거예요**, 작**을 거예요**

**-ㄹ 거예요** 모음으로 끝나는 동사나 형용사 어간 뒤에 사용한다.
母音で終わる動詞や形容詞の語幹の後ろにつけて使用する。

예 **쉴 거예요**, 바**쁠 거예요**

**-었을/았을/였을 거예요**
과거나 완료를 나타낼 때 동사나 형용사 어간 뒤에 사용한다.
過去や完了を表すとき動詞や形容詞の語幹の後ろにつけて使用する。

예 씻**었을 거예요**, 만**났을 거예요**, 도착**했을 거예요**, 힘들**었을 거예요**, 많**았을 거예요**, 행복**했을 거예요**

**예문 例文**

❶ 친구가 불고기를 잘 먹을 거예요.
友だちがブルゴギをよく食べると思います。

❷ 저 옷이 비쌀 거예요.
あの服は高いはずです。

❸ 회의가 끝났을 거예요.
会議は終わったはずです。

**연습 練習** 문장을 완성하십시오.
文を完成させなさい。

1. 지금 출근시간이니까 ____________________을/ㄹ 거예요. (차가 밀리다)
2. 날씨가 더워서 수영장에 ____________________을/ㄹ 거예요. (사람들이 많다)

**연습 練習** 대화를 완성하십시오.
会話を完成させなさい。

1. 가 : 내일 비가 올까요?

   나 : 아니요. ____________________을/ㄹ 거예요.

2. 가 : 웨이 씨가 시험을 잘 봤을까요?

   나 : 네. ____________________을/ㄹ 거예요.

## 106 | -을게요

**용법 用法**

미래 일에 대한 화자의 의지, 맹세, 약속을 나타낼 때 쓴다. 주어는 1인칭이고 말할 때 주로 쓰인다.

未来の出来事に対する話者の意志、誓い、約束を表すときに用いる。主語は１人称で口語で主に使われる。

**활용 형태 活用形態**

**-을게요** 자음으로 끝나는 동사 어간 뒤에 사용한다.
子音で終わる動詞の語幹の後ろにつけて使用する。

예 먹**을게요**

**-ㄹ게요** 모음으로 끝나는 동사 어간 뒤에 사용한다.
母音で終わる動詞の語幹の後ろにつけて使用する。

예 **갈게요**

**예문 例文**

❶ 내일부터 담배를 끊을게요.
明日からタバコをやめます。

❷ 약속을 꼭 지킬게요.
約束を必ず守ります。

❸ 오늘은 술을 마시지 않을게요.
今日はお酒をたくさん飲まないようにします。

**연습 練習** 문장을 완성하십시오.
文を完成させなさい。

1. 제가 문을 ______________________을게요/ㄹ게요. (닫다)
2. 7시까지 집에 ______________________을게요/ㄹ게요. (돌아오다)

**연습 練習** 대화를 완성하십시오.
会話を完成させなさい。

1. 가 : 내일까지 이 일을 끝내세요.

   나 : 네, ______________________을게요/ㄹ게요.

2. 가 : ______________________을게/ㄹ게.

   나 : 고마워. 다음에는 내가 살게.



꼭~ 알아두기

## 107 | −을까요?[1]

**용법 用法**

상대방에게 같이 할 것을 제안할 때 쓴다. 이 때 주어는 '우리'이고 주어를 생략할 수도 있다.

相手に一緒に何かをすることを提案するときに用いる。このとき主語は'우리'で主語を省略することもできる。

**활용 형태 活用形態**

**−을까요?** 자음으로 끝나는 동사 어간 뒤에 사용한다.
子音で終わる動詞の語幹の後ろにつけて使用する。

예 찾**을까요?**

**−ㄹ까요?** 모음으로 끝나는 동사 어간 뒤에 사용한다.
母音で終わる動詞の語幹の後ろにつけて使用する。

예 쓸**까요?**

**예문 例文**

❶ 같이 점심을 먹을까요?
一緒に昼御飯を食べましょうか。

❷ 내일 같이 영화를 볼까?
明日一緒に映画を見ようか。

❸ 우리 어디에서 만날까요?
私たち、どこで会いましょうか。

꼭~ 알아두기

**연습 練習** 문장을 완성하십시오.
文を完成させなさい。

1. 피곤합니다. 좀 ________________ 을까요?/ㄹ까요? (쉬다)
2. 옷을 사고 싶어요. 같이 백화점에 ________ 을까요?/ㄹ까요? (가다)

**연습 練習** 표를 보고 대화를 완성하십시오.
下の表を参考に会話を完成させなさい。

| 여행 장소 | 제주도 |
|---|---|
| 교통편 | 비행기 |
| 숙박시설 | 호텔 |

**보기**

가 : 어디에 갈까요?
나 : 제주도에 갑시다.

1. 가 : 무엇을 탈까요?

   나 : ________________________.

2. 가 : ________________________?

   나 : 호텔에서 잡시다.

## 108 | –을까요?²

**용법 用法**

상대방의 의향, 의견, 생각 등을 물을 때 쓴다. 이 때 주어는 '저', '나'이고 주어를 생략할 수도 있다.
相手の意向、意見、考え等を尋ねるときに用いる。このときの主語である'저'、'나'は省略することもできる。

**활용 형태 活用形態**

**–을까요?** 자음으로 끝나는 동사 어간 뒤에 사용한다.
子音で終わる動詞の語幹の後ろにつけて使用する。

예 닫**을까요?**

**–ㄹ까요?** 모음으로 끝나는 동사 어간 뒤에 사용한다.
母音で終わる動詞の語幹の後ろにつけて使用する。

예 준비**할까요?**

**예문 例文**

❶ (제가) 어디에 앉을까요?
(私は)どこに座りましょうか。

❷ (내가) 영수에게 연락할까?
ヨンスに連絡しようか。

❸ 바쁘신 것 같은데 (제가) 도와 드릴까요?
忙しいみたいですが、(私が)お手伝いしましょうか。

꼭~ 알아두기

**연습 練習** 문장을 완성하십시오.
文を完成させなさい。

1. (제가) 무슨 책을 ______________________________을까요?/ㄹ까요? (읽다)
2. 어두운데 불을 ______________________________을까?/ㄹ까? (켜다)

**연습 練習** 대화를 완성하십시오.
会話を完成させなさい。

1. 가 : ______________________________을까요?/ㄹ까요?

   나 : 10시에 전화하세요.

2. 가 : ______________________________을까요?/ㄹ까요?

   나 : 커피 두 잔 주세요.

## 109 | -을까요?³

**용법 用法** 주어의 행동이나 상태에 대해 화자가 추측하면서 질문할 때 쓴다.
主語の行動や状態について、話者が推測しながら質問するときに用いる。

**활용 형태 活用形態**

**-을까요?** 자음으로 끝나는 동사나 형용사 어간 뒤에 사용한다.
子音で終わる動詞や形容詞の語幹の後ろにつけて使用する。

예 받**을까요?**, 작**을까요?**

**-ㄹ까요?** 모음으로 끝나는 동사나 형용사 어간 뒤에 사용한다.
母音で終わる動詞や形容詞の語幹の後ろにつけて使用する。

예 좋아**할까요?**, 비**쌀까요?**

**일까요?** 명사 뒤에 사용한다.
名詞の後ろにつけて使用する。

예 학생**일까요?**, 어디**일까요?**

**-었을까요?/았을까요?/였을까요?**
과거나 완료를 나타낼 때 동사나 형용사 어간 뒤에 사용한다.
過去や完了を表すとき動詞や形容詞の語幹の後ろにつけて使用する。

예 열**었을까요?**, 만**났을까요?**, 도착**했을까요?**, 적**었을까요?**, 좋**았을까요?**, 쌀쌀**했을까요?**

**예문 例文**

1. 이 음식이 맛있을까요?
この食べ物は美味しいでしょうか。
2. 샤오밍 씨가 오늘 학교에 올까요?
シャオミンさんは今日学校に来るでしょうか。
3. 저 사람이 몇 살일까요?
あの人は何才でしょうか。
4. 친구가 어제 발표를 잘 했을까?
友だちは昨日、上手く発表しただろうか。

**연습 練習** 문장을 완성하십시오.
文を完成させなさい。

1. 내일 날씨가 ________ 을까요?/ㄹ까요? (좋다)
2. 이 옷이 저에게 ________ 을까요?/ㄹ까요? (어울리다)

**연습 練習** 대화를 완성하십시오.
会話を完成させなさい。

1. 가 : ____________________ 을까요?/ㄹ까요?

   나 : 네, 아마 재미있을 거예요.

2. 가 : ____________________ 을까요?/ㄹ까요?

   나 : 미선 씨가 1등을 할 거예요.

## 110 | -을까 하다

**용법 用法**

아직 확실히 결정한 것은 아니지만 그 행동을 할 마음이나 생각이 있음을 나타낼 때 쓴다.
まだ確実に決定したことではないがその行動をする気持ちや考えがあることを表すときに用いる。

**활용 형태 活用形態**

**-을까 하다** 자음으로 끝나는 동사 어간 뒤에 사용한다.
子音で終わる動詞の語幹の後ろにつけて使用する。

예 단**을까 하다**

**-ㄹ까 하다** 모음으로 끝나는 동사 어간 뒤에 사용한다.
母音で終わる動詞の語幹の後ろにつけて使用する。

예 **볼까 하다**

**예문 例文**

❶ 날씨가 더워서 점심에 냉면을 먹을까 해요.
(天気が)暑くて昼に冷麺を食べようかと思います。

❷ 오늘은 피곤해서 집에 일찍 돌아갈까 합니다.
今日は疲れて早く家に帰ろうかと思います。

❸ 집이 너무 멀어서 학교 근처로 이사할까 한다.
家が遠すぎて学校の近くに引っ越そうかと思う。

연습 練習 이야기를 완성하십시오.
話を完成させなさい。

친구가 독일에 살고 있어요. 그래서 이번 여름 방학에 독일에 〈보기〉갈까 해요.(가다) 독일에 가면 호텔에서 1. ____________ 을까/ㄹ까 해요.(묵다) 여기저기 구경도 많이 하고 독일 맥주도 2. ____________ 을까/ㄹ까 해요.(마시다)

연습 練習 대화를 완성하십시오.
会話を完成させなさい。

1. 가 : 주말에 밖에 나갈 거예요?

   나 : 아니요, ______________________ 을까/ㄹ까 해요.

2. 가 : 대학교를 졸업하고 뭘 할 거예요?

   나 : ______________________ 을까/ㄹ까 해요.



꼭~ 알아두기

## 111 | -을 때

**용법 用法**

어떤 일이 일어나고 있는 순간이나 어떤 동작이나 상태가 계속되는 동안을 나타낼 때 쓴다. 또한 어떤 조건이나 상황이 나타날 때도 쓸 수 있다.
あることが起こっている瞬間やある動作や状態が継続している間を表すときに用いる。さらにある条件や状況が現れるときにも使うことができる。

**활용 형태 活用形態**

**-을 때**
자음으로 끝나는 동사나 형용사 어간 뒤에 사용한다.
子音で終わる動詞や形容詞の語幹の後ろにつけて使用する。

예 입**을 때**, 좋**을 때**

**-ㄹ 때**
모음으로 끝나는 동사나 형용사 어간 뒤에 사용한다.
母音で終わる動詞や形容詞の語幹の後ろにつけて使用する。

예 공부**할 때**, 심심**할 때**

**-었을/았을/였을 때**
과거나 완료를 나타낼 때 동사 어간 뒤에 사용한다.
過去や完了を表すとき動詞の語幹の後ろにつけて使用する。

예 입**었을 때**, **왔을 때**, 도착**했을 때**

**예문 例文**

❶ 도서관에서 책을 찾을 때 친구를 만났어요.
図書館で本を探しているときに友だちに会いました。

❷ 미선 씨는 한가할 때 무엇을 해요?
ミソンさんは暇な時に何をしますか。

❸ 밥을 다 먹었을 때 친구가 찾아왔어요.
ご飯を食べ終わった時に友だちが訪ねて来ました。

꼭~ 알아두기

연습 練習 **한 문장으로 만드십시오.**
2つの文を1つの文に変えなさい。

1. 머리가 아프다 / 이 약을 드세요.

➡ ______________________ 을/ㄹ 때 ______________________.

2. 책을 읽다 / 전화가 왔어요.

➡ ______________________ 을/ㄹ 때 ______________________.

연습 練習 **대화를 완성하십시오.**
会話を完成させなさい。

1. 가 : 언제 술을 마시고 싶어요?

나 : ______________________________________________.

2. 가 : 교실에 들어왔을 때 누가 있었어요?

나 : ______________________________________________.

## 112 | -을래요?

**용법 用法** 어떤 일에 대해 상대방의 의향을 물어볼 때 사용한다. 주로 가까운 사이에 쓴다.
あることに対する相手の意向を尋ねるときに用いる。主に近い間柄の人に対して用いる。

**활용 형태 活用形態**

**-을래요?** 자음으로 끝나는 동사 어간 뒤에 사용한다.
子音で終わる動詞の語幹の後ろにつけて使用する。

예 닫**을래요?**

**-ㄹ래요?** 모음으로 끝나는 동사 어간 뒤에 사용한다.
母音で終わる動詞の語幹の後ろにつけて使用する。

예 **갈래요?**

**예문 例文**

❶ 이 옷을 입을래요?
この服を着ますか。

❷ 무슨 차를 마실래요?
どんなお茶を飲みますか。

❸ 이따가 같이 영화를 볼래?
あとで一緒に映画を見る。

**참고 参考**

평서문에서는 앞으로 할 일에 대한 자기의 의사를 말할 때 쓴다.
平叙文では今後することに対する自身の意思を述べるときに用いる。

- 여기에 앉을래요. ここに座ります。
- 저는 거기에 안 갈래요. 私はそこに行きません。

**연습 練習** 문장을 완성하십시오.
文を完成させなさい。

1. 배가 고프면 이 빵을 ＿＿＿＿＿＿을래?/ㄹ래? (먹다)
2. 날씨가 좋은데 같이 ＿＿＿＿＿＿＿을래요?/ㄹ래요? (산책하다)

**연습 練習** 대화를 완성하십시오.
会話を完成させなさい。

1. 가 : 우산을 안 가지고 왔어요.

   나 : 그럼 ＿＿＿＿＿＿＿＿＿＿＿＿＿＿＿을래요?/ㄹ래요?

2. 가 : ＿＿＿＿＿＿＿＿＿＿＿＿＿＿＿＿＿＿＿을래?/ㄹ래?

   나 : 그래, 좋아.

꼭~ 알아두기

## 113 | -을수록

**용법 用法** 어떤 상황이나 정도가 점점 더 심해짐을 나타낼 때 쓴다.
ある状況や程度が少しづつ増していくことを表すときに用いる。

**활용 형태 活用形態**

**-을수록** 자음으로 끝나는 동사나 형용사 어간 뒤에 사용한다.
子音で終わる動詞や形容詞の語幹の後ろにつけて使用する。

예 신**을수록**, 적**을수록**

**-ㄹ수록** 모음으로 끝나는 동사나 형용사 어간 뒤에 사용한다.
母音で終わる動詞や形容詞の語幹の後ろにつけて使用する。

예 만**날수록**, 예**쁠수록**

**예문 例文**

❶ 돈이 많을수록 걱정도 많아지는 것 같아요.
お金があればあるほど心配事も増えるようです。

❷ 한국말은 배울수록 재미있어요.
韓国語は習えば習うほど面白いです。

❸ 잠을 많이 잘수록 더 자고 싶어져요.
寝れば寝るほどもっと寝たくなります。

**참고 参考**

'-으면 -을수록'의 형태로도 쓰인다.
'-으면 -을수록'の形態にも用いられる。

- 그 영화는 보면 볼수록 재미있습니다. その映画は見れば見るほど面白いです。
- 이 과자는 먹으면 먹을수록 맛있어요. このお菓子は食べれば食べるほど美味しいです。

**연습 練習** 문장을 완성하십시오.
文を完成させなさい。

1. ________ 을수록/ㄹ수록 천천히 가야 해요. (급하다)
2. 이 책은 ________ 으면/면 ________ 을수록/ㄹ수록 재미있어요. (읽다)

**연습 練習** 대화를 완성하십시오.
会話を完成させなさい。

1. 가 : 그 옷이 어때요?

   나 : ____________ 으면/면 ____________ 을수록/ㄹ수록 편해요.

2. 가 : 새로 산 컴퓨터가 어때요?

   나 : ____________ 으면/면 ____________ 을수록/ㄹ수록 마음에 들어요.



꼭~ 알아두기

## 114 | –을 수 있다/없다

**용법 用法**

어떤 일을 할 능력이 있거나 어떤 일이 가능할 때 쓴다. 어떤 일을 할 능력이 없거나 어떤 일이 가능하지 않으면 '–을 수 없다'를 쓴다.
あることをする能力があったり可能なときに用いる。あることをする能力がなかったり可能でない場合は'–을 수 없다'を用いる。

**활용 형태 活用形態**

**–을 수 있다/없다**

자음으로 끝나는 동사 어간 뒤에 사용한다.
子音で終わる動詞の語幹の後ろにつけて使用する。

예 찾**을 수 있다**

**–ㄹ 수 있다/없다**

모음으로 끝나는 동사 어간 뒤에 사용한다.
母音で終わる動詞の語幹の後ろにつけて使用する。

예 보**ㄹ 수 없다**

**예문 例文**

❶ 이 음식이 너무 매워서 먹을 수 없어요.
この食べ物が辛すぎて食べられません。

❷ 저는 한국어로 편지를 쓸 수 있어요.
私は韓国語で手紙を書けます。

❸ 이 옷이 너무 비싸서 살 수 없습니다.
あの服が高すぎて買えません。

**연습 練習** 문장을 완성하십시오.
文を完成させなさい。

1. 저는 스키를 잘 ________ 을/ㄹ 수 있어요. (타다)
2. 백화점에서는 물건 값을 ________ 을/ㄹ 수 없습니다. (깎다)

**연습 練習** 대화를 완성하십시오.
会話を完成させなさい。

1. 가 : 지금 우리 집에 올 수 있어?

   나 : 응, ________________________.

2. 가 : 한국에서 운전할 수 있어요?

   나 : 아니요, ________________________.

## 115 | -을지

**용법 用法**

추측에 대한 막연한 의문을 나타낼 때 쓴다. 무엇을 선택할 건지 생각하고 있을 때나 걱정되는 일에도 쓸 수 있다.
推測に対する漠然とした疑問を表すときに用いる。何を選択するか考えているときや悩んでいることにも用いる事ができる。

**활용 형태 活用形態**

**-을지**
자음으로 끝나는 동사나 형용사 어간 뒤에 사용한다.
子音で終わる動詞や形容詞の語幹の後ろにつけて使用する。

예 입**을지**, 좋**을지**

**-ㄹ지**
모음으로 끝나는 동사나 형용사 어간 뒤에 사용한다.
母音で終わる動詞や形容詞の語幹の後ろにつけて使用する。

예 시**킬지**, **쌀지**

**예문 例文**

❶ 한식을 먹을지 양식을 먹을지 생각 중이야.
韓食にしようか洋食にしようか考えている最中だよ。

❷ 이 문제를 어떻게 해결할지 모르겠어요.
この問題をどうやって解決するか分かりません。

❸ 내일 발표를 잘 할 수 있을지 모르겠다.
明日の発表を上手くできるか分からない。

연습 練習 **다음을 보고 문장을 완성하십시오.**
次の単語を使って文を完成させなさい。

1.

| 프랑스 | 캐나다 | 브라질 |
|---|---|---|

이번 방학에 ____________을지/ㄹ지 ____________을지/ㄹ지 아직 결정하지 못했어요.

2.

| 태권도 | 탈춤 | 한국요리 |
|---|---|---|

한국에서 ____________을지/ㄹ지 ____________을지/ㄹ지 생각 중이야.

연습 練習 **대화를 완성하십시오.**
会話を完成させなさい。

1. 가 : 언제까지 한국에 있을 거예요?

   나 : 글쎄요. ____________을지/ㄹ지 ____________을지/ㄹ지 잘 모르겠어요.

2. 가 : 그 일을 잘 할 수 있겠어요?

   나 : 준비를 별로 안 해서 ____________________을지/ㄹ지 모르겠어요.

## 116 | -을 테니까

**용법 用法**

뒤의 내용에 대해서 말하는 사람의 의지나 예정을 나타낼 때 쓴다. 또한 3인칭 주어의 문장에서는 추측을 나타낼 때 쓴다.
後の内容に対し話者の意志や予定を表すときに用いる。3人称の主語の文では推測を表すときに用いる。

**활용 형태 活用形態**

**-을 테니까** 자음으로 끝나는 동사나 형용사 어간 뒤에 사용한다.
子音で終わる動詞や形容詞の語幹の後ろにつけて使用する。

예 읽**을 테니까**, 좋**을 테니까**

**-ㄹ 테니까** 모음으로 끝나는 동사나 형용사 어간 뒤에 사용한다.
母音で終わる動詞や形容詞の語幹の後ろにつけて使用する。

예 **쉴 테니까**, 한가**할 테니까**

**예문 例文**

❶ 제가 모두 준비해 놓을 테니까 걱정하지 마세요.
私が全部用意しておきますから心配しないでください。

❷ 이따가 9시쯤 전화할 테니까 집에서 기다리십시오.
あとで9時頃に電話しますから家で待っていてください。

❸ 주말이어서 교통이 복잡할 테니까 빨리 출발합시다.
週末で道が混むだろうから早く出発しましょう。

연습 練習 관계있는 것을 연결해서 문장을 완성하십시오.
関係のあるものを線で結んで文を完成させなさい。

| | |
|---|---|
| 제가 한잔 사겠습니다. • | • 우산을 가지고 가세요. |
| 오후에 비가 오겠습니다. • | • 퇴근 후에 만납시다. |
| 수업이 끝나는 대로 가겠습니다. • | • 잠시만 기다려 주십시오. |

보기

제가 한잔 살 테니까 퇴근 후에 만납시다.

1. ______________ 을/ㄹ 테니까 ______________.
2. ______________ 을/ㄹ 테니까 ______________.

연습 練習 대화를 완성하십시오.
会話を完成させなさい。

1. 가 : 내일 시험 때문에 걱정이 돼서 잠을 잘 잘 수 없어요.

   나 : ______________ 을/ㄹ 테니까 ______________.

2. 가 : 청소도 하고 빨래도 해야 해.

   나 : ______________ 을/ㄹ 테니까 ______________.

## 117 | -읍시다

**용법 用法** 같이 행동할 것을 제안하거나 상대방의 요청에 대해 승낙할 때 쓴다.
同じ行動をすることを提案したり相手の要請に対し承諾するときに用いる。

**활용 형태 活用形態**

**-읍시다** 자음으로 끝나는 동사 어간 뒤에 사용한다.
子音で終わる動詞の語幹の後ろにつけて使用する。

예 찾**읍시다**

**-ㅂ시다** 모음으로 끝나는 동사 어간 뒤에 사용한다.
母音で終わる動詞の語幹の後ろにつけて使用する。

예 노래**합시다**

**예문 例文**

❶ 배가 고프니까 뭐 좀 먹읍시다.
お腹空いたから何かちょっと食べましょう。

❷ 날씨가 좋은데 밖으로 나갑시다.
天気が良いから外へ出かけましょう。

❸ 가 : 내일 같이 영화를 볼까요?
明日一緒に映画を見ましょうか。

나 : 네, 같이 봅시다. / 그럽시다.
ええ、一緒に見ましょう。/そうしましょう。

연습 練習 **문장을 완성하십시오.**
文を完成させなさい。

1. 다리가 아픈데 의자에 ________읍시다/ㅂ시다. (앉다)
2. 주말에 스키장에 가서 스키를 ________읍시다/ㅂ시다. (타다)

연습 練習 **대화를 완성하십시오.**
会話を完成させなさい。

1. 가 : 피곤한데 좀 쉴까요?

   나 : ______________________________________________.

2. 가 : 시험이 끝나고 뭘 할까요?

   나 : ______________________________________________.

## 118 | 의

**용법 用法** 앞말이 뒷말을 한정할 때 쓴다.
前の言葉が後ろの言葉を限定するときに用いる。

**활용 형태 活用形態**

**의** 명사 뒤에 사용한다.
名詞の後ろにつけて使用する。

예 여행**의**, 친구**의**

**예문 例文**

❶ 이 가방의 주인이 누구예요?
このカバンの持ち主は誰ですか。

❷ 가을은 독서의 계절이에요.
秋は読書の季節です。

❸ 어머니의 목소리를 듣고 기분이 좋아졌어요.
母の声を聞いて気分がよくなりました。

**참고 参考**

'나의', '저의', '너의'는 줄여서 '내', '제', '네'로 쓰인다.
'나의', '저의', '너의'は縮約し'내', 제, '네'を用いる。

- 이것은 내 책이에요. これは私の本です。
- 제 이름은 김영수입니다. 私の名前はキム・ヨンスです。
- 저 아이가 네 동생이니? あの子が君の弟(または妹)なの。

연습 練習 관계있는 것을 연결하십시오.
関係のあるものを線で結んで文を完成させなさい。

| | |
|---|---|
| 한국 • | • 수도 |
| 일본 • | • 김치 |
| 단어 • | • 의미 |

보기

한국의 김치

1. ______________________________

2. ______________________________

연습 練習 대화를 완성하십시오.
会話を完成させなさい。

1. 가 : 이것은 누구의 책이에요?

   나 : ____________의 ________________.

2. 가 : 선생님의 성함이 어떻게 되세요?

   나 : ____________의 ________________.

ㅇ

꼭~ 알아두기

# 119 | 이

**용법 用法** 문장의 주어임을 나타낼 때 쓴다.
文の主語であることを表すときに用いる。

**활용 형태 活用形態**

**이** 자음으로 끝나는 명사 뒤에 사용한다.
子音で終わる名詞の後ろにつけて使用する。

예 회사원**이**

**가** 모음으로 끝나는 명사 뒤에 사용한다.
母音で終わる名詞の後ろにつけて使用する。

예 구두**가**

**예문 例文**

❶ 동생이 열심히 공부해요.
弟(または妹)が一生懸命勉強しています。

❷ 친구가 음악을 듣고 있어요.
友だちが音楽を聴いています。

❸ 제 가방이 튼튼하고 예뻐요.
私のカバンは丈夫で可愛いです。

**참고 参考**

1. '누구'와 '가'가 함께 쓰이면 '구'가 없어진다.
'누구'と'가'が一緒に使われると'구'が消える。
   - 누가 청소를 했어요? 誰が掃除をしましたか。
   - 누가 학교에 안 왔어요? 学校に来ていないのは誰ですか。

2. '저', '나', '너'와 같이 쓸 때는 '제가', '내가', '네가'로 쓴다.
'저', '나', '너'を用いるときは'제가', '내가', '네가'を用いる。
   - 네가 음식을 만들었어? お前が御飯を作ったのか。
   - 제가 그 일을 해 보겠습니다. 私がその仕事をやってみます。

3. 주어가 윗사람이면 '께서'로 바꿔 쓸 수 있다. 이때 서술어에는 보통 '-으시-'를 넣는다.
主語が目上の人である場合'께서'に置き換えることができる。このとき叙述語には通常'-으시-'を入れる。

- 사장님께서 말씀하십니다. 社長がおっしゃっています。
- 아버지께서 텔레비전을 보십니다. 父がテレビを見ています。



**연습 練習** ( )을 채우십시오.
空欄をうめなさい。

1. 가수( ) 노래하고 있습니다.
2. 할아버지( ) 신문을 보십니다.

**연습 Practice** 대화를 완성하십시오.
会話を完成させなさい。

1. 가 : 무엇이 재미있습니까?

   나 : ______________________________.

2. 선생님 : ______________________________?

   학생 : 제가 책을 읽겠습니다.

## 120 | 이나[1]

**용법 用法** 둘 이상의 대상을 나열할 때 쓰는데 나열된 대상 중 하나만이 선택됨을 나타낸다.
複数の対象を羅列するときに用いるが羅列した対象の内、1つだけが選択されることを表している。

**활용 형태 活用形態**

**이나** 자음으로 끝나는 명사 뒤에 사용한다.
子音で終わる名詞の後ろにつけて使用する。

예 산**이나**

**나** 모음으로 끝나는 명사 뒤에 사용한다.
母音で終わる名詞の後ろにつけて使用する。

예 우유**나**

**예문 例文**

❶ 선생님께서는 월요일이나 화요일에 오실 거예요.
先生は月曜日か火曜日にいらっしゃると思います。

❷ 저는 학교에 갈 때 버스나 지하철을 탑니다.
私は学校に行くときバスか地下鉄に乗ります。

❸ 시간이 있을 때마다 친구들과 축구나 야구를 해요.
時間がある度に友だちとサッカーか野球をします。

ㅇ

**연습 練習** 다음을 보고 문장을 완성하십시오.
次の単語を使って文を完成させなさい。

1.

| 오늘 | 내일 | 모레 |
|---|---|---|

➡ ______________ 이나/나 ______________ 등산을 갑시다.

2.

| 권투 | 태권도 | 무술 |
|---|---|---|

➡ ______________ 이나/나 ______________ 을/를 배우고 싶어요.

**연습 練習** 대화를 완성하십시오.
会話を完成させなさい。

1. 가 : 아침에 무엇을 드세요?

   나 : ______________ 이나/나 ______________.

2. 가 : 이번 연휴에 어디에 갈 거예요?

   나 : ______________ 이나/나 ______________.

## 121 | 이나$^{2}$

**용법 用法** 가장 좋은 선택이 아닌 차선의 선택을 나타낼 때 쓴다.
最も良い選択ではない2番目に良い選択を表すときに用いる。

**활용 형태 活用形態**

**이나** 자음으로 끝나는 명사 뒤에 사용한다.
子音で終わる名詞の後ろにつけて使用する。

예 라면**이나**

**나** 모음으로 끝나는 명사 뒤에 사용한다.
母音で終わる名詞の後ろにつけて使用する。

예 잡지**나**

**예문 例文**

❶ 주말에 잠이나 잘까 해요.
週末に寝ていようかと思っています。

❷ 할 일도 없는데 영화나 볼까요?
やることもないから映画でも見ましょうか。

❸ 점심이나 먹으면서 이야기합시다.
昼御飯でも食べながら話しましょう。

**참고 参考**

장소나 시간을 나타내는 말 뒤에는 '에나'를 사용한다.
場所や時間を表す言葉の後ろには'에나'を使用する。

- 별일 없으면 남대문시장에나 갑시다. 何もなければ南大門市場にでも行きましょう。
- 지금은 바빠서 주말에나 만날 수 있어요. 今は忙しいので週末なんかじゃないと会えません。

연습 練習 다음을 보고 문장을 완성하십시오.
次の単語を使って文を完成させなさい。

1.

| 커피 | 녹차 | 주스 |
|---|---|---|

➡ 술을 마시고 싶지만 운전을 해야 합니다.

________________이나/나 마시겠습니다.

2.

| 텔레비전 | 잡지 | 만화책 |
|---|---|---|

➡ 축구를 하고 싶은데 비가 옵니다.

집에서 ________________이나/나 보겠습니다.

연습 練習 대화를 완성하십시오.
会話を完成させなさい。

1. 가 : 오후에 뭘 할 거예요?

   나 : ________________이나/나 ________________________.

2. 가 : 심심한데 어디 놀러 갈까요?

   나 : 그럼 ________________에나 ________________________.

## 122 | 이나[3]

**용법 用法** 수량이나 정도가 예상보다 많음을 나타낼 때 쓴다. 놀람의 의미를 나타내기도 한다.
数量や程度が予想を上回る事を表すときに用いる。驚きの意味を表しもする。

**활용 형태 活用形態**

**이나** 자음으로 끝나는 명사 뒤에 사용한다.
子音で終わる名詞の後ろにつけて使用する。

예 5년**이나**

**나** 모음으로 끝나는 명사 뒤에 사용한다.
母音で終わる名詞の後ろにつけて使用する。

예 열 개**나**

**예문 例文**

❶ 불고기를 3인분이나 먹었어요.
焼き肉を3人前も食べました。

❷ 신발이 스무 켤레나 있어요?
靴が20足もありますか。

❸ 가 : 어제 잠을 열두 시간 잤어요.
昨日12時間寝ました。

나 : 열두 시간이나요?
12時間もですか。

연습 練習 맞는 것을 고르십시오.
正しいものを選びなさい。

1. 장미꽃을 백송이(이나, 나) 받았어요?
2. 오늘 수업에 학생이 열 명(이나, 나) 안 왔어요.

연습 練習 대화를 완성하십시오.
会話を完成させなさい。

1. 가 : 어제 부모님과 두 시간 동안 통화했어요.

   나 : ______________이나/나 통화했어요?

2. 가 : 저는 동생이 네 명 있어요.

   나 : __________이나요/나요?

## 123 | 이나[4]

**용법 用法** 의문문에서 의문사와 함께 쓰여 수량을 짐작해서 나타낼 때 쓴다.
疑問文で疑問詞と一緒に使われ、数量を見積もって表すときに用いる。

**활용 형태 活用形態**

**이나** 자음으로 끝나는 명사 뒤에 사용한다.
子音で終わる名詞の後ろにつけて使用する。

예 몇 권**이나**

**나** 모음으로 끝나는 명사 뒤에 사용한다.
母音で終わる名詞の後ろにつけて使用する。

예 얼마**나**

**예문 例文**

❶ 하루에 몇 시간이나 공부하세요?
一日何時間くらい勉強しますか。

❷ 집에서 학교까지 얼마나 걸려요?
家から学校までどれくらいかかりますか。

❸ 한 달에 몇 번이나 부모님께 전화를 드려요?
1ヶ月に何回くらい両親に電話していますか。

연습 練習 문장을 완성하십시오.
文を完成させなさい。

1. 지금 옷장에 옷이 ________이나/나 있어요? (몇 벌)
2. 한 달에 돈을 ________이나/나 쓰세요? (얼마)

연습 練習 대화를 완성하십시오.
会話を完成させなさい。

1. 가 : ______________________________이나/나 왔어요?
   나 : 모임에 20명쯤 왔어요.
2. 가 : ______________________________이나/나 읽어요?
   나 : 한 달에 책을 10권쯤 읽어요.



꼭~ 알아두기

# 124 | 이든지

**용법 用法**

'언제', '누구', '어디', '무엇', '얼마' 등의 의문사 뒤에 쓰여 어떤 것을 선택해도 상관이 없음을 나타낸다.
'언제','누구','어디','무엇','얼마'等の疑問詞の後ろに用いられ、どんなことを選択しても支障がないことを表す。

**활용 형태 活用形態**

**이든지** 자음으로 끝나는 명사 뒤에 사용한다.
子音で終わる名詞の後ろにつけて使用する。

예 무엇**이든지**

**든지** 모음으로 끝나는 명사 뒤에 사용한다.
母音で終わる名詞の後ろにつけて使用する。

예 어디**든지**

**예문 例文**

❶ 언제든지 오셔도 돼요.
いつでも来て良いです。

❷ 필요한 것이 있으면 무엇이든지 말씀하세요.
必要なものがあれば何でもおっしゃってください。

❸ 우리 학교 학생이면 누구든지 이용할 수 있어요?
うちの学校の学生なら誰でも利用できますか。

**참고 参考**

명사와 함께 쓰여 '이든지 이든지'의 형식으로 사용될 수 있다.
名詞と共に使われ'이든지 이든지'の形式で用いられる。

- 1층이든지 2층이든지 모두 괜찮아요.
  一階でも二階でもどこでも良いです
- 샌드위치든지 김밥이든지 마음대로 먹어.
  サンドイッチでもキムパプ(韓国風のりまき)でも好きなように食べろ。

**연습 練習** 맞는 것을 고르십시오.
正しいものを選びなさい。

1. 보고 싶으면 얼마(이든지, 든지) 봐도 돼.
2. 편한 옷이면 어떤 옷(이든지, 든지) 좋습니다.

**연습 練習** 대화를 완성하십시오.
会話を完成させなさい。

1. 가 : 몇 시쯤 전화할까요?

   나 : ____________이든지/든지 ______________________________.

2. 가 : 도서관에 한국 학생만 들어갈 수 있어요?

   나 : 아니요, 학생증이 있으면 ______________이든지/든지 __________________.

## 125 | 이 아니다

**용법 用法** '이다'를 부정할 때 쓴다.
'이다'を否定するときに用いる。

**활용 형태 活用形態**

**이 아니다** 자음으로 끝나는 명사 뒤에 사용한다.
子音で終わる名詞の後ろにつけて使用する。

예 은행원**이 아니다**

**가 아니다** 모음으로 끝나는 명사 뒤에 사용한다.
母音で終わる名詞の後ろにつけて使用する。

예 우유**가 아니다**

**예문 例文**

❶ 저는 학생이 아닙니다.
私は学生ではありません。

❷ 영수 씨는 제 남자친구가 아니에요.
ヨンスさんは私の彼氏ではありません。

❸ 이것은 정답이 아닙니다.
これは正解ではありません。

**연습 練習** 맞는 것을 고르십시오.
正しいものを選びなさい。

1. 저는 미국 사람(이, 가) 아닙니다.
2. 이곳은 횡단보도(이, 가) 아니에요.

**연습 練習** 대화를 완성하십시오.
会話を完成させなさい。

1. 가 : 이곳이 한국대학교입니까?

   나 : 아니요, ______________________________.

2. 가 : 안경을 쓰신 분이 박 선생님입니까?

   나 : 아니요, ______________________________.

## 126 | 입니까?

**용법 用法**

'입니다'의 의문 형태이다.
'입니다'の疑問形態である。

**활용 형태 活用形態**

**입니까?** 명사 뒤에 사용한다.
名詞の後ろにつけて使用する。

예 가방**입니까?**, 어디**입니까?**

**예문 例文**

❶ 전공이 무엇입니까?
専攻は何ですか。

❷ 누가 김영수 씨입니까?
誰がキム・ヨンスさんですか。

❸ 오늘이 몇 월 며칠입니까?
今日は何月何日ですか。

연습 練習 (    )을 채우십시오.
(    )の中をうめなさい。

1. 가 : 고향이 어디(                    )?

   나 : 서울입니다.

2. 가 : 취미가 무엇(                    )?

   나 : 바둑입니다.

연습 練習 대화를 완성하십시오.
会話を完成させなさい。

1. 가 : ____________________________________?

   나 : 중국 사람입니다.

2. 가 : ____________________________________?

   나 : 제가 오정희입니다.



꼭~ 알아두기

## 127 | 입니다

**용법 用法**

주어가 지시하는 대상의 속성을 나타내며 문장의 서술어가 되게 한다.
主語が指示する対象の属性を表すと同時に文の叙述語になる。

**활용 형태 活用形態**

**입니다** 명사 뒤에 사용한다.
名詞の後ろにつけて使用する。

예 영국 사람**입니다**, 교과서**입니다**

**예문 例文**

❶ 이번 역은 서울역입니다.
次はソウル駅です。

❷ 제 이름은 오정희입니다.
私の名前はオ・ジョンヒです。

❸ 김치는 한국의 유명한 음식입니다.
キムチは韓国の有名な食べ物です。

연습 練習 (　)을 채우십시오.
(　)の中をうめなさい。

안녕하십니까? 저는 리에(1.　　　　　　　　　).

한국대학교 경제학과 3학년(2.　　　　　　　　　).

만나서 반갑습니다.

연습 練習 대화를 완성하십시오.
会話を完成させなさい。

1. 가 : 누구입니까?

나 : ______________________________.

2. 가 : 여기는 어디입니까?

나 : ______________________________.

문법 알아보기

# ㅈ

## 128 | -자

**용법 用法** 격식체 반말로 아랫사람이나 동급의 사람에게 제안을 할 때 쓴다.
格式体のくだけた言い回しで目下の者や友達に提案をするときに用いる。

**활용 형태 活用形態**

**-자** 동사 어간 뒤에 사용한다.
動詞の語幹の後ろにつけて使用する。

예 읽**자**, 보**자**

**예문 例文**

❶ 배가 고프니까 밥부터 먹자.
お腹がすいたから、ご飯から食べよう。

❷ 교통이 복잡한데 지하철을 타자.
道が混んでいるから地下鉄に乗ろう。

❸ 오늘은 놀지 말고 열심히 공부하자.
今日は遊ばないで頑張って勉強しよう。

**참고 参考**

'-자'의 부정형은 '-지 말자'이다.
'-자'の否定形は'-지 말자'である。

- 비가 오니까 밖에 나가지 말자. 雨が降るので外に出かけるのはやめよう。
- 수업 시간이니까 떠들지 말자. 授業中だから騒ぐのはよそう。

연습 練習 빈칸을 채우십시오.
空欄をうめなさい。

| 높임말 | 반말 |
|---|---|
| 〈보기〉 서로 자주 연락합시다. | 서로 자주 연락하자. |
| 시끄러운데 문을 닫읍시다. | |
| 이따가 같이 산책을 합시다. | |
| 여기에서 사진을 찍지 맙시다. | |
| 내일 만나지 말고 모레 만납시다. | |

연습 練習 대화를 완성하십시오.
会話を完成させなさい。

1. 가 : 우리 이번 방학에 산에 갈까? 바다에 갈까?

   나 : ______________________________자.

2. 가 : 이번 주말에 뭘 할까?

   나 : ______________________________자.

# 129 | -자고 하다

**용법 用法** 다른 사람이 권유하거나 제안한 내용을 간접적으로 옮겨 말할 때 쓴다.
誰かが勧誘あるいは提案をした内容を間接的に別の誰かに伝えるときに用いる。

**활용 형태 活用形態**

**-자고 하다** 동사 어간 뒤에 사용한다.
動詞の語幹の後ろにつけて使用する。

예 듣**자고 하다**, 보**자고 하다**

**예문 例文**

❶ 친구가 내일 같이 점심을 먹자고 했어.
友だちが明日一緒に昼御飯を食べようと言った。

❷ 사촌 형이 같이 사업을 하자고 합니다.
従兄が一緒にビジネスを始めようと言っています。

❸ 남자 친구가 다음 달에 결혼하자고 해요.
彼氏が来月に結婚しようと言っています。

**참고 参考**

'-자고 하다'의 부정형은 '-지 말자고 하다'이다.
'-자고 하다'の否定形は'-지 말자고 하다'である。

- 친구가 버스를 타지 말고 택시를 타자고 했어요.
友達がバスに乗らないでタクシーに乗ろうと言いました。
- 웨이 씨가 비가 오니까 등산하지 말자고 했어요.
ウェイさんが雨が降るから登山はやめようと言いました。

**연습 練習** 빈칸을 채우십시오.
空欄をうめなさい。

| 〈보기〉 친구 : "내일 만납시다." | 친구가 내일 만나자고 합니다. |
|---|---|
| 미선 : "의자에 앉읍시다." | |
| 웨이 : "같이 축구를 하자." | |
| 선배 : "노래방에 가지 말자." | |

**연습 練習** 대화를 완성하십시오.
会話を完成させなさい。

1. 가 : 이번 주말에 뭘 할 거예요?

   나 : 친구가 같이 ____________________자고 해서 영화관에 갈 거예요.

2. 가 : 동생이 뭐라고 했어요?

   나 : ________________________________________자고 했어요.

## 130 | –지만

**용법 用法** 앞 문장과 반대되는 내용을 뒤 문장에서 이어 말할 때 쓴다.
前半部と反する内容を後半部で述べるときに用いる。

**활용 형태 活用形態**

**–지만** 동사나 형용사 어간 뒤에 사용한다.
動詞や形容詞の語幹の後ろにつけて使用する。

예 먹**지만**, 노력하**지만**, 작**지만**, 바쁘**지만**

**이지만** 명사 뒤에 사용한다.
名詞の後ろにつけて使用する。

예 학생**이지만**, 가수**이지만**

**–었지만/았지만/였지만**

과거나 완료를 나타낼 때 동사나 형용사 어간 뒤에 사용한다.
過去や完了を表すとき動詞や形容詞の語幹の後ろにつけて使用する。

예 쉬**었지만**, **샀지만**, 일**했지만**, 힘들**었지만**, 비**쌌지만**, 피곤**했지만**

**예문 例文**

❶ 한국말이 어렵지만 재미있어요.
韓国語は難しいですが面白いです。

❷ 동생이 노래는 잘 하지만 운동은 잘 못해요.
弟(または妹)は歌は上手いですが運動は苦手です。

❸ 어제 친구는 파티에 갔지만 나는 가지 않았다.
昨日友だちはパーティーに行ったが私は行かなかった。

**참고 参考**

길을 물어보거나 부탁을 거절할 때 쓸 수 있다.
道を尋ねたり依頼を断るときに用いる。

- 실례지만, 화장실이 어디에 있습니까? 失礼ですがトイレはどこにありますか。
- 미안하지만, 제가 지금 좀 바쁜데요. すみませんが私は今ちょっと忙しいんですが。

**연습 練習** 맞는 것을 고르십시오.
正しいものを選びなさい。

1. 옷이 비싸지만 안 샀어요. (　　)
   옷이 비싸지만 샀어요. (　　)
2. 어제 많이 일하지만 지금 피곤하지 않아요. (　　)
   어제 많이 일했지만 지금 피곤하지 않아요. (　　)

**연습 練習** 두 문장을 한 문장으로 만드십시오.
2つの文を1つの文に変えなさい。

1. 비빔냉면이 맵습니다. / 맛있습니다.
   ➡ ______________________________.
2. 형은 공부를 잘 합니다. / 동생은 공부를 잘 못합니다.
   ➡ ______________________________.

## 131 | -지 말다

**용법 用法** 어떤 동작의 금지를 나타낼 때 쓴다. 주로 명령문과 청유문에 쓰인다.
ある動作の禁止を表すときに使う。主に命令文と請誘文に用いられる。

**활용 형태** 活用形態

**-지 말다** 동사 어간 뒤에 사용한다.
動詞の語幹の後ろにつけて使用する。

예 닫**지 말다**, 마시**지 말다**

**예문** 例文

❶ 여기에서 사진을 찍지 마세요.
ここで写真を撮らないでください。

❷ 공원에 쓰레기를 버리지 맙시다.
公園にゴミを捨てないでください。

❸ 내일 시험이 있으니까 놀지 말고 공부합시다.
明日テストがあるから遊ばないで勉強しましょう。

연습 練習 **문장을 완성하십시오.**
文を完成させなさい。

1. 건강을 위해서 ＿＿＿＿＿＿＿＿지 마십시오. (담배를 피우다)
2. 수업 시간에 ＿＿＿＿＿＿지 말자. (떠들다)

연습 練習 **대화를 완성하십시오.**
会話を完成させなさい。

1. 가 : 버스를 탈까요?

   나 : 아니요, ＿＿＿＿＿＿＿＿＿＿＿＿＿＿지 맙시다.

2. 가 : 까만 바지를 살까요?

   나 : 아니요, ＿＿＿＿＿＿지 말고 ＿＿＿＿＿＿＿＿.



꼭~ 알아두기

# 132 | –지 못하다

**용법 用法** 어떤 능력이 없거나 어떤 일을 할 수 없음을 나타낸다.
ある能力が無かったり､あることが出来ない事を表す。

**활용 형태** 活用形態

**–지 못하다** 동사 어간 뒤에 사용한다.
動詞の語幹の後ろにつけて使用する。

예 입**지 못하다**, 보**지 못하다**

**예문** 例文

❶ 저는 한국어로 된 책을 읽지 못해요.
私は韓国語で書かれた本を読めません。

❷ 어제 잠을 자지 못해서 피곤합니다.
昨日寝られなくて疲れています。

❸ 다리를 다쳐서 잘 걷지 못합니다.
脚を怪我して歩きにくいです。

**참고** 参考

동사와 함께 쓰는 '–지 못하다'는 '못'으로 바꿔 쓸 수 있다. '못'으로 바꿔 쓸 때는 목적어 뒤에 '못'이 와야 한다.
動詞と共に用いる'–지 못하다'は'못'に置き換えることができる｡'못'に置き換えるときは目的語の後ろに'못'が来なければならない。

- 저는 한국어로 된 책을 못 읽어요. 私は韓国語で書かれた本を読めません。
- 어제 잠을 못 자서 피곤합니다. 昨日寝られなくて疲れています。

**연습 練習** 맞는 것을 고르십시오.
正しいものを選びなさい。

1. 저는 못 스키를 타요. ( )

   저는 스키를 못 타요. ( )

2. 단어가 어려워서 못 숙제를 했어요. ( )

   단어가 어려워서 숙제를 못 했어요. ( )

**연습 練習** 대화를 완성하십시오.
会話を完成させなさい。

1. 가 : 한국 음식을 만들 수 있어요?

   나 : 아니요, ______________________지 못해요.

2. 가 : 수영을 잘 해요?

   나 : 아니요, ____________________________.



꼭~ 알아두기

## 133 | –지 않다

**용법 用法** 앞말의 내용을 부정할 때 쓴다.
前半部の内容を否定するときに用いる。

**활용 형태 活用形態**

**–지 않다** 동사나 형용사 어간 뒤에 사용한다.
動詞や形容詞の語幹の後ろにつけて使用する。

예 듣**지 않다**, 비싸**지 않다**

**예문 例文**

❶ 저는 건강을 생각해서 튀긴 음식을 먹지 않아요.
私は健康を考えて揚げ物を食べません。

❷ 우리 회사는 토요일과 일요일에 일하지 않습니다.
うちの会社は土曜日と日曜日に働きません。

❸ 가을은 덥지도 않고 춥지도 않아서 독서하기에 좋습니다.
秋は暑くもないし寒くもないので読書をするには良いです。

**참고 参考**

'있다'의 부정형은 '있지 않다'가 아니고 '없다'이고, '알다'의 부정형은 '알지 않다'가 아니고 '모르다'이다.
'있다'の否定形は'있지 않다'ではなく'없다'であり、'알다'の否定形は'알지 않다'ではなく'모르다'である。

- 방학이어서 교실에 학생이 한 명도 없습니다.
  学校が休みなので教室に誰もいません。
- 저는 독일어를 모르니까 독일어로 이야기하지 마세요.
  私はドイツ語を知らないのでドイツ語で話さないで下さい。

**연습 練習** 문장을 완성하십시오.
文を完成させなさい。

1. 동생은 축구를 좋아하는데 저는 ____________________지 않습니다.

2. 샤오밍 씨는 숙제를 했는데 웨이 씨는 ________________지 않았어요.

**연습 練習** 대화를 완성하십시오.
会話を完成させなさい。

1. 가 : 요즘 바빠요?

   나 : 아니요, ________________________________________.

2. 가 : 이번 토요일에 출근합니까?

   나 : 아니요, ________________________________________.

## 134 | -지요?

**용법 用法** 이미 알고 있는 것을 확인하듯이 물어 볼 때 쓴다.
既に知っている事を確認するように尋ねるときに用いる。

**활용 형태 活用形態**

**-지요?** 동사나 형용사 어간 뒤에 사용한다.
動詞や形容詞の語幹の後ろにつけて使用する。

예 읽**지요?**, 예쁘**지요?**

**이지요?** 명사 뒤에 사용한다.
名詞の後ろにつけて使用する。

예 학생**이지요?**, 1시**이지요?**

**예문 例文**

1. 오늘 날씨가 아주 좋지요?
   今日の天気はとても良いですよね。
2. 요즘도 아침마다 운동하시지요?
   最近も毎朝運動していますよね。
3. 약속 장소가 학교 정문 앞이지요?
   待ち合わせの場所は学校の正門前ですね。

연습 練習 **문장을 완성하십시오.**
文を完成させなさい。

1. 은행은 4시에 문을 ______________________지요? (닫다)
2. 김 교수님께서 지금 연구실에 ______________지요? (계시다)

연습 練習 **대화를 완성하십시오.**
会話を完成させなさい。

1. 가 : 요즘 ______________________________지요?

   나 : 네, 시험 때문에 아주 바빠요.

2. 가 : 내일은 ____________________________지요?

   나 : 아니요, 내일은 공휴일이 아니에요.



꼭~ 알아두기

# ㅊ

# 135 | 처럼

**용법 用法** 모양이나 동작이 비슷하여 닮음을 나타낼 때 쓴다.
形や動作が似ていることを表すときに用いる。

**활용 형태 活用形態**

**처럼** 명사 뒤에 사용한다.
名詞の後ろにつけて使用する。

예 눈**처럼**, 영화배우**처럼**

**예문 例文**

❶ 설악산의 경치가 그림처럼 아름다워요.
ソラク山の景色が絵のように美しいです。

❷ 두 사람은 한 형제처럼 지내고 있습니다.
二人は兄弟のように過ごしています。

❸ 저는 가수처럼 노래를 잘 부르고 싶어요.
私は歌手みたいに歌が上手くなりたいです。

**연습 練習** 관계있는 것을 연결해서 문장을 완성하십시오.
関係のあるものを線で結んで文を完成させなさい。

| | |
|---|---|
| 눈 • | • 예쁘다 |
| 바다 • | • 하얗다 |
| 인형 • | • 넓다 |

**보기**

피부가 눈처럼 하얘요.

1. 아이가 ______________처럼 ______________.
2. 아버지의 마음이 ______________처럼 ______________.

**연습 練習** 문장을 완성하십시오.
文を完成させなさい。

1. 저는 ______________처럼 한국말을 잘 하면 좋겠어요.
2. 민철 씨는 ______________처럼 ______________.

문법 알아보기

# ㅎ

## 136 | ㅎ 불규칙 용언

**용법 用法**

ㅎ 불규칙 용언은 형용사 어간이 'ㅎ'으로 끝나는 일부 형용사(빨갛다, 이렇다, 어떻다, 하얗다, 노랗다 등)를 말한다. ㅎ 불규칙 용언은 뒤에 모음으로 시작하는 어미가 오면 받침 'ㅎ'이 없어진다. 또한 뒤에 '어/아'로 시작하는 문형이 오면 받침 'ㅎ'이 없어지고 '어/아'는 'ㅐ'가 되고 '여/야'는 'ㅒ'가 된다.

ㅎ不規則用言は形容詞の語幹が'ㅎ'で終わる一部の形容詞(빨갛다, 이렇다, 어떻다, 하얗다, 노랗다 等)を言う。ㅎ不規則用言は後ろに母音で始まる語尾が来るとパッチム'ㅎ'が消える。さらに後ろに'어/아'で始まる文型が来るとパッチム'ㅎ'が消え'어/아'は'ㅐ'になり、'여/야'は'ㅒ'になる。

**활용 형태 活用形態**

빨갛다 + -은/ㄴ → **빨간**
이렇다 + -어서/아서 → **이래서**

**예문 例文**

❶ 이 색깔은 어때요?
この色はどうですか。

❷ 피부가 눈처럼 하얘요.
肌が雪のように白いです。

❸ 노란 티셔츠에는 파란 바지가 잘 어울려요.
黄色いTシャツには青いズボンがよく似合います。

**연습 練習** 빈칸을 채우십시오.
空欄をうめなさい。

| ㅎ 불규칙 용언 | -습니까?/ㅂ니까? | -어서/아서 | -은/ㄴ | -었어요/았어요 |
|---|---|---|---|---|
| 파랗다 | | | | |
| 노랗다 | | | | |
| 하얗다 | | | | |
| 까맣다 | | | | |
| 그렇다 | | | | |
| 저렇다 | | | | |
| 어떻다 | | | | |

**연습 練習** 대화를 완성하십시오.
会話を完成させなさい。

1. 가 : 어느 우산을 드릴까요?

   나 : ____________________은/ㄴ 우산을 주세요. (까맣다)

2. 가 : 한국 생활이 ____________________었어요/았어요? (어떻다)

   나 : 재미있었어요. 친구도 많이 사귀고 여행도 많이 했어요.

## 137 | 하고

**용법 用法** 명사와 명사 사이에 쓰여 여러 사물이나 사람을 열거할 때 쓴다. 주로 말을 할 때 쓴다.
名詞と名詞の間に使われいろいろな事物や人物を列挙するときに用いる。主に口語で用いられる。

**활용 형태 活用形態**

**하고** 명사 뒤에 사용한다.
名詞の後ろにつけて使用する。

예 수박**하고**, 아이**하고**

**예문 例文**

1. 토요일하고 일요일에는 수업이 없어요.
   土曜日と日曜日には授業がありません。
2. 영수하고 미선은 초등학교 동창이에요.
   ヨンスとミソンは小学校の同窓生です。
3. 우리는 식당에 가서 된장찌개하고 갈비탕을 시켰다.
   私たちは食堂に行ってテンジャンチゲ(韓国風味噌汁)とカルビタンを注文した。

**참고 参考**

'하고'는 어떤 동작을 함께 하는 대상임을 나타내기도 한다. 이때 '하고' 다음에 '같이'나 '함께'를 쓸 수도 있다.
'하고'はある動作を一緒にする対象であることを表しもする。このとき'하고'の次に'같이'や'함께'をつけることもできる。

- 어제 저녁에 친구하고 같이 영화를 봤어요.
  昨日の夜友達と一緒に映画を見ました。
- 나는 이번 여름 방학에 가족하고 함께 바다에 갈 거야.
  私はこの夏休みに家族と一緒に海に行くつもりだ。

**연습 練習** ( )을 채우십시오.
空欄をうめなさい。

1. 책상 위에 교과서( ) 전자사전이 있다.
2. 저는 수업이 끝나고 반 친구들( ) 점심을 먹었어요.

**연습 練習** 대화를 완성하십시오.
会話を完成させなさい。

1. 가 : 이번 생일에 무슨 선물을 받고 싶어요?

   나 : ____________________________________.

2. 가 : 혼자 백화점에 갔어요?

   나 : 아니요, ____________________________.

# II

# 연습문제

## 練習問題

유형별 연습문제(類型別練習問題)

종합 연습문제(総合練習問題)

# 유형별 연습문제

類型別練習問題

## Ⅰ. 〈보기〉와 같이 (　　)에 알맞은 것을 고르십시오.

> 보기
> 여기(　　) 학교입니다.
> ✔❶ 는　　❷ 를　　❸ 의　　❹ 와

1. 주말에 연극(　　) 볼 거예요.

   ❶ 가　　❷ 을　　❸ 의　　❹ 에

2. 교과서가 있어요. 공책(　　) 있어요.

   ❶ 을　　❷ 은　　❸ 도　　❹ 과

3. 내일 몇 시(　　) 만날까요?

   ❶ 에　　❷ 로　　❸ 에서　　❹ 에게

4. 다음 주에 영국(　　) 출장을 갈 거예요.

   ❶ 하고　　❷ 에서　　❸ 에게　　❹ 으로

5. 교수님(　　) 전화를 하셨습니다.

   ❶ 을　　❷ 에게　　❸ 께　　❹ 께서

6. 서점(　　) 잡지를 사겠습니다.

   ❶ 으로　　❷ 까지　　❸ 에서　　❹ 에

7. 시간이 조금(　　) 없습니다.

   ❶ 밖에　　❷ 안에　　❸ 만　　❹ 은

8. 미국(　　) 수도가 어디입니까?

   ❶ 과　　❷ 을　　❸ 에　　❹ 의

9. 두 시(　　) 세 시에 전화해 주십시오.

❶ 도　❷ 나　❸ 는　❹ 에

10. 책이 몇 권(　　) 있어요?

❶ 을　❷ 도　❸ 이나　❹ 하고

11. 저는 비빔밥을 좋아하는데 리에 씨(　　) 무슨 음식을 좋아하세요?

❶ 도　❷ 는　❸ 만　❹ 를

12. 몇 시(　　) 수업이 있어요?

❶ 에서　❷ 동안　❸ 부터　❹ 만에

13. 오늘 아침에 밥을 먹지 않고 커피(　　) 마셨어요.

❶ 도　❷ 가　❸ 만　❹ 에

14. 전자상가에 가서 휴대전화(　　) 디지털카메라를 샀어요.

❶ 은　❷ 는　❸ 과　❹ 와

15. 한국 전통 문화(　　) 공부하고 싶어요.

❶ 에다가　❷ 에게서　❸ 에 대해서　❹ 에 비해서

16. 리에는 나(　　) 키가 커요.

❶ 하고　❷ 보다　❸ 까지　❹부터

17. 시간이 없으니까 김밥(　　) 먹읍시다.

❶ 도　❷ 과　❸ 하고　❹ 이나

18. 가을이 되면 나뭇잎이 빨간색(　　) 변합니다.

❶ 으로　❷ 에서　❸ 에게　❹ 까지

19. 웨이 씨는 한국사람(　　) 한국말을 잘 해요.

❶ 부터　❷ 밖에　❸ 처럼　❹ 만에

20. 10년(　　) 고향에 돌아왔습니다.

❶ 동안　❷ 에서　❸ 만에　❹ 까지

## Ⅱ. 〈보기〉와 같이 (　　)에 알맞은 것을 고르십시오.

보기
가 : 무엇을 합니까?
나 : 책을 (　　　　).
❶ 읽어요　❷ 읽으세요　❸ 읽을게요　❹ 읽겠어요

1. 가 : 제가 무슨 일을 할까요?
나 : 너는 방을 (　　　　).

❶ 닦아라　❷ 닦았어요　❸ 닦겠어　❹ 닦읍시다

2. 가 : 담배를 끊어라.
나 : 네, 담배를 (　　　　).

❶ 끊으세요　❷ 끊지 맙시다　❸ 끊을게요　❹ 끊지 않아요

3. 가 : 우리 어디에서 만날까?
나 : 커피숍에서 (　　　　).

❶ 만나자　❷ 만난다　❸ 만났다　❹ 만나라

4. 가 : 내일 날씨가 어떨까요?
나 : 내일 비가 (　　　　).

❶ 왔어요　❷ 오세요　❸ 올게요　❹ 올 것 같아요

5. 가 : 유학을 오기 전에 뭘 하셨어요?
   나 : 대학교에 (                    ).

   ❶ 다녀요 ❷ 다녔어요
   ❸ 다니세요 ❹ 다니셨어요

6. 가 : 방학에 뭘 할 거예요?
   나 : 유럽에 (                    ).

   ❶ 여행을 갔어요 ❷ 여행을 갔는데요
   ❸ 여행을 가세요 ❹ 여행을 가려고 해요

7. 가 : 여기에서 사진을 찍어도 돼요?
   나 : 아니요, 사진을 (                    ).

   ❶ 안 찍어도 돼요 ❷ 찍으면 안 돼요
   ❸ 찍어도 괜찮아요 ❹ 안 찍어야 해요

8. 가 : 심심해요.
   나 : 그럼 같이 게임을 (                    )?

   ❶ 하세요 ❷ 했어요
   ❸ 할래요 ❹ 할게요

9. 가 : 태국에 가 봤어요?
   나 : 네, 1년 전에 태국에 (                    ).

   ❶ 가나 봐요 ❷ 가 볼까 해요
   ❸ 가 본 적이 있어요 ❹ 가 보기로 했어요

10. 가 : 피아노를 칠 수 있어요?
    나 : 아니요, 피아노를 (                    ).

   ❶ 치지 못해요 ❷ 치지 않아요
   ❸ 치지 않을게요 ❹ 친 적이 있어요

11. 가 : 친구들과 약속을 했어요?
    나 : 네, 내일 10시에 (                    ).

❶ 만났나 봐요 ❷ 만났어요
❸ 만나기로 했어요 ❹ 만난 적이 있어요

12. 가 : 차가 많이 밀리는군요.
    나 : 교통사고가 (                    ).

❶ 나면 돼요 ❷ 났나 봐요
❸ 나도 돼요 ❹ 나야 해요

13. 가 : 덥습니까?
    나 : 네, 에어컨을 (                    ).

❶ 꺼 주세요 ❷ 켜 주세요
❸ 꺼서 주세요 ❹ 켜서 주세요

14. 가 : 내일 시간이 있어요?
    나 : 내일은 좀 (                    ).

❶ 바쁜데요 ❷ 바빴는데요
❸ 바쁘세요 ❹ 바쁠까 해요

15. 가 : 시계가 어디에 있습니까?
    나 : 시계가 벽에 (                    ).

❶ 걸었어요 ❷ 걸고 있어요
❸ 걸려 있어요 ❹ 걸 거예요

16. 가 : 저 사람을 알아요?
    나 : 아니요, (                    ).

❶ 몰라요 ❷ 몰랐어요
❸ 알지 않아요 ❹ 알지 않았어요

17. 가 : 제가 이 구두를 살까요?
나 : 아니요, 비싸니까 (                    ).

❶ 사지 않아요
❷ 사지 맙시다
❸ 사지 마세요
❹ 사지 않으세요

18. 가 : 내일 파티에 손님들이 많이 올까요?
나 : 아마 많이 (                    ).

❶ 왔어요
❷ 올 거예요
❸ 오셨어요
❹ 오는군요

19. 가 : 어제 6시에 뭘 하고 있었어요?
나 : 집에서 음식을 (                    ).

❶ 만들어요
❷ 만들 거예요
❸ 만들고 있어요
❹ 만들고 있었어요

20. 가 : 학교 앞 새로 생긴 식당에 가 봤어요?
나 : 네, 음식이 (                    ).

❶ 맛있군요
❷ 맛있더군요
❸ 맛있겠어요
❹ 맛있어졌어요

## Ⅲ. 〈보기〉와 같이 (        )에 알맞은 것을 고르십시오.

> 보기
> 가 : 왜 한국말을 공부해요?
> 나 : 한국 노래를 (                ) 한국말을 공부해요.
> ✔ 좋아해서 ❷ 좋아하러 ❸ 좋아하거나 ❹ 좋아하려고

1. 가 : 주말에 무엇을 했어요?
나 : 청소를 (            ) 텔레비전을 봤어요.

❶ 하러 ❷ 하면 ❸ 해서 ❹ 하고

2. 가 : 어디에 가세요?
   나 : (                    ) 도서관에 가요.

   ❶ 책을 빌리는데　　❷ 책을 빌리려고
   ❸ 책을 빌려서　　❹ 책을 빌리기 때문에

3. 가 : 한국말 공부가 어떻습니까?
   나 : (                    ) 재미있어요.

   ❶ 어려워서　　❷ 어려우면　　❸ 어렵지만　　❹ 어렵거나

4. 가 : 저는 여름을 (                    ) 샤오밍 씨는 어느 계절을 좋아하세요?
   나 : 저도 여름을 좋아해요.

   ❶ 좋아해서　　❷ 좋아하면　　❸ 좋아하지만　　❹ 좋아하는데

5. 가 : 조금 전에 책을 (                    ) 사람이 누구예요?
   나 : 리에 씨예요.

   ❶ 읽을　　❷ 읽은　　❸ 읽는　　❹ 읽고

6. 가 : 한국에 처음 왔어요?
   나 : 아니요, 삼 년(                    ) 한국에 온 적이 있어요.

   ❶ 전에　　❷ 후에　　❸ 동안　　❹ 만에

7. 가 : 내일 뭘 할 계획이에요?
   나 : 도시락을 (                    ) 가까운 공원에 갈 생각이에요.

   ❶ 준비하러　　❷ 준비하다가　　❸ 준비해 가지고　　❹ 준비하는데

8. 가 : 리에 씨는 인기가 많은 것 같아요.
   나 : 네, 얼굴도 (                    ) 성격도 좋으니까요.

   ❶ 예뻐서　　❷ 예뻐도　　❸ 예쁘다가　　❹ 예쁜 데다가

9. 가 : 몇 시에 만날까요?
나 : (                ) 좋아요.

❶ 언제든지   ❷ 누구든지   ❸ 아무데나   ❹ 아무거나

10. 가 : 어제 제가 보낸 이메일을 읽어 보셨어요?
나 : 아니요, 제가 집에 가서 (                ) 답장을 보내겠습니다.

❶ 확인하기 전에   ❷ 확인하는 대로

❸ 확인할 테니까   ❹ 확인했을지

11. 가 : 학교에서 영수 씨를 만났나요?
나 : 아니요, 학교에 (                ) 만났어요.

❶ 가다가   ❷ 갔다가   ❸ 가서   ❹ 가고

12. 가 : 어디로 유학을 갈 거예요?
나 : 글쎄요. 미국으로 (          ) 한국으로 (          ) 생각 중이에요.

❶ 가면   ❷ 가려   ❸ 가서   ❹ 갈지

13. 가 : 요가를 아주 잘 하시는군요. 언제부터 배웠어요?
나 : (                ) 3년 됐어요.

❶ 배워도   ❷ 배워서   ❸ 배운 지   ❹ 배우면

14. 가 : 웨이 씨가 어디에 있는지 알아요?
나 : 글쎄요, 급한 일이 있으면 샤오밍 씨에게 (                ) 물어보세요.

❶ 전화하고   ❷ 전화하러   ❸ 전화해도   ❹ 전화해서

15. 가 : 2시에 찾으러 (                ) 그때까지 휴대전화를 수리해 주세요.
나 : 알겠습니다. 2시에 오세요.

❶ 올 테니까   ❷ 올 것 같아서

❸ 왔으니까   ❹ 왔는데

16. 가 : 한국어가 어때요?
    나 : 배우면 (　　　　　　) 재미있어요.

❶ 배울수록　　❷ 배우니까
❸ 배우거나　　❹ 배우는데

17. 가 : 실례지만 여기에서 담배를 피워도 될까요?
    나 : 아니요, 여기에서는 담배를 (　　　　　　) 안 됩니다.

❶ 피워도　　❷ 피워서
❸ 피우게　　❹ 피우면

18. 가 : 한국에 유학을 간다고 들었어요.
    나 : 네, 한국 역사를 (　　　　　　) 한국에 가기로 했어요.

❶ 배우기 때문에　　❷ 배우기 위해서
❸ 배울 것 같아서　　❹ 배운 것 같아서

19. 가 : 주말에 비가 온다고 하는데 등산을 갈 거예요?.
    나 : 오랜만에 만나는 모임이어서 비가 (　　　　　　) 가려고 해요.

❶ 오면　　❷ 오고　　❸ 와도　　❹ 와서

20. 가 : 영수 씨가 언제 올 거라고 해요?
    나 : 차가 밀려서 조금 늦게 (　　　　　　) 하는데요.

❶ 온다고　　❷ 오자고　　❸ 오라고　　❹ 왔다고

## Ⅳ. 〈보기〉와 같이 밑줄 친 부분이 틀린 것을 고르십시오.

보기

❶ 극장에 갑시다.
❷ 축구를 합시다.
❸ 노래를 부릅시다.
✔ 함께 걷읍시다.

1.

❶ 창문을 닫으세요.

❷ 안녕히 있으세요.

❸ 저를 좀 도와주세요.

❹ 의자에 앉아서 기다리세요.

2.

❶ 미선 씨가 예쁘어요.

❷ 이 영화가 재미있어요.

❸ 아침마다 운동을 해요.

❹ 극장에서 영화를 봐요.

3.

❶ 피아노를 칠 수 있어요.

❷ 이 의자에 앉을 수 있어요.

❸ 한국말로 전화할 수 있어요.

❹ 스파게티를 만들을 수 있어요.

4.

❶ 전화가 끊어졌어요.

❷ 에어컨이 꺼졌어요.

❸ 요즘 힘들어서 살이 빼졌어요.

❹ 바람이 많이 불어서 창문이 깨졌어요.

5.

❶ 많이 걸어서 다리가 아픕니다.

❷ 저는 노래 들는 것을 좋아합니다.

❸ 시끄러운데 문을 좀 닫아 주십시오.

❹ 오늘 생일 선물을 많이 받았습니다.

6.

❶ 서울에서 삽니다.

❷ 음악을 듣습니다.

❸ 집이 아주 가깝어요.

❹ 저는 겨울이 제일 좋아요.

7.

❶ 다리가 많이 붓었어요.

❷ 웃는 모습이 아주 예뻐요.

❸ 요즘 날씨가 추워졌어요.

❹ 샤오밍 씨 전화번호를 알아요.

8.

❶ 가을 하늘이 파래요.

❷ 친구는 얼굴이 빨개졌어요.

❸ 눈이 많이 와서 세상이 하얘요.

❹ 요즘 거기는 날씨가 어떻습니까?

9.

❶ 시간이 없는데요.

❷ 지금 좀 바쁘는데요.

❸ 이 옷이 좀 작은데요.

❹ 이 가방이 너무 비싼데요.

10.

❶ 전망이 아주 좋군요.

❷ 이 음식이 너무 맵군요.

❸ 공부를 열심히 하는군요.

❹ 어제 눈이 많이 왔는군요.

11.

❶ 시끄럽게 떠들지 마라.

❷ 이번 주에는 만나지 말자.

❸ 이 가방이 무겁지 않는다.

❹ 나는 춤을 잘 추지 못한다.

12.

❶ 동생이 게임을 하자고 해요.

❷ 친구가 요즘 바쁘다고 해요.

❸ 친구가 돈을 빌려 달라고 해요.

❹ 선생님이 늦게 오지 마라고 하세요.

13.

❶ 한국에 오게 됐어요.

❷ 갑자기 고향에 돌아가게 됐어요.

❸ 발음이 좋게 됐어요.

❹ 뉴스를 듣고 알게 됐어요.

14.

❶ 어제 먹은 음식이 맛있었어요.

❷ 맛있는 음식을 만들어 주세요.

❸ 내일 할 일을 수첩에 적습니다.

❹ 비싸는 물건을 많이 사지 마세요.

15.

❶ 많이 일해서 피곤합니다.

❷ 시간이 없어서 택시를 탑시다.

❸ 늦게 일어나서 학교에 늦었어요.

❹ 술을 많이 마셔서 머리가 아파요.

16.

❶ 집을 사러 돈을 모읍니다.

❷ 돈을 찾으려고 은행에 갔어요.

❸ 상을 받기 위해서 열심히 연습합니다.

❹ 도서관에 들어가려면 학생증이 있어야 합니다.

17.

❶ 자기 전에 일기를 씁니다.

❷ 지하철이 깨끗하고 빠릅니다.

❸ 목이 마르니까 물 좀 주세요.

❹ 숙제를 한 동안 음악을 들었어요.

18.

❶ 앞에서 사고가 난 것 같아요.

❷ 아기가 어디 아픈 것 같아요.

❸ 내일 비가 많이 온 것 같아요.

❹ 웨이 씨가 미선 씨를 좋아하는 것 같아요.

19.

❶ 돈이 많으면 뭘 하고 싶어요?
❷ 교실에 들어가고 아무도 없었다.
❸ 도서관에 가서 소설책을 빌렸어요.
❹ 친구를 만나러 커피숍에 가는 길이에요.

20.

❶ 날씨가 더운데 에어컨을 켭니다.
❷ 어제부터 열도 나고 기침도 나요.
❸ 비가 오는 데다가 바람도 많이 불어요.
❹ 저는 취미가 영화 감상인데 샤오밍 씨는 취미가 뭐예요?

## V. 〈보기〉와 같이 빈칸에 알맞은 것을 고르십시오.

보기

가 : 베이징에 살아요?
나 : ____________________.

✔❶ 네, 베이징에 살아요 ❷ 아니요, 베이징이에요
❸ 네, 베이징에 없어요 ❹ 아니요, 베이징에 갔어요

1. 가 : 어디 가세요?
나 : ____________________.

❶ 우체국에 가세요 ❷ 우체국에 가요
❸ 우체국에서 가세요 ❹ 우체국에서 가요

2. 가 : 할아버지께서 뭘 하세요?
나 : ____________________.

❶ 신문을 봤어요 ❷ 신문을 보겠어요
❸ 신문을 보세요 ❹ 신문을 볼까 해요

3. 가 : 신발을 샀어요?
나 : ________________________.

❶ 네, 사요 ❷ 아니요, 사세요
❸ 네, 샀어요 ❹ 아니요, 사지 않아요

4. 가 : 여기가 학생회관이에요?
나 : ________________________.

❶ 네, 학생회관이 있어요 ❷ 아니요, 학생회관이에요
❸ 네, 학생회관이 없어요 ❹ 아니요, 학생회관이 아니에요

5. 가 : 주말에 보통 무엇을 합니까?
나 : ________________________.

❶ 집에서 쉽니다 ❷ 집에서 쉬는군요
❸ 집에서 쉽시다 ❹ 집에서 쉬십시오

6. 가 : ________________________?
나 : 저는 목요일이 좋아요.

❶ 언제 만날까요 ❷ 몇 시에 만날까요
❸ 목요일에 뭐 해요 ❹ 목요일이 좋아요

7. 가 : 마이클 씨 여자 친구가 한국 사람이라고 해요.
나 : 그래요? ________________________.

❶ 한국 사람이 아니에요 ❷ 미국 사람이에요
❸ 한국 사람인 줄 알았어요 ❹ 미국 사람인 줄 알았어요

8. 가 : ________________________?
나 : 네, 에어컨을 끄세요.

❶ 같이 에어컨을 끌까요 ❷ 에어컨을 껐나요
❸ 제가 에어컨을 끌까요 ❹ 에어컨을 껐어요

9. 가 : ________________________________?
나 : 여동생한테 주려고 해요.

❶ 이 꽃다발은 누가 줄 거예요 ❷ 이 꽃다발은 누가 줬어요

❸ 이 꽃다발은 누구에게 줄 거예요 ❹ 이 꽃다발은 누구에게 줬어요

10. 가 : 어디에서 만날까요?
나 : ________________________________.

❶ 지난번에 커피숍에서 만났어요 ❷ 지난번에 만나던 커피숍에서 만나요

❸ 지난번에 만나는 커피숍에서 만나요 ❹ 지난번에 만났던 커피숍에서 만나요

11. 가 : 점심 먹으러 가는데 같이 갈래요?
나 : ________________________________.

❶ 바쁘면 먼저 갈게요 ❷ 바쁘면 가지 마세요

❸ 바빠서 못 가요 ❹ 바빠서 안 갔어요

12. 가 : 약속장소가 어디지요?
나 : ________________________________.

❶ 학생식당에 만나기로 했어요 ❷ 학생식당에서 만나기로 했어요

❸ 학생식당에 가기로 했어요 ❹ 학생식당에서 가기로 했어요

13. 가 : 어제 오래간만에 초등학교 동창회에 갔어요.
나 : 그래요?________________________.

❶ 아주 반가워요. ❷ 아주 반가웠어요

❸ 아주 반가웠군요 ❹ 아주 반가웠겠군요

14. 가 : 웨이 씨는 몇 시에 도착한다고 했어?
나 : ________________________________.

❶ 2시쯤 도착하냐고 했어 ❷ 2시쯤 도착한다고 했어

❸ 2시쯤 도착하자고 했어 ❹ 2시쯤 도착하라고 했어

15. 가 : 옆에 계신 분은 누구세요?
    나 : ________________________________________.

    ❶ 마이클 씨이기는 하지만 미국에서 왔어요
    ❷ 마이클 씨여도 미국에서 왔어요
    ❸ 마이클 씨이기 때문에 미국에서 왔어요
    ❹ 마이클 씨인데 미국에서 왔어요

16. 가 : 오늘 점심 약속을 못 지키겠어요.
    나 : ________________________________________?
    가 : 고향에서 부모님께서 오셨어요.

    ❶ 약속을 했나요 ❷ 약속을 지키나요
    ❸ 무슨 일이 있나요 ❹ 무슨 일이 없나요

17. 가 : 지난주에 뭘 했어?
    나 : ________________________________________.
    가 : 그래? 나도 경주에 다녀왔는데.

    ❶ 경주에 갔다가 왔어 ❷ 경주에 가 본 적이 있어
    ❸ 경주에 가려고 했어 ❹ 경주에 가 본 적이 없어

18. 가 : 이 빨간색 티셔츠를 입어 보세요.
    나 : ________________________________________?
    가 : 네, 아주 잘 어울릴 것 같아요.

    ❶ 저에게 잘 어울릴래요 ❷ 저에게 잘 어울릴 거예요
    ❸ 저에게 잘 어울릴까요 ❹ 저에게 잘 어울렸어요

19. 가 : 휴가 계획은 세웠나요?
    나 : ________________________________________.
    가 : 저도 동해에 한번 가 보고 싶었는데 같이 갈래요?

    ❶ 네, 동해에 갔어요 ❷ 네, 동해에 가세요
    ❸ 네, 동해에 가는군요 ❹ 네, 동해에 갈까 해요

20. 가 : 내일 약속이 2시지요? 늦게 오지 마세요.
나 : ______________________________.
가 : 그럼 내일 만나요.

❶ 네, 2시까지 가겠습니다 ❷ 네, 2시까지 가십시오

❸ 네, 2시까지 갑니다 ❹ 네, 2시까지 갑시다

## Ⅵ. 〈보기〉와 같이 두 문장을 바르게 연결한 것을 고르십시오.

보기 숙제를 했습니다. 잤습니다.

✔❶ 숙제를 하고 잤습니다. ❷ 숙제를 하러 잤습니다.
❸ 숙제를 하면 잤습니다. ❹ 숙제를 하니까 잤습니다.

1. 피곤합니다. 좀 쉽시다.

❶ 피곤해서 좀 쉽시다. ❷ 피곤하고 좀 쉽시다.

❸ 피곤하려면 좀 쉽시다. ❹ 피곤하니까 좀 쉽시다.

2. 시험에 합격합니다. 열심히 공부해야 합니다.

❶ 시험에 합격하러 열심히 공부해야 합니다.
❷ 시험에 합격하려면 열심히 공부해야 합니다.
❸ 시험에 합격하면서 열심히 공부해야 합니다.
❹ 시험에 합격할수록 열심히 공부해야 합니다.

3. 교실에 들어갔습니다. 아무도 없었습니다.

❶ 교실에 들어가면 아무도 없었습니다.
❷ 교실에 들어가서 아무도 없었습니다.
❸ 교실에 들어가니까 아무도 없었습니다.
❹ 교실에 들어가자마자 아무도 없었습니다.

4. 수업이 끝납니다. 바로 집에 돌아갈 거예요.

❶ 수업이 끝나는 데다가 집에 돌아갈 거예요.
❷ 수업이 끝나는 대로 집에 돌아갈 거예요.
❸ 수업이 끝나기 위해서 집에 돌아갈 거예요.
❹ 수업이 끝나면 끝날수록 집에 돌아갈 거예요.

5. 돈이 많습니다. 좋은 자동차를 사고 싶어요.

❶ 돈이 많으면 좋은 자동차를 사고 싶어요.
❷ 돈이 많지만 좋은 자동차를 사고 싶어요.
❸ 돈이 많으려면 좋은 자동차를 사고 싶어요.
❹ 돈이 많으면서 좋은 자동차를 사고 싶어요.

6. 소포를 부칩니다. 우체국에 갑니다.

❶ 소포를 부치러 우체국에 갑니다. ❷ 소포를 부치고 우체국에 갑니다.
❸ 소포를 부쳐도 우체국에 갑니다. ❹ 소포를 부쳐서 우체국에 갑니다.

7. 저 구두가 예쁩니다. 너무 비쌉니다.

❶ 저 구두가 예쁘고 너무 비쌉니다.
❷ 저 구두가 예쁘면서 너무 비쌉니다.
❸ 저 구두가 예쁘기는 하지만 너무 비쌉니다.
❹ 저 구두가 예쁘면 예쁠수록 너무 비쌉니다.

8. 심심합니다. 친구에게 전화를 걸어요.

❶ 심심하거나 친구에게 전화를 걸어요.
❷ 심심할 때 친구에게 전화를 걸어요.
❸ 심심하면서 친구에게 전화를 걸어요.
❹ 심심하기 위해서 친구에게 전화를 걸어요.

9. 친구가 친절합니다. 똑똑합니다.

❶ 친구가 친절하고 똑똑합니다. ❷ 친구가 친절하면 똑똑합니다.
❸ 친구가 친절하지만 똑똑합니다. ❹ 친구가 친절하니까 똑똑합니다.

10. 금메달을 땁니다. 열심히 연습하고 있어요.

❶ 금메달을 따서 열심히 연습하고 있어요.
❷ 금메달을 따러 열심히 연습하고 있어요.
❸ 금메달을 따기 때문에 열심히 연습하고 있어요.
❹ 금메달을 따기 위해서 열심히 연습하고 있어요.

11. 배가 고픕니다. 식당에 갈까요?

❶ 배가 고프고 식당에 갈까요?
❷ 배가 고파서 식당에 갈까요?
❸ 배가 고픈데 식당에 갈까요?
❹ 배가 고파도 식당에 갈까요?

12. 차를 마십니다. 친구들과 얘기합니다.

❶ 차를 마시지만 친구들과 얘기합니다.
❷ 차를 마시면서 친구들과 얘기합니다.
❸ 차를 마시는데 친구들과 얘기합니다.
❹ 차를 마신 데다가 친구들과 얘기합니다.

13. 여기 저기 찾아 봤어요. 아무 데도 없었습니다.

❶ 여기 저기 찾아 봐서 아무 데도 없었습니다.
❷ 여기 저기 찾아 보면서 아무 데도 없었습니다.
❸ 여기 저기 찾아 봤지만 아무 데도 없었습니다.
❹ 여기 저기 찾아 봤으니까 아무 데도 없었습니다.

14. 창문을 닫았습니다. 창문을 열었습니다.

❶ 창문을 닫으면서 열었습니다.
❷ 창문을 닫으니까 열었습니다.
❸ 창문을 닫았다가 열었습니다.
❹ 창문을 닫았지만 열었습니다.

15. 해외여행을 갑니다. 아르바이트를 합니다.

❶ 해외여행을 가는데 아르바이트를 합니다.
❷ 해외여행을 가려고 아르바이트를 합니다.
❸ 해외여행을 가러 아르바이트를 합니다.
❹ 해외여행을 가고 아르바이트를 합니다.

16. 동해에서 일출을 봤어요. 영화의 한 장면 같았어요.

① 동해에서 일출을 봤지만 영화의 한 장면 같았어요.
② 동해에서 일출을 봤는데 영화의 한 장면 같았어요.
③ 동해에서 일출을 봤으면 영화의 한 장면 같았어요.
④ 동해에서 일출을 봤으니까 영화의 한 장면 같았어요.

17. 한가할 때는 낚시를 합니다. 등산을 갑니다.

① 한가할 때는 낚시를 하지만 등산을 갑니다.
② 한가할 때는 낚시를 하거나 등산을 갑니다.
③ 한가할 때는 낚시를 하니까 등산을 갑니다.
④ 한가할 때는 낚시를 하면서 등산을 갑니다.

18. 월급이 적습니다. 저에게 맞는 직장을 구하고 싶습니다.

① 월급이 적어도 저에게 맞는 직장을 구하고 싶습니다.
② 월급이 적어서 저에게 맞는 직장을 구하고 싶습니다.
③ 월급이 적으면 저에게 맞는 직장을 구하고 싶습니다.
④ 월급이 적은데 저에게 맞는 직장을 구하고 싶습니다.

19. 술을 많이 마셨습니다. 건강이 나빠졌습니다.

① 술을 많이 마셨지만 건강이 나빠졌습니다.
② 술을 많이 마셨으면 건강이 나빠졌습니다.
③ 술을 많이 마셔서 그런지 건강이 나빠졌습니다.
④ 술을 많이 마실 테니까 건강이 나빠졌습니다.

20. 경복궁에는 역사적인 볼거리가 많습니다. 재미있을 거예요.

① 경복궁에는 역사적인 볼거리가 많아서 재미있을 거예요.
② 경복궁에는 역사적인 볼거리가 많으면 재미있을 거예요.
③ 경복궁에는 역사적인 볼거리가 많거나 재미있을 거예요.
④ 경복궁에는 역사적인 볼거리가 많다가 재미있을 거예요.

## VII. 비슷한 뜻의 문장을 고르십시오.

보기 텔레비전을 보면서 저녁을 먹었어요.

❶ 텔레비전을 본 후에 저녁을 먹었어요.
❷ 텔레비전을 보는 동안 저녁을 먹었어요. ✓
❸ 텔레비전을 보기 전에 저녁을 먹었어요.
❹ 텔레비전을 보고 바로 저녁을 먹었어요.

1.

일찍 일어나려면 일찍 자야 해요.

❶ 일찍 일어나서 일찍 자야 해요.
❷ 일찍 일어나고 일찍 자야 해요.
❸ 일찍 일어나는 대로 일찍 자야 해요.
❹ 일찍 일어나고 싶으면 일찍 자야 해요.

2.

두 사람이 싸운 것 같아요.

❶ 두 사람이 싸웠어요.
❷ 두 사람이 싸웠나 봐요.
❸ 두 사람이 싸울 거예요.
❹ 두 사람이 싸울지 몰라요.

3.

이 옷이 예쁘지만 좀 작습니다.

❶ 이 옷이 예쁜데 좀 작습니다.
❷ 이 옷이 예쁘고 좀 작습니다.
❸ 이 옷이 예쁘면 좀 작습니다.
❹ 이 옷이 예쁘니까 좀 작습니다.

4.

누구하고 점심을 먹었어요?

❶ 누가 점심을 먹었어요?
❷ 누구 때문에 점심을 먹었어요?
❸ 누구와 함께 점심을 먹었어요?
❹ 누구를 위해서 점심을 먹었어요?

5.

나는 친구에게 예쁜 장갑을 선물했다.

❶ 나하고 친구는 예쁜 장갑을 줬다.
❷ 나는 친구한테 예쁜 장갑을 줬다.
❸ 나하고 친구는 예쁜 장갑을 받았다.
❹ 나는 친구에게서 예쁜 장갑을 받았다.

6.

영화를 본 사람은 샤오밍 씨입니다.

❶ 샤오밍 씨가 영화를 봤습니다.
❷ 샤오밍 씨가 영화를 볼 거예요.
❸ 샤오밍 씨가 영화를 보고 있어요.
❹ 샤오밍 씨가 영화를 보려고 합니다.

7.

저는 피아노를 칠 수 없어요.

❶ 저는 피아노를 치지 않아요.
❷ 저는 피아노를 치지 못해요.
❸ 저는 피아노를 치지 않을게요.
❹ 저는 피아노를 치고 싶지 않아요.

8.

여기에 앉아도 돼요.

❶ 여기에 앉으면 돼요.
❷ 여기에 앉을까 해요.
❸ 여기에 앉아야 해요.
❹ 여기에 앉아도 괜찮아요.

9.

설렁탕을 먹어 본 적이 있습니다.

❶ 설렁탕을 자주 먹습니다.
❷ 설렁탕을 먹어 보려고 합니다.
❸ 설렁탕을 먹어 봤습니다.
❹ 설렁탕을 먹었으면 좋겠습니다.

10.

웨이 씨가 고향에 돌아간 줄 알았어요.

❶ 웨이 씨는 고향에 돌아갔어요.
❷ 웨이 씨는 고향에 돌아가고 있어요.
❸ 웨이 씨는 고향에 돌아가지 않았어요.
❹ 웨이 씨는 고향에 돌아가지 않을 거예요.

11.

회사에 가다가 동료를 만났어요.

❶ 회사에서 동료를 만났어요.
❷ 회사에 가서 동료를 만났어요.
❸ 회사에 가니까 동료를 만났어요.
❹ 회사에 갈 때 동료를 만났어요.

12.

열이 많이 나는 데다가 배도 아파요.

❶ 열이 많이 나고 배도 아파요.
❷ 열이 많이 나면 배도 아파요.
❸ 열이 많이 나서 배도 아파요.
❹ 열이 많이 나다가 배도 아파요.

13.

술은 포도주 한 잔밖에 못 마셔요.

❶ 포도주만 마실 수 있어요.
❷ 포도주를 많이 마실 수 있어요.
❸ 술을 잘 마시지 못해요.
❹ 술을 날마다 한 잔만 마셔요.

14.

우리 반에서 영수 씨만큼 친절한 사람은 없어요.

❶ 우리 반에는 친절한 사람이 없어요.
❷ 우리 반에는 친절한 사람이 많아요.
❸ 우리 반에서 영수 씨가 제일 친절해요.
❹ 우리 반에서 영수 씨가 제일 안 친절해요.

15.

무슨 일이든지 열심히 하지 않으면 안 됩니다.

❶ 무슨 일이든지 열심히 하지 않습니다.
❷ 무슨 일이든지 열심히 해야 합니다.
❸ 무슨 일이든지 열심히 하면 안 됩니다.
❹ 무슨 일이든지 열심히 하려고 합니다.

16.

요즘 날씨가 얼마나 쌀쌀한지 몰라요.

❶ 요즘 날씨가 정말 쌀쌀해요.
❷ 요즘 날씨가 조금 쌀쌀해요.
❸ 요즘 날씨가 어떤지 잘 몰라요.
❹ 요즘 날씨가 쌀쌀하지 않아요.

17.

아침에 출근하면 이메일부터 확인합니다.

❶ 아침에만 이메일을 확인합니다.
❷ 아침이면 이메일을 확인합니다.
❸ 출근하면 이메일만 확인합니다.
❹ 출근하면 먼저 이메일을 확인합니다.

18.

5년 만에 베이징에 왔습니다.

❶ 5년 밖에 베이징에 없었습니다.
❷ 5년 동안 베이징에 있었습니다.
❸ 5년 전에 베이징에 온 적이 없습니다.
❹ 5년 전에 베이징에 온 적이 있습니다.

19.

비자를 신청하러 대사관에 갔습니다.

❶ 비자를 신청하려면 대사관에 가야 합니다.
❷ 비자를 신청해서 대사관에 가야 합니다.
❸ 비자를 신청하기 위해서 대사관에 갔습니다.
❹ 비자를 신청했기 때문에 대사관에 갔습니다.

20.

밖에서 무슨 소리가 들려요. 사람들이 싸우나 봐요.

❶ 밖에서 무슨 소리가 들려요. 사람들이 싸울 것 같아요.
❷ 밖에서 무슨 소리가 들려요. 사람들이 싸우는 것 같아요.
❸ 밖에서 무슨 소리가 들려요. 사람들이 싸운 것 같아요.
❹ 밖에서 무슨 소리가 들려요. 사람들이 싸우려고 해요.

## Ⅷ. 다음을 읽고 물음에 답하십시오.

[1-2]

> 가 : 저분이 누구세요?
> 나 : 누구요?
> 가 : 검정색 정장을 (　　㉠　　) 분이요.
> 나 : 아, 지난주에 새로 (　　㉡　　) 김 선생님이세요.

1. ㉠에 알맞은 것을 고르십시오.

❶ 입는　　❷ 입은　　❸ 입을　　❹ 입어

2. ㉡에 알맞은 것을 고르십시오.

❶ 오신　　❷ 오실　　❸ 오시는　　❹ 오시고

[3-4]

> 가 : 리에 씨, 좋은 식당이 있으면 소개해주세요.
> 　　이번 주말에 중국에서 친구가 와요.
> 나 : 그래요? 중국 친구가 한국 음식을 (　　㉠　　)?
> 가 : 네. 중국에서도 한국 식당에 자주 (　　㉡　　) 친구예요.
> 나 : 그럼 학교 앞 한국관에 가 보세요. 음식도 맛있고 서비스도 좋아요.

3. ㉠에 알맞은 것을 고르십시오.

❶ 좋아요　　❷ 좋아해요　　❸ 좋았어요　　❹ 좋을 거예요

4. ㉡에 알맞은 것을 고르십시오.

❶ 가서　　❷ 가고　　❸ 가던　　❹ 가면

[5-6]

가 : 어디 아파요? 몸이 안 좋아 보여요.
나 : 네, 열이 나고 몸이 떨려요. 감기에 ( ㉠ ).
가 : ( ㉡ ) 빨리 병원에 가 보세요.
나 : 알겠어요.

5. ㉠에 알맞은 것을 고르십시오.

① 걸리는데요 ② 걸리는군요
③ 걸린 것 같군요 ④ 걸린 것 같아요

6. ㉡에 알맞은 것을 고르십시오.

① 심해지기 때문에 ② 심해지기 위해서
③ 심해지기 전에 ④ 심해지면서

[7-8]

가 : 한국 명절에 대한 자료를 찾고 싶은데요.
나 : 3층 민속자료실로 ( ㉠ ).
가 : 중국어( ㉡ ) 된 자료도 있을까요?
나 : 아마 있을 거예요. 먼저 컴퓨터로 검색을 해 보세요.

7. ㉠에 알맞은 것을 고르십시오.

① 가 보세요 ② 가 봤어요 ③ 갈 거예요 ④ 가고 있어요

8. ㉡에 알맞은 것을 고르십시오.

① 가 ② 를 ③ 로 ④ 의

[9-10]

가 : 어떻게 오셨어요?
나 : 외국인 등록증을 ( ㉠ ) 왔어요.
가 : 그럼 신청서를 ( ㉡ ) 내세요.
나 : 네, 알겠습니다.

9. ㉠에 알맞은 것을 고르십시오.

❶ 만들수록 ❷ 만들었던 ❸ 만들지만 ❹ 만들려고

10. ㉡에 알맞은 것을 고르십시오.

❶ 써서 ❷ 써도 ❸ 쓰고 ❹ 쓰면

[11-12]

가 : 서울 호텔입니다. 무엇을 ( ㉠ )?
나 : 이번 주말에 방을 예약하려고 하는데요.
가 : 특실이 있고 일반실이 ( ㉡ ) 어떤 방을 원하십니까?
나 : 특실에 묵겠습니다.

11. ㉠에 알맞은 것을 고르십시오.

❶ 도와 드릴까요 ❷ 도와 드립니까

❸ 도와 드릴래요 ❹ 도와 드리나요

12. ㉡에 알맞은 것을 고르십시오.

❶ 있지만 ❷ 있어서 ❸ 있다가 ❹ 있는데

[13-14]

가 : 리에 씨, 베이징에 (　　㉠　　)?
나 : 네, 여기 저기 볼거리가 많아서 아주 재미있었어요.
가 : 베이징 날씨는 어때요?
나 : 저는 여름에 갔는데 서울보다 (　　㉡　　).

13. ㉠에 알맞은 것을 고르십시오.

❶ 가 보려고 해요　　❷ 가 보려고 했어요
❸ 가 본 적이 있어요　　❹ 가 본 적이 없어요

14. ㉡에 알맞은 것을 고르십시오.

❶ 따뜻하군요　　❷ 따뜻했군요
❸ 따뜻하겠군요　　❹ 따뜻하더군요

[15-16]

가 : 저울(　　㉠　　) 소포를 올려 놓으세요. 어디로 보내실 거예요?
나 : 중국이요. 그런데 물건이 (　　㉡　　) 깨지면 어떻게 해요?
가 : 중요한 물건이면 보험에 드는 것이 좋습니다.
나 : 보험료는 얼마입니까?

15. ㉠에 알맞은 것을 고르십시오.

❶ 에서　　❷ 에게　　❸ 에다가　　❹ 에게서

16. ㉡에 알맞은 것을 고르십시오.

❶ 없어지면　　❷ 없어지러　　❸ 없어지려면　　❹ 없어지거나

[17-18]

가 : 선생님, 배탈이 (　　㉠　　) 같아요.
나 : 증세가 어떠세요?
가 : 배가 많이 아픈 데다가 설사도 합니다.
나 : 어디 봅시다. 언제(　　㉡　　) 아팠어요?

17. ㉠에 알맞은 것을 고르십시오.

❶ 날 것　　❷ 난 것　　❸ 나는 것　　❹ 났던 것

18. ㉡에 알맞은 것을 고르십시오.

❶ 부터　　❷ 에서　　❸ 까지　　❹ 후에

[19-20]

가 : 영수가 왜 안 오지?
나 : 글쎄, 차가 많이 밀리나 봐.
가 : 벌써 20분(　　㉠　　) 지났는데 전화해 보는 게 어때?
나 : 그래, 전화해서 어디에 (　　㉡　　) 물어봐야겠다.

19. ㉠에 알맞은 것을 고르십시오.

❶ 밖에　　❷ 동안　　❸ 이나　　❹ 만에

20. ㉡에 알맞은 것을 고르십시오.

❶ 있다고　　❷ 있냐고　　❸ 있자고　　❹ 있으라고

[21-22]

> 가 : 웨이 씨가 이번 주말에 같이 음악회에 ( ㉠ ) 하는데 시간 있니?
> 나 : 그래? 토요일에는 약속이 있고 일요일에는 괜찮아.
> 가 : 알았어. 그럼 웨이 씨에게 이야기해서 일요일로 정할게.
> 나 : 그런데 음악회 표는 비싸지 않아?
> 가 : 웨이 씨가 음악회 초대권이 있다고 해.
> 나 : ( ㉡ ). 벌써부터 기대가 돼.

21. ㉠에 알맞은 것을 고르십시오.

① 간다고 ② 갔다고 ③ 가자고 ④ 가냐고

22. ㉡에 알맞은 것을 고르십시오.

① 재미있어 ② 재미있구나 ③ 재미있나 봐 ④ 재미있겠다

[23-24]

> 가 : 샤오밍 씨, 오랜만이에요. 그동안 잘 지냈어요?
> 나 : 네, 영수 씨도 잘 지내셨어요?
> 가 : 한국 생활이 힘들지 않으세요?
> 나 : 처음에는 좀 힘들었는데 지금은 많이 ( ㉠ ). 다음 주에는 한국 친구들과 전주로 여행을 ( ㉡ ).
> 가 : 그래요? 전주는 비빔밥이 유명해요. 한번 잡숴 보세요.
> 나 : 네, 꼭 먹어 볼게요.

23. ㉠에 알맞은 것을 고르십시오.

① 익숙했어요 ② 익숙해졌어요
③ 익숙할 거예요 ④ 익숙하더군요

24. ㉡에 알맞은 것을 고르십시오.

❶ 가려고 해요 ❷ 간다고 해요 ❸ 가는 것 같아요 ❹ 간 적이 있어요

## Ⅸ. 다음을 읽고 질문에 답하십시오.

[1-2]

샤오밍 씨!
오랜만입니다. 그동안 잘 지냈어요? 베이징 생활은 ( ㉠ )?
저는 이번 방학에 베이징으로 여행을 가려고 해요. 마이클 씨도 함께 ( ㉡ ). 베이징에서 샤오밍 씨를 만났으면 좋겠어요. 답장 기다릴게요.

서울에서 김영수

1. ㉠에 알맞은 것을 고르십시오.

❶ 어떠나요 ❷ 어떤나요 ❸ 어떠가요 ❹ 어떤가요

2. ㉡에 알맞지 않은 것을 고르십시오.

❶ 갈래요 ❷ 갈 거예요 ❸ 가려고 해요 ❹ 가기로 했어요

[3-4]

김영수 씨는 회사원입니다. 보통 버스( ㉠ ) 출근하는데 오늘 아침에는 교통사고가 나서 차가 많이 밀렸습니다. 김영수 씨는 버스에서 내려서 빨리 지하철역으로 뛰어 갔습니다. 지하철을 타고 충무로역까지 갔습니다. 충무로에서 다시 버스를 타고 회사에 갔습니다. 회사에 ( ㉡ ) 9시 20분이었습니다.

3. ㉠에 알맞은 것을 고르십시오.

① 가 ② 는 ③ 를 ④ 로

4. ㉡에 알맞은 것을 고르십시오.

① 도착하고 ② 도착해서 ③ 도착하니까 ④ 도착하기 때문에

[5-6]

샤오밍 씨는 새로 산 블라우스에 어울리는 치마를 ( ㉠ ) 옷가게에 갔습니다. 먼저 하얀 색 치마를 골랐는데 그 치마는 너무 짧았습니다. 다음으로 고른 까만색 치마는 조금 컸습니다. 마지막으로 파란 색 치마를 입어 봤는데 그 치마는 잘 맞았습니다. 색깔도 마음에 들고 값도 별로 비싸지 않아서 그것을 ( ㉡ ) 집에 돌아왔습니다.

5. ㉠에 알맞지 않은 것을 고르십시오.

① 사러 ② 사려고 ③ 사기 때문에 ④ 사기 위해서

6. ㉡에 알맞은 것을 고르십시오.

① 샀는데 ② 사 가지고 ③ 살 테니까 ④ 살 것 같아서

[7-8]

저는 담배를 ( ㉠ ) 10년쯤 됐습니다. 그동안 하루에 한 갑쯤 피웠는데 아직 한 번도 담배를 끊어 본 적이 없습니다.

오늘은 몸이 너무 아파서 병원에 갔습니다. 의사 선생님은 저에게 그동안 피운 담배 때문에 건강이 많이 나빠졌으니까 담배를 ( ㉡ ) 하셨습니다.

7. ㉠에 알맞은 것을 고르십시오.

① 피워서 ② 피운 지 ③ 피운 후에 ④ 피우기 전에

8. ㉡에 알맞은 것을 고르십시오.

❶ 끊는다고　❷ 끊지 말자고　❸ 끊어야 한다고　❹ 끊지 말라고

[9-10]

우리 집은 한 달( ㉠ ) 한 번 대청소를 한다. 오늘 우리 가족은 아침을 ㉡먹고 청소를 시작했다. 아버지는 마당과 욕실 청소를 하시고, 어머니는 주방과 베란다 청소를 하셨다. 동생과 나는 방과 거실을 청소기로 돌린 후에 걸레로 깨끗하게 닦았다. 나는 청소를 하다가 책상 밑에서 잃어버린 돈도 찾았다. 청소할 때는 좀 힘들었지만 집이 깨끗해져서 기분이 좋았다.

9. ㉠에 알맞은 것을 고르십시오.

❶ 이　❷ 도　❸ 은　❹ 에

10. ㉡과 바꿔 쓸 수 있는 것을 고르십시오.

❶ 먹어서　❷ 먹다가　❸ 먹은 후에　❹ 먹는 대로

[11-12]

처음에는 한국에서 1년만 공부할 생각이었는데 한국말 공부가 재미있어서 1년 더 한국에 ( ㉠ ). 그래서 비자를 연장하러 출입국관리사무소에 갔다. 비자를 ( ㉡ ) 재학증명서가 필요하다고 해서 재학증명서를 가지고 갔다. 사람들이 별로 많지 않아서 생각보다 일이 빨리 끝났다.

11. ㉠에 알맞은 것을 고르십시오.

❶ 살기로 했다　❷ 산 적이 있다　❸ 산다고 하셨다　❹ 사는 줄 알았다

12. ㉡에 알맞은 것을 고르십시오.

❶ 연장하려고　❷ 연장하니까　❸ 연장하려면　❹ 연장한 후에

[13-14]

샤오밍 씨는 며칠 전에 산 구두가 ( ㉠ ) 좀 작아서 그것을 바꾸려고 백화점에 갔습니다. 그런데 더 마음에 드는 다른 구두가 있어서 10,000원을 더 주고 그 구두로 바꿨습니다.
내일이 동생 생일이어서 샤오밍 씨는 가방을 사러 잡화 매장으로 갔습니다. 주머니가 많이 ( ㉡ ) 까만 색 가방을 샀습니다. 생일 선물을 받고 좋아할 동생의 모습을 생각하면서 샤오밍 씨는 웃었습니다.

13. ㉠에 알맞은 것을 고르십시오.

① 예쁘고 ② 예쁠 테니까 ③ 예쁜 데다가 ④ 예쁘기는 하지만

14. ㉡에 알맞은 것을 고르십시오.

① 있는 ② 있을 ③ 있는데 ④ 있지만

[15-16]

어제는 친구들과 종합 운동장에 가서 야구 구경을 했다. 우리가 응원한 팀이 이겨서 기분이 좋았다. 친구들과 같이 저녁을 먹고 집에 ㉠오는 길에 서점에 들러 소설책을 한 권 샀다. 집에 돌아와서는 샤워를 한 후에 친구에게 이메일을 보내고 사 온 소설책을 ( ㉡ ) 읽었다.

15. ㉠과 바꿔 쓸 수 있는 것을 고르십시오.

① 와서는 ② 오고는 ③ 오다가 ④ 왔다가

16. ㉡에 알맞은 것을 고르십시오.

① 재미있게 ② 재미있거나 ③ 재미있으면 ④ 재미있는데

[17-18]

지난 주말은 한국의 명절인 추석( ㉠ ). 저는 한국 친구의 고향집에 같이 ( ㉡ )

왔어요. 친구 고향집에서 친구 가족들과 즐겁게 이야기도 하고 한국 풍습도 많이 배웠어요. 명절에 가족들이 모여서 즐겁게 지내는 것을 보고 부모님 생각이 많이 났어요.

17. ㉠에 알맞은 것을 고르십시오.

① 예요 ② 이에요 ③ 였어요 ④ 이었어요

18. ㉡에 알맞은 것을 고르십시오.

① 가려면 ② 가다가 ③ 갔다가 ④ 갔는데

[19-20]

이번 휴가는 제주도에 있는 한라 리조트로 오십시오. 다른 리조트( ㉠ ) 넓고 좋은 숙박시설에서 멋진 휴가를 ( ㉡ ). 아름다운 해수욕장에서 수영도 하고 배도 타십시오. 노래방과 커피숍, 오락실, 찜질방 등도 있습니다. 또한 일류 요리사가 매일 신선한 재료로 세계 여러 나라 음식을 맛있게 만들어 드립니다.

19. ㉠에 알맞은 것을 고르십시오.

① 때문에 ② 를 위해서 ③ 에 대해서 ④ 에 비해서

20. ㉡에 알맞은 것을 고르십시오.

① 즐길까 합니다 ② 즐길 수 있습니다

③ 즐기고 싶습니다 ④ 즐기고 있습니다

[21-22]

오늘 수업이 끝날 때까지 친구가 학교에 오지 않았다. 전화를 해 보니까 친구는 아파서 집에 있다고 했다.

나는 걱정이 돼서 친구 집에 가 봤다. 친구는 몸살이 난 데다가 식중독에 걸렸다고 했다. 상한 해물을 넣은 음식을 먹어서 그런 것 같다고 했다. 병원에 가서 진료도 받고 약도 먹었다고 하는데 친구는 아직도 많이 ( ㉠ ). 친구는 병원에서 한국어로 증세를 설명하기가 ( ㉡ ). 친구가 빨리 나았으면 좋겠다.

21. ㉠에 알맞은 것을 고르십시오.

❶ 힘들어 보였다
❷ 힘들어졌다
❸ 힘들어도 됐다
❹ 힘든 적이 있다

22. ㉡에 알맞은 것을 고르십시오.

❶ 어렵군요
❷ 어려우라고 했다
❸ 어렵더군요
❹ 어려웠다고 했다

[23-24]

나는 음악도 좋아하고 요리도 좋아한다. 대학교에 입학한 후에 동아리에 들어가고 싶어서 동아리( ㉠ ) 인터넷으로 검색해 보기도 하고 선배들에게 이것저것 물어보기도 했다. 선배들이 친절하게 잘 설명해 줬다. 친한 친구에게 같이 들어가자고 하니까 친구도 좋다고 했다. 우리는 기타 동아리에 들어갈지 요리 동아리에 들어갈지 이야기를 많이 나눈 후에 기타 동아리에 들어가기로 했다.
나는 기타를 ( ㉡ ) 노래를 많이 부르고 싶다. 앞으로 동아리 사람들과 잘 지내고 기타를 열심히 연습하겠다.

23. ㉠에 알맞은 것을 고르십시오.

❶ 처럼
❷ 만큼
❸ 에 대해서
❹ 에 비해서

24. ㉡에 알맞은 것을 고르십시오.

❶ 치지만
❷ 치면서
❸ 치니까
❹ 치는데

## X. 〈보기〉를 이용해 문장을 만드십시오.

1.

| 보기 | 한국어 | 저 | 이지요 | 선생님 | 분이 |
|---|---|---|---|---|---|

저 ______________________________?

2.

| 보기 | 좋아하는 | 축구 | 운동은 | 제가 | 입니다 |
|---|---|---|---|---|---|

제가 ______________________________.

3.

| 보기 | 책상 | 공책이 | 위에 | 있습니다 | 연필과 |
|---|---|---|---|---|---|

책상 ______________________________.

4.

| 보기 | 언니에게서 | 있는 | 왔어요 | 전화가 | 영국에 |
|---|---|---|---|---|---|

영국에 ______________________________.

5.

| 보기 | 뭘 | 대학교를 | 후에 | 졸업한 | 할 거니 |
|---|---|---|---|---|---|

대학교를 ______________________________?

6.

| 보기 | 시험이 | 오전 | 11시까지 | 있습니다 | 9시부터 |
|---|---|---|---|---|---|

시험이 ______________________________.

7.

| 보기 | 영화를 | 보러 | 수업이 | 갑시다 | 끝나고 |
|---|---|---|---|---|---|

수업이 ______________________________.

8.

| 보기 | 생활한 지 | 됐어요 | 1년 | 외국에서 | 벌써 |
|---|---|---|---|---|---|

외국에서 ______________________________.

9.

| 보기 | 구경거리도 | 재미있는 | 시장에 | 많아 | 가면 |
|---|---|---|---|---|---|

시장에 ______________________________.

10.

| 보기 | 좋아지지 | 열심히 | 발음 연습을 | 않아요 | 해도 |
|---|---|---|---|---|---|

발음 연습을 ______________________________.

11.

| 보기 | 하고 | 파티를 | 도착하니까 | 있었어요 | 친구 집에 |
|---|---|---|---|---|---|

친구 집에 ______________________________.

12.

| 보기 | 뭘 | 내일은 | 없는데 | 수업이 | 하고 싶어 |
|---|---|---|---|---|---|

내일은 ______________________________?

13.

| 보기 | 윗사람에게 | 안 돼요 | 한국에서는 | 쓰면 | 반말을 |
|---|---|---|---|---|---|

한국에서는 ______________________________.

14.

| 보기 | 곳이 | 어제 | 어디 | 간 | 입니까 |
|---|---|---|---|---|---|

어제 ______________________________?

15.

보기: 마음에　색깔은　무늬가　안 들어요　좋은데

색깔은 ______________________________.

16.

보기: 타야　국립박물관에　몇 호선을　가려면　합니까

국립박물관에 ______________________________?

17.

보기: 중에서　어디가　곳　좋았습니까　여행한

여행한 ______________________________?

18.

보기: 냅니다　책을　연체료를　반납하면　늦게

책을 ______________________________.

19.

보기: 걸어서　집에서　걸려요　학교까지　20분쯤

집에서 ______________________________.

20.

보기: 횡단보도를　오른쪽으로　가십시오　똑바로　건너서　가다가

똑바로 ______________________________.

# 종합 연습문제

總合練習問題

## 1회

[1-3] 〈보기〉와 같이 (        )에 알맞은 것을 고르십시오.

보기
여기(      ) 시장입니다.
❶ 를 ✔❷ 는 ❸ 와 ❹ 에

1. 웨이 씨 집(      ) 커요.

❶ 에 ❷ 이 ❸ 의 ❹ 을

2. 어제 부모님(      ) 전화를 드렸습니다.

❶ 에 ❷ 에게 ❸ 께 ❹ 께서

3. 지난 주말에 세 시간(      ) 못 잤어요.

❶ 이나 ❷ 까지 ❸ 보다 ❹ 밖에

[4-7] 〈보기〉와 같이 (        )에 알맞은 것을 고르십시오.

보기
가 : 무엇을 합니까?
나 : 한국말을 (                    ).
❶ 공부했어요 ❷ 공부하세요 ❸ 공부할게요 ✔❹ 공부합니다

4. 가 : 어서 오십시오. 무엇을 드릴까요?
나 : 인삼차 한 잔 (                    ).

❶ 줄게요 ❷ 주세요 ❸ 줍시다 ❹ 줘어요

5. 가 : 어제 저녁에 뭘 하셨어요?
나 : 운동장에서 축구를 (　　　　　　　　).

❶ 했어요　❷ 했군요
❸ 하셨어요　❹ 하겠어요

6. 가 : 내일은 학교에 행사가 있으니까 좀 일찍 오세요.
나 : 네, 일찍 (　　　　　　　　).

❶ 오세요　❷ 올게요
❸ 오나요　❹ 올까요

7. 가 : 마이클 씨, 한국 신문을 읽을 수 있어요?
나 : 아니요, 모르는 단어가 많아서 (　　　　　　　　).

❶ 읽어 주세요　❷ 읽어 보세요
❸ 읽을 수 있어요　❹ 읽을 수 없어요

**[8-10] 〈보기〉와 같이 (　　　)에 알맞은 것을 고르십시오.**

> 보기
> 가 : 한국말 공부하기가 어때요?
> 나 : (　　　　) 재미있어요.
> ✔❶ 어렵지만　❷ 어렵고　❸ 어렵거나　❹ 어려워서

8. 가 : 한가할 때 뭘 하세요?
나 : 친구를 (　　　　　　　　) 집에서 쉬어요.

❶ 만나러　❷ 만나면　❸ 만나거나　❹ 만나는데

9. 가 : 약속 시간에 늦을 것 같은데 택시를 (　　　　　　　　) 갈까요?
나 : 네, 그럽시다.

❶ 타고　❷ 타서　❸ 타면　❹ 타던

10. 가 : 도서 대출증을 안 가지고 (                ) 어떻게 하지요?
    나 : 책을 빌리려면 도서 대출증이 있어야 합니다.

① 와서　　② 오는데　　③ 왔는데　　④ 왔으니까

**[11-12] 〈보기〉와 같이 밑줄 친 부분이 틀린 것을 고르십시오.**

> 보기
> ① 오늘 시장에 가요.　　② 어제 영화를 봤어요.
> ✓③ 지난 주말에 비가 와요.　　④ 1년 전에 한국에 왔어요.

11.

① 내일 극장에 가겠어요.　　② 일요일마다 산책해요.

③ 오래간만에 친구를 만났어요.　　④ 어제 공원에서 사진을 찍어요.

12.

① 운동장이 넓어요?　　② 가방이 무겁어요?

③ 김치가 맵지 않아요?　　④ 작년 여름은 정말 더웠지요?

**[13-15] 〈보기〉와 같이 빈칸에 알맞은 것을 고르십시오.**

> 보기
> 가 : 서울에 살아요?
> 나 : ______________________.
>
> ✓① 네, 서울에 살아요.　　② 아니요, 서울이에요.
> ③ 네, 서울에 없어요.　　④ 아니요, 서울에 갔어요.

13. 가 : 사무실에 가세요?
    나 : ______________________________________.

① 네, 사무실에 가세요　　② 아니요, 사무실에 가세요

③ 네, 사무실에 가요　　④ 아니요, 사무실에 가요

14. 가 : 우체국까지 몇 분이나 걸려요?
나 : ________________________________.

❶ 한 30분 걸려요 ❷ 30분밖에 걸려요
❸ 30분쯤 안 걸려요 ❹ 30분만 안 걸려요

15. 가 : 주말에 뭘 하셨어요?
나 : ________________________________.
가 : 명동에서 뭘 하셨나요?

❶ 명동에 가려고 해요 ❷ 명동에 가는데요
❸ 명동에 걸어서 가요 ❹ 명동에 갔는데요

[16-17] 〈보기〉와 같이 두 문장을 바르게 연결한 것을 고르십시오.

> 보기
>
> 텔레비전을 봤습니다. 잤습니다.
>
> ✔❶ 텔레비전을 보고 잤습니다. ❷ 텔레비전을 보러 잤습니다.
> ❸ 텔레비전을 보던 잤습니다. ❹ 텔레비전을 보지만 잤습니다.

16. 다리가 아픕니다. 잠깐 쉬었다가 갑시다.

❶ 다리가 아프고 잠깐 쉬었다가 갑시다.
❷ 다리가 아프거나 잠깐 쉬었다가 갑시다.
❸ 다리가 아프지만 잠깐 쉬었다가 갑시다.
❹ 다리가 아프니까 잠깐 쉬었다가 갑시다.

17. 반 친구들을 초대합니다. 생일 파티를 하려고 합니다.

❶ 반 친구들을 초대하고 생일 파티를 하려고 합니다.
❷ 반 친구들을 초대한 데다가 생일 파티를 하려고 합니다.
❸ 반 친구들을 초대해 가지고 생일 파티를 하려고 합니다.
❹ 반 친구들을 초대해서 그런지 생일 파티를 하려고 합니다.

**[18-19] 다음 대화를 읽고 질문에 답하십시오.**

가 : 청바지 한 벌 사고 싶은데 좀 보여 주세요.
나 : 이거 어때요? 색깔도 ( ㉠ ) 아주 편해요.
가 : ( ㉡ )?
나 : 그럼요, 입어 보세요.

18. ㉠에 알맞은 것을 고르십시오.

① 예쁘고 ② 예쁘지만 ③ 예뻐서 ④ 예쁘니까

19. ㉡에 알맞은 것을 고르십시오.

① 입을까요 ② 입어 봐요 ③ 입어 봐도 돼요 ④ 입어 볼래요

**[20-21] 다음 대화를 읽고 질문에 답하십시오.**

가 : 하늘이 흐린 걸 보니까 소나기가 올 것 같아.
나 : 일기예보에서 비가 ( ㉠ ) 했어. 우산은 있니?
가 : 아니, 안 가지고 왔는데 어떻게 하지?
나 : 내가 하나 ( ㉡ ).

20. ㉠에 알맞은 것을 고르십시오.

① 오냐고 ② 오자고 ③ 왔다고 ④ 올 거라고

21. ㉡에 알맞은 것을 고르십시오.

① 빌려 줄게 ② 빌려 줘 ③ 빌려 주자 ④ 빌려 주지 마

[22-23] **다음을 읽고 질문에 답하십시오.**

저는 한국 영화나 한국 드라마를 아주 좋아합니다. 단어는 좀 (  ㉠  ) 내용이 재미있어서 자주 봅니다. 또 한국 영화나 한국 드라마를 보면 한국어를 (  ㉡  ) 한국 음식과 문화도 알 수 있어서 참 좋습니다.

22. ㉠에 알맞은 것을 고르십시오.

① 어렵거나 ② 어렵지만 ③ 어려우면 ④ 어려워야

23. ㉡에 알맞지 않은 것을 고르십시오.

① 배우고 ② 배울 수 있고

③ 배울 수 있어도 ④ 배울 수 있는 데다가

[24] **〈보기〉를 이용해 문장을 만드십시오.**

보기 분이 이에요 만난 김 선생님 어제

24. 어제 ______________________________?

## 2회

### [1-3] 〈보기〉와 같이 (　　　)에 알맞은 것을 고르십시오.

> 보기
>
> 저기(　) 학교입니다.
>
> ❶ 를　　❷ 가 ✓　　❸ 와　　❹ 에

1. 책상 위에 교과서(　　　) 필통이 있어요.

❶ 와　　❷ 가　　❸ 는　　❹ 도

2. 나는 여자친구(　　　) 장미꽃 100송이를 줄 거예요.

❶ 에　　❷ 는　　❸ 에게　　❹ 에서

3. 너무 배가 고파서 갈비를 3인분(　　　) 먹었어요.

❶ 으로　　❷ 밖에　　❸ 에서　　❹ 이나

### [4-7] 〈보기〉와 같이 (　　　)에 알맞은 것을 고르십시오.

> 보기
>
> 가 : 무엇을 하세요?
> 나 : 텔레비전을 (　　　　　).
>
> ❶ 봐요 ✓　　❷ 보세요　　❸ 볼게요　　❹ 봤어요

4. 가 : 여기에서 담배를 피워도 돼요?
나 : 아니요, (　　　　　　　　　).

❶ 피우세요　　❷ 피워야 해요　　❸ 안 피우려고 해요　　❹ 피우면 안 돼요

5. 가 : 내일 마이클 씨가 발표를 잘 할까요?
나 : 그동안 열심히 준비했으니까 내일 잘 (                ).

❶ 하는군요 ❷ 하십시오 ❸ 할 거예요 ❹ 하려고 해요

6. 가 : 제주도에 가 봤어요?
나 : 아니요, 한번 (                ).

❶ 가 보고 싶어요 ❷ 가 봤어요 ❸ 가 본 적이 있어요 ❹ 안 갈게요

7. 가 : 사람들이 엘리베이터를 타지 않고 걸어서 올라가는군요.
나 : 엘리베이터가 (                ).

❶ 고장이 날래요 ❷ 고장이 날게요 ❸ 고장이 날까 해요 ❹ 고장이 났나 봐요

**[8-10] 〈보기〉와 같이 (        )에 알맞은 것을 고르십시오.**

> 보기
>
> 가 : 주말에 뭘 했어요?
> 나 : 친구를 (        ) 명동에 갔어요.
>
> ❶ 만나도 ✔❷ 만나러 ❸ 만나거나 ❹ 만나는데

8. 가 : 고향이 어떤 곳이에요?
나 : 사람들도 (                ) 경치도 아름다운 곳이에요.

❶ 친절하고 ❷ 친절해서 ❸ 친절하지만 ❹ 친절하니까

9. 가 : 다리가 아파요?
나 : 네, 어제 축구를 (                ) 넘어졌어요.

❶ 하려고 ❷ 하다가 ❸ 했다가 ❹ 하려면

10. 가 : 내일 같이 등산을 갈까요?
나 : 내일은 수업이 (                ) 일요일에 갑시다.

❶ 있어서 ❷ 있지만 ❸ 있으면서 ❹ 있으니까

[11-12] 〈보기〉와 같이 밑줄 친 부분이 틀린 것을 고르십시오.

보기

① 날씨가 더워요.
② 치마가 길어요.
✔ 내일도 바쁘어요.
④ 한국말을 알아요.

11.

① 과로하지 말고 푹 쉬세요.
② 동생은 지금 영국에 계세요.
③ 제가 선생님께 말씀드릴게요.
④ 할아버지, 맛있게 잡수셨어요?

12.

① 저 사람은 아는 사람이에요.
② 저는 음악 듣은 것을 아주 좋아해요.
③ 비빔냉면은 매우니까 물냉면을 시킵시다.
④ 6개월 전에는 한국말을 몰랐는데 지금은 좀 할 수 있어요.

[13-15] 〈보기〉와 같이 빈칸에 알맞은 것을 고르십시오.

보기

가 : 일본어를 할 수 있어요?
나 : ______________________.

① 네, 하지 않아요
② 아니요, 하지 않아요
③ 네, 할 수 없어요
✔ 아니요, 할 수 없어요

13. 가 : ______________________?
나 : 2시에 만나요.

① 언제 만날까요
② 언제 만났어요
③ 2시에 만났어요
④ 2시에 만날 거예요

14. 가 : 지금 출발하면 10시까지 공항에 도착할 수 있을까요?
나 : 글쎄요, ______________________.

❶ 도착하고 있어요
❷ 도착하기로 했어요
❸ 도착할 수 있으면 돼요
❹ 도착할 수 있을지 모르겠어요

15. 가 : 이번 여름방학에 어디에 갈까요?
나 : ______________________.
가 : 좋아요, 그럽시다.

❶ 5년 전에 갔던 부산에 가요
❷ 5년 전에 간 부산에 갔어요
❸ 5년 전에 가는 부산에 가요
❹ 5년 전에 가던 부산에 갔어요

**[16-17] 〈보기〉와 같이 두 문장을 바르게 연결한 것을 고르십시오.**

보기

청소를 합니다. 깨끗합니다.

❶ 청소를 하고 깨끗합니다.
❷ 청소를 하러 깨끗합니다.
❸ 청소를 하거나 깨끗합니다.
❹ 청소를 하니까 깨끗합니다. ✔

16. 비자를 받습니다. 대사관에 갑니다.

❶ 비자를 받을수록 대사관에 갑니다.
❷ 비자를 받으면서 대사관에 갑니다.
❸ 비자를 받기 위해서 대사관에 갑니다.
❹ 비자를 받아 보니까 대사관에 갑니다.

17. 날마다 운동을 했어요. 건강이 좋아졌어요.

❶ 날마다 운동을 했지만 건강이 좋아졌어요.
❷ 날마다 운동을 하려고 건강이 좋아졌어요.
❸ 날마다 운동을 한 데다가 건강이 좋아졌어요.
❹ 날마다 운동을 해서 그런지 건강이 좋아졌어요.

[18-19] **다음 대화를 읽고 질문에 답하십시오.**

가 : 김 선생님, 이번 휴가 때 어디에 (　　㉠　　)?
나 : 가족들과 같이 제주도에 가려고 해요.
가 : 그래요? 제주도 바다가 아주 아름답다고 들었어요.
　　우리 가족과 같이 (　　㉡　　)?
나 : 좋아요. 같이 가면 더 재미있을 것 같아요.

18. ㉠에 알맞지 않은 것을 고르십시오.

❶ 갈 거예요　　❷ 가려고 해요
❸ 갈 계획이에요　　❹ 가 본 적이 있어요

19. ㉡에 알맞은 것을 고르십시오.

❶ 갈까요　　❷ 가기로 했어요
❸ 갈게요　　❹ 갔을 것 같아요

[20-21] **다음 대화를 읽고 질문에 답하십시오.**

가 : 여보세요, 한국무역회사입니다.
나 : 광고를 보고 전화 드렸습니다. 근무 시간(　㉠　) 알고 싶은데요.
가 : 근무 시간은 평일 오후 2시( ㉡ ) 6시까지입니다.
나 : 네, 잘 알겠습니다.

20. ㉠에 알맞은 것을 고르십시오.

❶ 때문에　　❷ 덕분에　　❸ 에 대해서　　❹ 에 비해서

21. ㉡에 알맞은 것을 고르십시오.

❶ 마다　　❷ 보다　　❸ 밖에　　❹ 부터

[22-23] **다음을 읽고 질문에 답하십시오.**

우리 집 근처에 도서관이 있는데 ( ㉠ ) 시설도 좋아서 우리 가족은 그 도서관을 자주 이용한다.
책은 2주일 동안 무료로 빌릴 수 있고 더 보고 싶으면 1주일 연장할 수 있다. 빌린 책을 늦게 반납하면 하루( ㉡ ) 200원씩 연체료를 내야 한다. 또 도서관에서 무료로 영화를 볼 수 있다.

22. ㉠에 알맞은 것을 고르십시오.

❶ 넓기 때문에 ❷ 넓은 데다가 ❸ 넓기는 하지만 ❹ 넓으면 넓을수록

23. ㉡에 알맞은 것을 고르십시오.

❶ 에 ❷ 로 ❸ 보다 ❹ 에서

[24] **〈보기〉를 이용해 문장을 만드십시오.**

보기 하다가 청소를 쉬고 있어요 집안 피곤해서

24. 집안 ______________________________ .

## 3회

[1-3] 〈보기〉와 같이 (　　)에 알맞은 것을 고르십시오.

> **보기**
> 이것(　) 연필입니다.
>
> ❶ 을　❷ 에　✔❸ 은　❹ 가

1. 수업이 끝나고 같이 점심(　　) 먹을까요?

❶ 이　❷ 을　❸ 에　❹ 과

2. 부모님(　　) 고향에 계십니다.

❶ 을　❷ 께　❸ 에서　❹ 께서

3. 9시부터 12시(　　) 한국어 수업이 있습니다.

❶ 만에　❷ 까지　❸ 에서　❹ 마다

[4-7] 〈보기〉와 같이 (　　)에 알맞은 것을 고르십시오.

> **보기**
> 가 : 어디에 가세요?
> 나 : 학교에 (　　　).
>
> ❶ 가세요　✔❷ 갑니다　❸ 갈게요　❹ 가겠어요

4. 가 : 일요일에 뭘 할 거예요?
나 : 집에서 (　　　).

❶ 쉬세요　❷ 쉬었어요　❸ 쉴까 해요　❹ 쉰 적이 있어요

5. 가 : 내일 같이 영화 보러 갈까요?
나 : 미안해요. 다음 주에 시험이 있어서 (                ).

❶ 공부했어요 ❷ 공부해 봤어요 ❸ 공부해도 돼요 ❹ 공부해야 돼요

6. 가 : 이 지우개를 써도 돼요?
나 : 네, (                ).

❶ 쓰세요 ❷ 쓰려고 해요 ❸ 쓸게요 ❹ 쓰게 됐어요

7. 가 : 너무 졸려.
나 : 그럼 커피를 (                )?

❶ 마실게 ❷ 마셨어 ❸ 마실래 ❹ 마셨나

[8-10] 〈보기〉와 같이 (        )에 알맞은 것을 고르십시오.

보기

가 : 내일 뭘 할 거예요?
나 : 백화점에 (        ) 옷을 살 거예요.

✔❶ 가서 ❷ 가러 ❸ 가려고 ❹ 가지만

8. 가 : 어제 뭘 했어요?
나 : 집에 (                ) 인터넷을 했어요.

❶ 돌아가서 ❷ 돌아가고 ❸ 돌아가면 ❹ 돌아가러

9. 가 : 축구를 할까?
나 : 아니, 축구를 (                ) 야구를 하자.

❶ 하지 않고 ❷ 하지 말고 ❸ 하지 않아서 ❹ 하지 말아서

10. 가 : 감기에 걸렸어요?
나 : 네, 어제 우산이 (                ) 비를 맞았어요.

❶ 없고 ❷ 없으나 ❸ 없어도 ❹ 없어서

**[11-12]〈보기〉와 같이 밑줄 친 부분이 틀린 것을 고르십시오.**

> 보기
>
> ❶ 운동을 합시다. ❷ 극장에 갑시다.
> ❸ 점심을 먹읍시다. ✔ 같이 놀읍시다.

11.

❶ 좀 도와주세요.
❷ 이 커피가 너무 쓰어요.
❸ 경치가 아주 아름답습니다.
❹ 약을 먹고 감기가 나았어요.

12.

❶ 부모님이 일찍 들어오라고 해요.
❷ 친구가 같이 술을 마시자고 해요.
❸ 의사선생님이 어디가 아프라고 해요.
❹ 친구가 요즘 잘 지내고 있다고 해요.

**[13-15] 〈보기〉와 같이 빈칸에 알맞은 것을 고르십시오.**

> 보기
>
> 가 : 여기가 미술관이에요?
> 나 : ______________________.
>
> ✔ 네, 미술관이에요 ❷ 아니요, 미술관이에요
> ❸ 네, 미술관이 있어요 ❹ 아니요, 미술관이 없어요

13. 가 : 수영복이 있어요?
나 : ______________________.

❶ 네, 수영복이 없어요 ❷ 네, 수영복이에요

❸ 아니요, 수영복이 아니에요 ❹ 아니요, 수영복이 없어요

14. 가 : 지금 무엇을 하세요?
나 : ______________________.

❶ 책을 읽읍시다 ❷ 책을 읽고 있어요
❸ 책을 읽어 주세요 ❹ 책을 읽고 싶어요

15. 가 : 숙제를 해 가지고 왔어요?
나 : ______________________.
가 : 무슨 일이 있었어요?

❶ 네, 해 가졌어요 ❷ 네, 해서 왔어요
❸ 아니요, 안 했어요 ❹ 아니요, 안 해서 왔어요

[16-17] 〈보기〉와 같이 두 문장을 바르게 연결한 것을 고르십시오.

보기

사람들이 옵니다. 회의를 시작합시다.

❶ 사람들이 오면 회의를 시작합시다. (✔)
❷ 사람들이 오려고 회의를 시작합시다.
❸ 사람들이 오거나 회의를 시작합시다.
❹ 사람들이 오면서 회의를 시작합시다.

16. 돈이 없습니다. 좀 빌려 주세요.

❶ 돈이 없거나 좀 빌려 주세요.
❷ 돈이 없으면 좀 빌려 주세요.
❸ 돈이 없어서 좀 빌려 주세요.
❹ 돈이 없는데 좀 빌려 주세요.

17. 새 컴퓨터를 삽니다. 돈을 모으고 있어요.

❶ 새 컴퓨터를 사려면 돈을 모으고 있어요.
❷ 새 컴퓨터를 사려고 돈을 모으고 있어요.
❸ 새 컴퓨터를 살수록 돈을 모으고 있어요.
❹ 새 컴퓨터를 사는 대로 돈을 모으고 있어요.

[18-19] **다음 대화를 읽고 질문에 답하십시오.**

가 : 어제 무엇을 했어요?
나 : 친구 생일이어서 파티를 했어요.
가 : (　　㉠　　) 놀았어요?
나 : 네, 얼마나 재미있었는지 몰라요. 맛있는 음식도 많이 먹고 노래도 부르고 게임도 했어요. 친구들이 (　　㉡　　) 유학 생활이 외롭지 않아요.

18. ㉠에 알맞은 것을 고르십시오.

❶ 재미있으면　　❷ 재미있는　　❸ 재미있지만　　❹ 재미있게

19. ㉡에 알맞지 않은 것을 고르십시오.

❶ 있어서　　❷ 있으니까　　❸ 있으면서　　❹ 있기 때문에

[20-21] **다음 대화를 읽고 질문에 답하십시오.**

가 : 저는 시간이 있을 때마다 책을 읽어요. 책을 읽으면 다양한 사람을 만날 수 있고 많은 것을 배울 수 있어서 좋아요.
나 : 제 취미는 운동이에요. 한국에 와서 태권도장에 다니기 시작했는데 한국말(㉠) 말하니까 한국말도 배울 수 있고 태권도도 배울 수 있어서 좋아요. 운동한 후에 샤워를 하면 스트레스가 다 풀리는 것 같아요.
가 : 마이클 씨의 말을 (　　㉡　　) 저도 배우고 싶군요.
나 : 그럼 내일 같이 태권도장에 갈래요?

20. ㉠에 알맞은 것을 고르십시오.

❶ 이　　❷ 로　　❸ 에　　❹ 은

21. ㉡에 알맞은 것을 고르십시오.

❶ 들으려고　　❷ 듣는 대로　　❸ 들으려면　　❹ 들어 보니까

**[22-23] 다음을 읽고 질문에 답하십시오.**

요즘 환절기이어서 그런지 감기에 걸린 사람들이 많습니다. 감기에 걸리면 기침도 하고 콧물도 나고 목도 부어서 힘들지요.

감기에 ( ㉠ ) 옷을 따뜻하게 입고 평소에 운동을 열심히 하세요. 또 물을 자주 마시고 과일이나 채소를 많이 먹는 게 좋습니다. 그리고 외출했다가 집에 돌아오면 꼭 손을 깨끗하게 ( ㉡ )

22. ㉠에 알맞은 것을 고르십시오.

① 걸리지 않으려고 ② 걸리지 않기 때문에

③ 걸리지 않으려면 ④ 걸리지 않는 데다가

23. ㉡에 알맞은 것을 고르십시오.

① 씻어 봤어요 ② 씻어야 합니다

③ 씻어도 됩니다 ④ 씻는 줄 알았어요

**[24] 〈보기〉를 이용해 문장을 만드십시오.**

보기: 영화는 재미있어요 볼수록 이 보면

24. 이 ______________________________.

# 4회

[1-3] 〈보기〉와 같이 (　　)에 알맞은 것을 고르십시오.

보기
저는 친구(　) 도서관에 갑니다.

❶ 에　❷ 를　❸ 는　✔ 와

1. 이것은 제 가방이 아니고 동생(　　) 가방입니다.

❶ 을　❷ 에　❸ 의　❹ 께

2. 은행에 가서 한국 돈을 미국 달러(　　) 바꿨습니다.

❶ 가　❷ 로　❸ 에　❹ 나

3. 출퇴근시간에는 지하철이 버스(　　) 빠르니까 지하철로 갑시다.

❶ 보다　❷ 마다　❸ 까지　❹ 이나

[4-7] 〈보기〉와 같이 (　　)에 알맞은 것을 고르십시오.

보기
가 : 뭘 할까요?
나 : 영화를 (　　).

❶ 봤어요　❷ 볼게요　✔ 봅시다　❹ 봅니다

4. 가 : 내일 만날 수 있어요?
나 : 내일은 선약이 (　　　　).

❶ 있는데요　❷ 있습시다　❸ 있어야 돼요　❹ 있기로 했어요

5. 가 : 요리를 잘 하시는군요.
나 : 요리 동아리에 들어가서 요리를 잘 (            ).

❶ 해졌어요　　❷ 하게 됐어요　　❸ 했나 봐요　　❹ 한 적이 있어요

6. 가 : 새로 지은 도서관에 가 봤어요?
나 : 네, 아주 크고 시설이 (          ).

❶ 좋더군요　　❷ 좋은가 봐요　　❸ 좋겠어요　　❹ 좋을 것 같아요

7. 가 : 신청서가 어디에 있어요?
나 : 신청서가 저쪽 책상 위에 (            ).

❶ 놓았어요　　❷ 놓겠어요　　❸ 놓고 있어요　　❹ 놓여 있어요

**[8-10] 〈보기〉와 같이 (        )에 알맞은 것을 고르십시오.**

> **보기**
>
> 가 : 이 구두가 어떻습니까?
> 나 : (        ) 너무 비싸요.
>
> ❶ 예뻐서　　❷ 예쁘면　　❸ 예쁘거나　　✔ 예쁘지만

8. 가 : 친구를 만나면 보통 뭘 해요?
나 : 같이 영화를 (            ) 산책을 해요.

❶ 보니까　　❷ 보거나　　❸ 보는데　　❹ 보지만

9. 가 : 왜 그렇게 조금 먹어?
나 : 너무 (            ) 더 못 먹겠어.

❶ 매워 가지고　　❷ 맵기 위해서　　❸ 맵기는 하지만　　❹ 매운 데다가

10. 가 : 이 소설책이 재미있어요?
나 : 네, 읽으면 (            ) 재미있어요.

❶ 읽어도　　❷ 읽어야　　❸ 읽을수록　　❹ 읽으니까

**[11-12] 〈보기〉와 같이 밑줄 친 부분이 틀린 것을 고르십시오.**

> 보기
>
> ① 오늘 시험을 봐요. ✔② 내일 숙제를 했어요.
> ③ 다음 주에 농구를 할 거예요. ④ 지난 토요일에 친구를 만났어요.

11.

① 어제 산 옷을 바꾸고 싶은데요.
② 지금 노래를 하는 사람이 누구예요?
③ 수업이 끝나고 재미있는 영화를 보자.
④ 저기에 앉아 있은 사람은 내 동생이야.

12.

① 종이가 찢어졌어요.
② 옷에 커피가 쏟아졌어요.
③ 운동을 해도 살이 안 빼져요.
④ 그 학교가 100년 전에 세워졌어요.

**[13-15] 〈보기〉와 같이 빈칸에 알맞은 것을 고르십시오.**

> 보기
>
> 가 : 언제 회의가 있어요?
> 나 : ______________________.
>
> ① 내일 2시간이나 해요 ② 내일 2시에 하고 있어요
> ③ 내일 2시간밖에 안 해요 ✔④ 내일 2시에 하기로 했어요

13. 가 : 놀이공원에 갔다가 왔어요.
나 : 그래요? ______________________.

① 재미있었어요 ② 재미있더군요 ③ 재미있었겠군요 ④ 재미있을 거예요

14. 가 : 왜 안 와? 지금 어디에 있어?
나 : ________________________________.

❶ 곧 갈 테니까 좀 기다려 줘
❷ 곧 가기 위해서 좀 기다려 줘
❸ 곧 가기 때문에 좀 기다려 줘
❹ 곧 갈 수 있어서 좀 기다려 줘

15. 가 : 한국에서 무엇을 해요?
나 : ________________________________.
가 : 어느 학교에 다녀요?

❶ 한국말을 배우고 있어요
❷ 한국이 얼마나 좋은지 몰라요.
❸ 회사에 다니는데 힘들어요
❹ 한국말을 가르치는 줄 알았어요

**[16-17] 〈보기〉와 같이 두 문장을 바르게 연결한 것을 고르십시오.**

> 보기
>
> 책을 빌립니다. 도서관에 갑니다.
>
> ✔❶ 책을 빌리러 도서관에 갑니다. ❷ 책을 빌린 지 도서관에 갑니다.
> ❸ 책을 빌리지만 도서관에 갑니다. ❹ 책을 빌리는데 도서관에 갑니다.

16. 이번 학기가 끝납니다. 여행을 떠날 거예요.

❶ 이번 학기가 끝나거나 여행을 떠날 거예요.
❷ 이번 학기가 끝나려면 여행을 떠날 거예요.
❸ 이번 학기가 끝나는 대로 여행을 떠날 거예요.
❹ 이번 학기가 끝나기 위해서 여행을 떠날 거예요.

17. 냉장고 문을 열어 봤습니다. 아무것도 없었습니다.

❶ 냉장고 문을 열어 보고 아무것도 없었습니다.
❷ 냉장고 문을 열어 봐서 아무것도 없었습니다.
❸ 냉장고 문을 열어 보니까 아무것도 없었습니다.
❹ 냉장고 문을 열어 보기 때문에 아무것도 없었습니다.

[18-19] **다음 대화를 읽고 질문에 답하십시오.**

가 : 동아리 활동을 ( ㉠ ) 무슨 동아리가 좋을까?
나 : 사진 동아리가 어때? 사진 찍는 것을 좋아하지?
가 : 응, 사진 동아리가 좋을 것 같아.
나 : 사진 동아리에 ( ㉡ ) 친구가 있으니까 내가 소개해 줄게.

18. ㉠에 알맞은 것을 고르십시오.

❶ 하고 싶지만 ❷ 하고 싶어서 ❸ 하고 싶거나 ❹ 하고 싶은데

19. ㉡에 알맞은 것을 고르십시오.

❶ 안 ❷ 알 ❸ 아는 ❹ 알은

[20-21] **다음 대화를 읽고 질문에 답하십시오.**

가 : 여보세요, 서울전자 서비스센터이지요? 냉장고에 이상이 ( ㉠ ) 전화했어요.
나 : 네, 고객님. 무슨 문제인가요?
가 : 일주일 전에 샀는데 냉장고에서 소리가 심하게 나요.
나 : 알겠습니다. 내일 오전에 방문해서 수리해 ( ㉡ ) 주소를 말씀해 주세요.

20. ㉠에 알맞은 것을 고르십시오.

❶ 있어서 ❷ 있으면 ❸ 있어 보니까 ❹ 있기 위해서

21. ㉡에 알맞은 것을 고르십시오.

❶ 드리려고 ❷ 드리거나 ❸ 드리지만 ❹ 드릴 테니까

[22-23] **다음을 읽고 질문에 답하십시오.**

보고 싶은 친구에게

그동안 잘 지냈니?
서울은 요즘 장마철이야. 지금도 비가 많이 오고 있어. 그곳은 날씨가 어때? 한국에 ( ㉠ ) 벌써 6개월이 지났어. 처음에는 힘들었는데 이제는 한국 친구도 많이 사귀고 한국생활에도 익숙해졌어.
지난주에는 친구들과 부산에 다녀왔어. 해운대에 가서 수영도 하고 자갈치 시장에서 생선회도 먹었어. 얼마나 재미있었는지 몰라. 다음에 네가 한국에 오면 같이 부산에 가자.
다음 주에는 시험이 있어. 그래서 이번 주부터 좀 ( ㉡ ). 시험이 끝나면 다시 연락할게.

서울에서 사라가

22. ㉠에 알맞은 것을 고르십시오.

❶ 왔는 지 ❷ 오는 지 ❸ 온 지 ❹ 올 지

23. ㉡에 알맞지 않은 것을 고르십시오.

❶ 바쁠게 ❷ 바쁠 것 같아 ❸ 바빠질 거야 ❹ 바빠질 것 같아

[24] **〈보기〉를 이용해 문장을 만드십시오.**

보기: 에 대해서 자료를 찾아봤어요 한국 문화 알고 싶어서

24. 한국 문화 ______________________________.

## 5회

[1-3] 〈보기〉와 같이 (  )에 알맞은 것을 고르십시오.

보기
저는 한식(  ) 좋아합니다.

❶ 이 ❷ 을 ❸ 에 ❹ 의

1. 동생이 하루 종일 책(  ) 보고 있어요.

❶ 이 ❷ 만 ❸ 과 ❹ 에

2. 할 일도 없는데 텔레비전(  ) 볼까요?

❶ 이나 ❷ 까지 ❸ 밖에 ❹ 보다

3. 한국 역사(  ) 관심이 많아서 한국으로 유학가기로 했어요.

❶ 에게서 ❷ 에다가 ❸ 에 대해서 ❹ 에 비해서

[4-7] 〈보기〉와 같이 (  )에 알맞은 것을 고르십시오.

보기
가 : 어제 뭘 했어요?
나 : 친구를 (  ).

❶ 만나요 ❷ 만납시다 ❸ 만났어요 ❹ 만날 거예요

4. 가 : 우리 가족사진이에요. 한번 보세요.
나 : 아버지께서 키가 (  ).

❶ 크시군요 ❷ 크실래요 ❸ 크셨어요 ❹ 크셨나요

5. 가 : 영수 씨에게 전화해 봤어요?
나 : 네, 그런데 전화를 해도 안 받아요. 집에 ( ).

❶ 없을 것 같아요　❷ 없나 봐요
❸ 없었나 봐요　❹ 없을 건가 봐요

6. 가 : 한복을 입어 봤어요?
나 : 네, 한국 친구한테서 빌려 가지고 ( ).

❶ 입겠어요　❷ 입을게요
❸ 입으려고 해요　❹ 입은 적이 있어요

7. 가 : 며칠 동안 계속 눈이 오는군요.
나 : 네, 내일도 ( ).

❶ 눈이 오면 돼요　❷ 눈이 오나 봐요
❸ 눈이 올 것 같아요　❹ 눈이 오려고 해요

[8-10] 〈보기〉와 같이 ( )에 알맞은 것을 고르십시오.

> 보기
> 가 : 학생식당 음식이 어때요?
> 나 : ( ) 맛있어요.
>
> ✔❶ 싸고　❷ 싸서　❸ 싸면　❹ 싸도

8. 가 : 안녕하십니까? 처음 뵙겠습니다.
나 : 네, ( ) 반갑습니다.

❶ 만나고　❷ 만나서　❸ 만나니까　❹ 만났으면

9. 가 : 실례지만 이 버스 신촌으로 갑니까?
나 : 신촌으로 ( ) 건너편에서 타세요.

❶ 가러　❷ 가서　❸ 가려면　❹ 가는데

10. 가 : 조금 늦게 도착할 것 같은데 괜찮을까요?
나 : 네, (          ) 괜찮으니까 천천히 오세요.

❶ 늦어서 ❷ 늦는데 ❸ 늦으면 ❹ 늦어도

**[11-12] 〈보기〉와 같이 밑줄 친 부분이 틀린 것을 고르십시오.**

보기
❶ 같이 듣읍시다.
❷ 배가 많이 아파요.
❸ 얼굴이 빨개졌어요.
❹ 집이 회사에서 가까워요.

11.
❶ 시간이 없는데 택시를 타세요.
❷ 비가 와서 축구를 할 수 없어요.
❸ 모두 도착했으니까 빨리 출발합시다.
❹ 아프기 때문에 병원에 가십시오.

12.
❶ 단풍잎이 노래졌어요.
❷ 내일 날씨가 어땔까요?
❸ 제주도 바다가 정말 파랗군요.
❹ 피곤해서 그런지 눈이 빨개요.

**[13-15] 〈보기〉와 같이 빈칸에 알맞은 것을 고르십시오.**

보기
가 : 우리 오늘 뭘 할까요?
나 : ________________.
❶ 영화를 보세요 ❷ 영화를 봤어요
❸ 영화를 봅시다 ❹ 영화를 보겠어요

13. 가 : 뭘 잡수시겠습니까?
나 : ______________.

❶ 저는 불고기로 먹겠습니다.
❷ 저는 불고기를 하겠습니다.
❸ 저는 불고기로 하겠습니다.
❹ 저는 불고기를 잡수시겠습니다.

14. 가 : 퇴근 후에 연극을 보러 가려고 하는데 같이 갈래요?
나 : ______________.

❶ 일이 많아서 못 가요
❷ 일이 많아서 안 갔어요
❸ 일이 많으면 가지 마세요
❹ 일이 많아서 못 갔어요

15. 가 : 이따가 집으로 전화해 주시겠어요?
나 : ______________.
가 : 2123-3465입니다.

❶ 전화번호를 가르쳐 주세요
❷ 전화번호를 가르쳐 줬어요
❸ 전화번호를 가르쳐 줄게요
❹ 전화번호를 가르쳐 줍니다.

[16-17] 〈보기〉와 같이 두 문장을 바르게 연결한 것을 고르십시오.

보기

가방을 열어 봤습니다. 지갑이 없었습니다.

❶ 가방을 열어 보는데 지갑이 없었습니다.
❷ 가방을 열어 보거나 지갑이 없었습니다.
❸ 가방을 열어 보지만 지갑이 없었습니다.
✔❹ 가방을 열어 보니까 지갑이 없었습니다.

16. 점심을 잘못 먹었습니다. 배탈이 났어요.

❶ 점심을 잘못 먹었고 배탈이 났어요.
❷ 점심을 잘못 먹었으면 배탈이 났어요.
❸ 점심을 잘못 먹어 가지고 배탈이 났어요.
❹ 점심을 잘못 먹은 것 같아서 배탈이 났어요.

17. 버스를 타고 갑니다. 창밖을 구경합니다.

❶ 버스를 타고 가지만 창밖을 구경합니다.
❷ 버스를 타고 가려면 창밖을 구경합니다.
❸ 버스를 타고 가거나 창밖을 구경합니다.
❹ 버스를 타고 가면서 창밖을 구경합니다.

[18-19] **다음 대화를 읽고 질문에 답하십시오.**

가 : 주말에 고향에 다녀왔어요.
나 : 오랜만에 가족을 만나서 ( ㉠ ).
가 : 네, 사촌언니가 결혼을 해서 친척들이 많이 모였어요. 마이클 씨는 한국 결혼식에 ( ㉡ )?
나 : 아니요, 아직 못 가 봤어요. 한번 가 보고 싶어요.

18. ㉠에 알맞은 것을 고르십시오.

❶ 반갑군요 ❷ 반갑웠군요 ❸ 반갑겠군요 ❹ 반가웠겠군요

19. ㉡에 알맞지 않은 것을 고르십시오.

❶ 가 봤어요 ❷ 가본 적이 있어요
❸ 가려고 해요 ❹ 간 일이 있어요

[20-21] **다음 대화를 읽고 질문에 답하십시오.**

가 : 옷을 좀 사야 하는데 어디가 좋을까요?
나 : 동대문 시장이 어때요? 다른 곳( ㉠ ) 좀 싸다고 들었어요.
가 : 동대문 시장에 어떻게 ( ㉡ )?
나 : 네, 알아요. 지하철 4호선을 타고 동대문역사문화공원역에서 내려서 2번 출구로 나가세요.

20. ㉠에 알맞은 것을 고르십시오.

❶ 에게서 ❷ 에다가 ❸ 에 비해서 ❹ 에 대해서

21. ㉡에 알맞은 것을 고르십시오.

❶ 가는지 아세요 ❷ 갈 지 아세요
❸ 갔는지 아세요 ❹ 간 지 아세요

[22-23] **다음을 읽고 질문에 답하십시오.**

> 서울 생활의 도우미, 120다산콜센터(http://120.seoul.go.kr)를 아세요?
> 서울에서 생활할 때 생기는 모든 어려움을 전화로 해결해 보세요. 서울의 관광지, 음식점, 문화 행사, 교통에 대해서 알고 싶은 것이 생기면 언제든지 120다산콜센터로 전화하세요. 공공 기관의 전화번호를 ( ㉠ ) 아르바이트를 하고 싶을 때도 전화해 보세요. 상담원과 직접 통화하여 문제를 ( ㉡ ). 한국어 외에도 영어, 일본어, 중국어, 베트남어, 몽골어 서비스도 가능합니다.

22. ㉠에 알맞은 것을 고르십시오.

❶ 알고 싶거나 ❷ 알고 싶어도 ❸ 알고 싶은데 ❹ 알고 싶지만

23. ㉡에 알맞은 것을 고르십시오.

❶ 해결하나 봅니다 ❷ 해결할 수 있습니다
❸ 해결할까 합니다 ❹ 해결하려고 합니다

[24] **〈보기〉를 이용해 문장을 만드십시오.**

| 보기 | 가던 | 전에 | 만나자 | 자주 | 커피숍에서 |
|---|---|---|---|---|---|

24. 전에 ____________________________________.

# 부록

## 付録

모범 답안(模範解答)

지문(スクリプト)

색인(索引)

# 모범 답안

## ◆ 문법 알아보기 모범 답안

### ㄱ

**001 -거나**

1. 먹거나
2. 없거나
1. 술을 마시거나 잠을 많이 자요.
2. 친구를 만나거나 밀린 집안일을 해요.

**002 -게**

1. 재미있
2. 크
1. 늦게 왔어요.
2. 즐겁게 보냈어요.

**003 -게 되다**

1. 하
2. 살
1. 미국으로 출장을 가게 됐습니다.
2. 하숙비가 올라서 이사하게 됐습니다.

**004 -겠-[1]**

1. 공부하
2. 끊
1. 불고기를 먹겠습니다.
2. 등산을 하겠습니다.

**005 -겠-[2]**

1. 영어를 잘 하
2. 맛있
1. 힘들
2. 재미있었

**006 -고**

1. 주스가 맛있고 시원합니다.
2. 선생님과 이야기도 하고 커피도 마십니다.
1. 영어를 공부하
2. 점심을 먹고 아르바이트를 합니다.

**007 -고 싶다**

1. 싶어요
2. 싶어해요.
1. 커피를 마시고 싶어요.
2. 푹 쉬고 싶어요.

**008 -고 있다**

1. 자
2. 공부하
1. 인터넷을 하고 있어.
2. 신문을 보고 있다.

**009 과**

1. 와, 과
2. 와
1. 미선 씨는 순두부찌개와 잡채를 좋아합니다.
2. 마이클 씨는 수영과 농구를 좋아합니다.

**010 -기는 하지만**

1. 여행을 좋아하기는 하지만 자주 못 가요.
2. 이 가방이 예쁘기는 하지만 튼튼하지 않아요.
1. 있기는 하지만 좁아요.
2. 배우기는 했지만 잘 하지 못해요.

**011 -기 때문에**

1. 일요일이기 때문에
2. 했기 때문에
1. 물건 값이 싸기 때문에 자주 가요.
2. 시험 점수가 나쁘기 때문에 기분이 안 좋아요.

**012 -기로 하다**

1. 쇼핑하
2. 미루

1. 유럽으로 배낭여행을 가기로 했어요.
2. 비행기를 타고 가기

### 013 –기 위해서
1. 스트레스를 풀기 위해서 노래방에 갔어요.
2. 건강해지기 위해서 운동을 하고 있어요.
1. 집을 사
2. 가족을

### 014 –기 전에
1. 점심을 먹어요.
2. 운동하기 전에 아르바이트를 해요.
1. 수업을 시작하기 전에 커피를 마셨어요.
2. 자기 전에 일기를 써요.

## ㄴ

### 015 –나 보다
1. 바쁜가
2. 왔나
1. 배가 고픈가
2. 교통사고가 났나

### 016 –나요?
1. 오나요?
2. 얼마인가요?
1. 그 영화가 재미있었나요?
2. 무슨 일이 있나요?

### 017 –냐고 하다

| | |
|---|---|
| 미선 :<br>"운동을 좋아해요?" | 미선 씨가 운동을 좋아하냐고 합니다. |
| 샤오밍 :<br>"요즘 바빠요?" | 샤오밍 씨가 요즘 바쁘냐고 합니다. |
| 아버지 :<br>"왜 늦었니?" | 아버지께서 왜 늦었냐고 하십니다. |
| 어머니 :<br>"내일 모임에 가겠니?" | 어머니께서 내일 모임에 가겠냐고 합니다. |
| 친구 :<br>"왜 음식을 먹지 않니?" | 친구가 왜 음식을 먹지 않냐고 합니다. |

1. 왜 한국에 왔
2. 한국말 공부가 재미있

### 018 –는
1. 비싼 가방을 샀어요.
2. 중국에서 온 왕웨이입니다.
1. 좋아하는 음식이 비빔밥이에요.
2. 어제 만난 사람이 우리 반 친구예요.

### 019 –는 것 같다
1. 세일을 하는
2. 잠을 못 잔
1. 인터넷을 하는
2. 맑을

### 020 –는군요
1. 맛있군요.
2. 공부하는군요.
1. 예쁘군요.
2. 잘 생겼군요.

### 021 –는다

| 높임말 | 반말 |
|---|---|
| 주말에는 출근하지 않습니다. | 주말에는 출근하지 않는다. |
| 제주도는 한국의 유명한 관광지입니다. | 제주도는 한국의 유명한 관광지이다. |
| 공항까지 1시간 걸렸습니다. | 공항까지 1시간 걸렸다. |
| 앞으로 열심히 공부하겠습니다. | 앞으로 열심히 공부하겠다. |

1. 갔다.
2. 좋겠다.

### 022 –는다고 하다

| | |
|---|---|
| 미선 :<br>"주말마다 남자친구를 만나." | 미선 씨가 주말마다 남자친구를 만난다고 합니다. |
| 아이 :<br>"배가 아파요." | 아이가 배가 아프다고 합니다. |
| 제인 :<br>"어제 등산을 했어." | 제인 씨가 어제 등산을 했다고 합니다. |
| 친구 :<br>"내일 일찍 오겠습니다." | 친구가 내일 일찍 오겠다고 합니다. |
| 선생님 :<br>"이번 시험이 어렵지 않아요." | 선생님이 이번 시험이 어렵지 않다고 합니다. |

1. 마이클 씨가 지금 커피숍에 있다고
2. 웨이 씨가 주말에 시험공부를 했다고

### 023 –는 대로

1. 편지를 받는 대로 답장을 하겠습니다.
2. 아버지께서 들어오시는 대로 저녁을 먹자.
1. 시험이 끝나는 대로 고향에 돌아갈 거야.
2. 방학을 하는 대로 여행을 떠날 거예요.

### 024 –는데[1]

1. 방은 좁은데 거실은 넓어요.
2. 작년에는 한국말을 하나도 몰랐는데 지금은 조금 할 수 있어요.
1. 먹고 싶은데
2. 따뜻했는데

### 025 –는데[2]

1. 학생 식당은 복잡한데 학교 앞 식당은 어때요?
2. 한국 사람들은 설날에 떡국을 먹는데 일본 사람들은 무엇을 먹습니까?
1. 바쁜데
2. 시험이 있는데

### 026 –는데[3]

1. 저는 학생 식당에 자주 가는데 맛도 좋고 값도 싸요.
2. 어제 학교에서 샤오밍 씨를 만났는데 아주 반가웠어요.
1. 수영을 배우는데 아주 재미있어요.
2. 샤오밍 씨인데 중국에서 왔어요.

### 027 –는데[4]

1. ( O )
   ( X )
2. ( X )
   ( O )
1. 예쁜데
2. 시간이 없는데

### 028 –는 데다가

1. 비가 오는 데다가 바람도 많이 붑니다.
2. 학교 앞 커피숍은 커피 값이 싼 데다가 서비스도 좋아요.
1. 감기에 걸린 데다가 배탈도 나서 학교에 못 왔어요.
2. 운동도 잘 하는데다가 피아노도 잘 쳐요.

### 029 –는데요

1. 지금 비가 오는데요.
2. 김치가 좀 짠데요.
1. 약속이 있는데요.
2. 자장면이 먹고 싶은데요.

### 030 –는 동안

1. 영화를 보는 동안 휴대 전화를 꺼 놓으세요.
2. 영수 씨가 점심을 먹는 동안 샤오밍 씨는 텔레비전을 봤습니다.
1. 한국에 있는 동안 무엇을 하고 싶어요?
2. 몇 년 동안 한국어를 공부했어요?

### 031 –는 줄 알다

1. 대학생인 줄
2. 복잡할 줄
1. 못 먹는 줄 알았어요.
2. 오늘인 줄 알았어요.

### 032 –는지 알다/모르다

1. 경복궁이 어디에 있는지 아십니까?
2. 리에 씨 생일이 언제인지 알아요?
1. 회의가 몇 시에 끝날지 아세요?
2. 웨이 씨가 어제 무엇을 했는지 알아요?

### 033 –니?

| 높임말 | 반말 |
|---|---|
| 가방이 무겁습니까? | 가방이 무겁니? |
| 이것은 누구 안경입니까? | 이것은 누구 안경이니? |
| 어제 서울에 눈이 왔습니까? | 어제 서울에 눈이 왔니? |
| 무슨 노래를 부르겠습니까? | 무슨 노래를 부르겠니? |

1. 축구를 잘 하니?
2. 지금 뭐 하니?

## ㄷ

### 034 ㄷ 불규칙 용언

| ㄷ 불규칙 용언 | -고 | -어서 /아서 | -으면/면 | -으세요 /세요 |
|---|---|---|---|---|
| 듣다 | 듣고 | 들어서 | 들으면 | 들으세요 |
| 걷다 | 걷고 | 걸어서 | 걸으면 | 걸으세요 |
| 싣다 | 싣고 | 실어서 | 실으면 | 실으세요 |
| *닫다 | 닫고 | 닫아서 | 닫으면 | 닫으세요 |
| *받다 | 받고 | 받아서 | 받으면 | 받으세요 |

1. 들읍시다.
2. 물어

### 035 -다가

1. 똑바로 가다가 오른쪽으로 가십시오.
2. 영화를 보다가 재미없어서 나갔어요.
1. 축구를 하다가 다리를 다쳤어요.
2. 배우다가 시간이 없어서 그만 뒀어요.

### 036 -더군요

1. 맑
2. 잘 하
1. 슬프
2. 오셨

### 037 -던

1. 아이가 먹던 케이크를 엄마가 먹습니다.
2. 형이 치던 피아노를 제가 치고 있어요.
1. 함께 숙제를 하
2. 같이 운동을 하

### 038 도

1. 도
2. 에서도
1. 배도 많습니다.
2. 저도 숙제를 합니다.

## ㄹ

### 039 ㄹ 불규칙 용언

| ㄹ 불규칙 용언 | -어요 /아요 | -습니다 /ㅂ니다 | -는데, -은데 /ㄴ데 | -으세요 /세요 |
|---|---|---|---|---|
| 살다 | 살아요 | 삽니다 | 사는데 | 사세요 |
| 팔다 | 팔아요 | 팝니다 | 파는데 | 파세요 |
| 만들다 | 만들어요 | 만듭니다 | 만드는데 | 만드세요 |
| 놀다 | 놀아요 | 놉니다 | 노는데 | 노세요 |
| 울다 | 울어요 | 웁니다 | 우는데 | 우세요 |
| 열다 | 열어요 | 엽니다 | 여는데 | 여세요 |
| 걸다 | 걸어요 | 겁니다 | 거는데 | 거세요 |
| 길다 | 길어요 | 깁니다 | 긴데 | |
| 멀다 | 멀어요 | 멉니다 | 먼데 | |

1. 옷걸이에 거세요.
2. 학교 기숙사에서 삽니다.

### 040 르 불규칙 용언

| 르 불규칙 용언 | -으니까 /니까 | -어요 /아요 | -었어요 /았어요 | -어서 /아서 |
|---|---|---|---|---|
| 자르다 | 자르니까 | 잘라요 | 잘랐어요 | 잘라서 |
| 마르다 | 마르니까 | 말라요 | 말랐어요 | 말라서 |
| 모르다 | 모르니까 | 몰라요 | 몰랐어요 | 몰라서 |
| 고르다 | 고르니까 | 골라요 | 골랐어요 | 골라서 |
| 기르다 | 기르니까 | 길러요 | 길렀어요 | 길러서 |
| 흐르다 | 흐르니까 | 흘러요 | 흘렀어요 | 흘러서 |
| 서두르다 | 서두르니까 | 서둘러요 | 서둘렀어요 | 서둘러서 |
| 게으르다 | 게으르니까 | 게을러요 | 게을렀어요 | 게을러서 |

1. 불러서
2. 몰랐어요.

## ㅁ

### 041 만

1. 만
2. 만
1. 숙제만 했어요.
2. 학교 앞 서점에서만 팔아요.

### 042 만에

1. 고향 음식을 6개월 만에 먹었습니다.
2. 집에 온 지 10분 만에 다시 밖으로 나갔습니다.
1. 1년 만에 가는 여행이에요.
2. 몇 년 만에 동창을 만났어요?

### 043 만큼

1. 고기

2. 어른
1. 영어 시간만큼 재미있는 시간이 없어요.
2. 제주도만큼 아름다운 곳이 없어요.

**ㅂ**

### 044 ㅂ 불규칙 용언

| ㅂ 불규칙 용언 | -고 | -어요 /아요 | -은/ㄴ | -으면/면 |
|---|---|---|---|---|
| 춥다 | 춥고 | 추워요 | 추운 | 추우면 |
| 맵다 | 맵고 | 매워요 | 매운 | 매우면 |
| 싱겁다 | 싱겁고 | 싱거워요 | 싱거운 | 싱거우면 |
| 어렵다 | 어렵고 | 어려워요 | 어려운 | 어려우면 |
| 쉽다 | 쉽고 | 쉬워요 | 쉬운 | 쉬우면 |
| 고맙다 | 고맙고 | 고마워요 | 고마운 | 고마우면 |
| 돕다 | 돕고 | 도와요 | 도운 | 도우면 |
| 곱다 | 곱고 | 고와요 | 고운 | 고우면 |

1. 어려워요.
2. 도와

### 045 밖에

1. [ O ]
   [ X ]
2. [ X ]
   [ O ]

1. 한 시간밖에 안 했어요.
2. 두 벌밖에 없어요.

### 046 보다

1. 영어보다 한국어가 재미있어요.
2. 수영보다 축구를 잘 해요.
1. 서울보다 고향이 더워요.
2. 시골보다 도시를 더 좋아해요.

### 047 부터

1. 청소부터 해요.
2. 경복궁부터 가고 싶어요.
1. 아침에 일어나면 세수부터 해요.
2. 방학을 하면 여행부터 가고 싶어요.

### 048 부터 까지

1. 부터, 까지
2. 부터, 까지
1. 14일부터 16일까지 시험입니다.
2. 무슨 요일부터 무슨 요일까지 한국어 수업이 있어요?
   월요일부터 목요일까지 한국어 수업이 있어요.

**ㅅ**

### 049 ㅅ 불규칙 용언

| ㅅ 불규칙 용언 | -고 | -어서/ 아서 | -으니까 /니까 | -었어요 /았어요 |
|---|---|---|---|---|
| 젓다 | 젓고 | 저어서 | 저으니까 | 저었어요 |
| 잇다 | 잇고 | 이어서 | 이으니까 | 이었어요 |
| 긋다 | 긋고 | 그어서 | 그으니까 | 그었어요 |
| 짓다 | 짓고 | 지어서 | 지으니까 | 지었어요 |
| *웃다 | 웃고 | 웃어서 | 웃으니까 | 웃었어요 |
| *씻다 | 씻고 | 씻어서 | 씻으니까 | 씻었어요 |
| *벗다 | 벗고 | 벗어서 | 벗으니까 | 벗었어요 |
| *빗다 | 빗고 | 빗어서 | 빗으니까 | 빗었어요 |

1. 지으려면
2. 씻은

### 050 -습니까?

1. 큽니까?
2. 시작합니까?
1. 요즘 바쁩니까?
2. 누가 가르칩니까?

### 051 -습니다

1. 맵습니다.
2. 만납니다.
1. 공원에 갑니다.
2. 네, 숙제가 많습니다.

**ㅇ**

### 052 -어

1. 먹을 수 없어
2. 닫아.
1. 친절하고 똑똑한 사람이 좋아.
2. 같이 공원에 가.

### 053 -어 가지고[1]

1. 배운 단어로 문장을 만들어 가지고 오세요.
2. 은행에서 돈을 찾아 가지고 등록금을 냈어요.
1. 돈을 모아 가지고 컴퓨터를 사고 싶어요.
2. 한국어를 배워 가지고 한국 회사에 취직할 거예요.

### 054 -어 가지고[2]

1. 바람이 많이 불어 가지고 나무들이 쓰러졌습니다.

2. 언니와 얼굴이 비슷해 가지고 친구들이 자주 오해해요.
1. 피곤해 가지고 일찍 왔어요.
2. 음식을 잘못 먹어 가지고 식중독에 걸렸어요.

## 055 –어도
1. 비가 와도 축구를 할 거예요.
2. 술을 많이 마셔도 취하지 않아요.
1. 택시로 가도 제 시간에 갈 수 없을 거예요.
2. 비싸도 사고 싶어요.

## 056 –어도 되다
1. 앉아도
2. 퇴근해도
1. 이 옷 한번 입어 봐도 돼요?
2. 신발을 신고 집에 들어가면 안 돼요.

## 057 –어라

| 높임말 | 반말 |
|---|---|
| 여기에 이름을 쓰십시오. | 여기에 이름을 써라. |
| 열심히 공부하십시오. | 열심히 공부해라. |
| 밖에 나가지 마십시오. | 밖에 나가지 마라. |
| 다른 사람의 시험지를 보지 마십시오. | 다른 사람의 시험지를 보지 마라. |

1. 배가 고프면 먹어라
2. 텔레비전을 켜

## 058 –어 보다
1. 이야기해
2. 신어
1. 쇼핑을 해
2. 찾아

## 059 –어 보이다
1. 어려
2. 멋있어
1. 맛있어
2. 피곤해

## 060 –어서[1]
1. 불고기를 만들어서 친구들과 먹겠습니다.
2. 학교에 와서 수업을 들었습니다.
1. 집에 돌아가서
2. 횡단보도를 건너서

## 061 –어서[2]
1. 늦어서 죄송합니다.
2. 옷을 많이 입어서 춥지 않습니다.
1. 값이 싸서 자주 갑니다.
2. 배가 아파서 회사에 안 갔어요.

## 062 –어서 그런지
1. 아주머니가 친절해서
2. 한국에서 오래 살아서
1. 주말이어서
2. 운동을 해서

## 063 –어야 하다
1. 불러야
2. 키가 커야
1. 9시까지 도착해야 합니다.
2. 한국 친구를 많이 사귀어야 해요.

## 064 –어요

| 동사/형용사 | –어요/아요/여요 |
|---|---|
| 타다 | 타요 |
| 앉다 | 앉아요 |
| 좋다 | 좋아요 |
| 주다 | 주어요/줘요 |
| 크다 | 커요 |
| 마시다 | 마셔요 |
| 바쁘다 | 바빠요 |
| 일하다 | 일해요 |
| 복잡하다 | 복잡해요 |

1. 학교에 가요.
2. 영화를 봐요.

## 065 –어 있다
1. 닫혀
2. 서
1. 컴퓨터가 놓여 있어요.
2. 영수 씨가 와 있었어요.

066 **-어 주다**
1. 줬어요.
2. 주세요.
1. 도와
2. 깎아

067 **-어지다**[1]
1. 시원해질 거예요.
2. 피부가 좋아질 거예요.
1. 깨끗해졌어요.
2. 나빠졌어요.

068 **-어지다**[2]
1. 불이 켜졌어요.
2. 종이가 찢어졌어요.
1. 빠져서
2. 기다려져요.

069 **-어하다**
1. ( X )
   ( O )
2. ( X )
   ( O )
1. 제주도에 가고 싶어해요.
2. 재미있어했어요.

070 **-었-**
1. 따뜻했어요.
2. 갔어요.
1. 친구를 만났어요.
2. 아주 재미있었어요.

071 **-었다가**
1. 의자에 앉았다가 일어섰습니다.
2. 텔레비전을 켰다가 껐습니다.
1. 방학에 고향에 갔다가 왔어요.
2. 버스를 잘못 타서 탔다가 내렸어요.

072 **-었던**
1. 만났던
2. 입으셨던
1. 불렀던 한국 노래를 부를 거예요.
2. 좋았던 곳은 제주도예요.

073 **에**[1]
1. 지갑 안에 돈과 카드가 있습니다.
2. 학생들이 의자에 앉습니다.
1. 네, 버스에 사람이 많습니다.
2. 꽃병을 책상 위에 놓으세요.

074 **에**[2]
1. 에
2. 에
1. 수요일에 시험이 있어요.
2. 아침에 운동을 해요.

075 **에**[3]
1. 에
2. 에
1. 하루에 4시간쯤 공부해요.
2. 한 달에 두 번 영화를 봐요.

076 **에게**
1. 에게
2. 께
1. 동생에게 전화를 했어요.
2. 남자친구에게 넥타이를 선물하고 싶습니다.

077 **에게서**
1. 친구에게서 꽃을 받았습니다.
2. 언니에게서 옷을 빌렸습니다.
1. 부모님께 선물을 받았어요.
2. 이 책을 도서관에서 빌렸어요.

078 **에다가**
1. 신청서에다가 사진을 붙여요.
2. 편지봉투에다가 주소를 써요.
1. 공책에다가 적었어요.
2. 옷걸이에다가 거세요.

079 **에 대해서**
1. 역사

2. 전쟁
1. 한국 문화에 대해서 알아보고 싶어요.
2. 좋아하는 가수에 대해서 이야기해요.

### 080 에 비해서
1. 기말시험이 중간시험에 비해서 쉬웠어요.
2. 제 조카는 나이에 비해서 키가 커요.
1. 버스에 비해서 지하철을 타는 것이 빠를 거예요.
2. 값에 비해서 질이 좋아요.

### 081 에서
1. 은행에서 돈을 찾습니다.
2. 제주도에서 바다를 봤습니다.
1. 커피숍에서 친구를 만나요.
2. 어디에서 공부를 해요?
   도서관에서 공부를 해요.

### 082 에서 까지
1. 에서, 까지
2. 에서, 까지
1. 학교에서 하숙집까지 얼마나 걸려요?
2. 지하철역에서 기숙사까지 어떻게 왔습니까?

### 083 으 불규칙 용언

| 으 불규칙 용언 | -ㅂ니다 | -어요 /아요 | -었어요 /았어요 | -어서 /아서 |
|---|---|---|---|---|
| 바쁘다 | 바쁩니다 | 바빠요 | 바빴어요 | 바빠서 |
| 고프다 | 고픕니다 | 고파요 | 고팠어요 | 고파서 |
| 나쁘다 | 나쁩니다 | 나빠요 | 나빴어요 | 나빠서 |
| 슬프다 | 슬픕니다 | 슬퍼요 | 슬펐어요 | 슬퍼서 |
| 기쁘다 | 기쁩니다 | 기뻐요 | 기뻤어요 | 기뻐서 |
| 크다 | 큽니다 | 커요 | 컸어요 | 커서 |
| 끄다 | 끕니다 | 꺼요 | 껐어요 | 꺼서 |

1. 바빠요.
2. 꺼

### 084 -으니까[1]
1. 아버지께서 주무시니까 조용히 해라.
2. 목이 마르니까 물 좀 주세요.
1. 날씨가 좋으니까 공원에 갑시다.
2. 교통이 복잡하니까 지하철을 타자.

### 085 -으니까[2]
1. 지갑을 열어 보니까 돈이 하나도 없었어요.
2. 10분쯤 기다리니까 친구가 왔어요.
1. 친구 집에 가니까 가족이 모두 집에 있었어요.
2. 친구 여동생을 만나 보니까 좋은 사람이었어요.

### 086 -으라고 하다

| | |
|---|---|
| 아버지 : "빨리 자라" | 아버지께서 빨리 자라고 하십니다. |
| 친구 : "공책을 보여 줘." | 친구가 공책을 보여 달라고 합니다. |
| 부모님 : "동생에게 영어를 가르쳐 줘라." | 부모님께서 동생에게 영어를 가르쳐 주라고 하십니다. |
| 선생님 : "결석하지 마세요." | 선생님께서 결석하지 말라고 하십니다. |

1. 웨이 씨가 10시까지 오라고
2. 청소하라고

### 087 -으러
1. 부치러
2. 찾으러
1. 먹으러
2. 빌리러

### 088 -으려고
1. ( X )
   ( O )
2. ( O )
   ( X )
1. 해외여행을 하려고 여권을 만들었어요.
2. 비자를 연장하려고 출입국관리사무소에 갔어요.

### 089 -으려고 하다
1. 공원에서 자전거를 타려고
2. 같이 저녁을 먹으려고
1. 선물을 사려고
2. 송별회를 하려고

### 090 -으려면
1. 돈을 찾으려면 비밀번호를 알아야 합니다.
2. 책을 빌리려면 학생증이 있어야 합니다.
1. 옷을 싸게 사려면 동대문시장으로 가세요.
2. 좋은 회사에 취직하려면 열심히 공부해야 해요.

091 **으로**[1]

1. 으로
2. 로
1. 오른쪽으로
2. 신촌으로

092 **으로**[2]

1. 한국말을 인터넷으로 공부합니다.
2. 이름을 연필로 쓰십시오.
1. 우유와 계란으로 만들었어요.
2. 버스로 가요.

093 **-으면**

1. 시간이 많으면
2. 많이 연습하면
1. 주말에 날씨가 좋으면 등산을 합시다.
2. 밤에 잠이 오지 않으면 우유를 마셔요.

094 **-으면서**

1. 웃으면서
2. 숙제하면서
1. 버스를 타고 오면서 음악을 들었어요.
2. 노래를 하면서 청소를 해요.

095 **-으면 안 되다**

1. 학생증이 없으면
2. 끓지 않으면
1. 보면 안 돼요.
2. 아니요, 청바지를 입으면 안 돼요.

096 **-으세요**

1. 좋으세요.
2. 가르치세요.
1. 갈비탕하고 순두부찌개를 주세요.
2. 공항에 가요.

097 **-으시-**

1. 들어오십니다.
2. 잡수십니다./드십니다.
1. 아버지께서 신문을 보십니다.
2. 김 교수님께서 강의실에 계세요.

098 **-으십시오**

1. 따라하십시오.
2. 입으십시오.
1. 책을 읽으십시오.
2. 음료수를 준비하십시오.

099 **은**

1. 은
2. 는, 은
1. 는
2. 은

100 **-은 적이 있다/없다**

1. 배운
2. 먹은
1. 버스를 잘못 탄
   버스를 잘못 탄 적이 있어요.
2. 아르바이트를 한
   아르바이트를 한 적이 없어요.

101 **-은 지**

1. 열린
2. 이 회사에 취직한
1. 이 휴대전화를 산 지 1년쯤 됐어요.
2. 한국말을 배운 지 6개월쯤 됐어요.

102 **-은 후에**

1. 일이 끝난 후에 친구를 만났어요.
2. 신문을 본 후에 아침을 먹습니다.
1. 아르바이트를 한 후에 숙제를 했어요.
2. 숙제를 한 후에 무엇을 했어요?
   숙제를 한 후에 저녁을 먹었어요.

103 **을**

1. 를
2. 을
1. 잡지를 읽고 있습니다.
2. 수업이 끝나고 친구들과 점심을 먹어요.

104 **-을 거예요**[1]

1. 여행을 갈

2. 있을
1. 저는 이번 주말에 등산을 할 거예요.
2. 4급까지 공부할 거예요.

### 105 -을 거예요[2]
1. 차가 밀릴
2. 사람들이 많을
1. 비가 오지 않을 거예요.
2. 웨이 씨가 시험을 잘 봤을 거예요.

### 106 -을게요
1. 닫을게요.
2. 돌아올게요.
1. 내일까지 끝낼게요.
2. 오늘은 내가 점심을 살게.

### 107 -을까요?[1]
1. 쉴까요?
2. 갈까요?
1. 비행기를 탑시다.
2. 어디에서 잘까요?

### 108 -을까요?[2]
1. 읽을까요?
2. 켤까?
1. 몇 시에 전화할까요?
2. 뭘 드릴까요?

### 109 -을까요?[3]
1. 좋을까요?
2. 어울릴까요?
1. 새로 나온 영화가 재미있을까요?
2. 누가 1등을 할까요?

### 110 -을까 하다
1. 묵을까
2. 마실까
1. 집에서 쉴까 해요.
2. 유학을 갈까 해요.

### 111 -을 때
1. 머리가 아플 때 이 약을 드세요.
2. 책을 읽을 때 전화가 왔어요.
1. 저는 기분이 좋을 때 술을 마시고 싶어요.
2. 교실에 들어왔을 때 샤오밍 씨가 있었어요.

### 112 -을래요?
1. 먹을래?
2. 산책할래요?
1. 우산을 같이 쓸래요?
2. 너도 같이 갈래?

### 113 -을수록
1. 급할수록
2. 읽으면 읽을수록
1. 입으면 입을수록
2. 쓰면 쓸수록

### 114 -을 수 있다/없다
1. 탈
2. 깎을
1. 갈 수 있어.
2. 한국에서 운전할 수 없어요.

### 115 -을지
1. 프랑스에 갈지 캐나다에 갈지
2. 태권도를 배울지 탈춤을 배울지
1. 6월까지 있을지 12월까지 있을지
2. 잘 할 수 있을지

### 116 -을 테니까
1. 오후에 비가 올 테니까 우산을 가지고 가세요.
2. 수업이 끝나는 대로 갈 테니까 잠시만 기다려 주십시오.
1. 잘 볼 수 있을 테니까 걱정하지 마세요.
2. 내가 청소를 할 테니까 너는 빨래를 해.

### 117 -읍시다
1. 앉읍시다.
2. 탑시다.
1. 네, 쉽시다.
2. 같이 술을 마십시다.

### 118 의
1. 일본의 수도
2. 단어의 의미
1. 웨이 씨의 책이에요.
2. 선생님의 성함이 이수진입니다.

### 119 이
1. 가
2. 께서
1. 한국 영화가 재미있습니다.
2. 누가 책을 읽겠습니까?

### 120 이나[1]
1. 내일이나 모레
2. 권투나 무술을
1. 밥이나 빵을 먹어요.
2. 제주도나 부산에 갈 거예요.

### 121 이나[2]
1. 녹차나
2. 만화책이나
1. 책이나 읽을 거예요.
2. 공원에나 갑시다.

### 122 이나[3]
1. 나
2. 이나
1. 두 시간이나
2. 네 명이나요?

### 123 이나[4]
1. 몇 벌이나
2. 얼마나
1. 모임에 몇 명이나
2. 한 달에 책을 몇 권이나

### 124 이든지
1. 든지
2. 이든지
1. 언제든지 전화하세요.
2. 누구든지 들어갈 수 있어요.

### 125 이 아니다
1. 이
2. 가
1. 한국대학교가 아닙니다.
2. 박 선생님이 아닙니다.

### 126 입니까?
1. 입니까
2. 입니까
1. 어느 나라 사람입니까?
2. 누가 오정희 씨입니까?

### 127 입니다
1. 입니다.
2. 입니다.
1. 제 친구입니다.
2. 여기는 서울입니다.

## ㅈ

### 128 –자

| 높임말 | 반말 |
|---|---|
| 시끄러운데 문을 닫읍시다. | 시끄러운데 문을 닫자. |
| 이따가 같이 산책을 합시다. | 이따가 같이 산책을 하자. |
| 여기에서 사진을 찍지 맙시다. | 여기에서 사진을 찍지 말자. |
| 내일 만나지 말고 모레 만납시다. | 내일 만나지 말고 모레 만나자. |

1. 바다에 가
2. 다음 주에 시험이 있으니까 같이 공부하

### 129 –자고 하다

| | |
|---|---|
| 미선 : "의자에 앉읍시다." | 미선 씨가 의자에 앉자고 합니다. |
| 웨이 : "같이 축구를 하자." | 웨이 씨가 같이 축구를 하자고 합니다. |
| 선배 : "노래방에 가지 말자." | 선배가 노래방에 가지 말자고 합니다. |

1. 영화를 보
2. 같이 태권도를 배우

### 130 -지만

1. ( X )
   ( O )
2. ( X )
   ( O )

1. 비빔냉면이 맵지만 맛있습니다.
2. 형은 공부를 잘 하지만 동생은 공부를 잘 못합니다.

### 131 -지 말다

1. 담배를 피우
2. 떠들

1. 버스를 타
2. 까만 바지를 사지 말고 하얀 바지를 사세요.

### 132 -지 못하다

1. ( X )
   ( O )
2. ( X )
   ( O )

1. 한국 음식을 만들
2. 수영을 잘 하지 못해요./잘 못해요.

### 133 -지 않다

1. 좋아하
2. 숙제를 하

1. 바쁘지 않아요.
2. 출근하지 않습니다.

### 134 -지요?

1. 닫
2. 계시

1. 바쁘
2. 공휴일이

## ㅊ

### 135 처럼

1. 인형처럼 예뻐요.
2. 바다처럼 넓어요.

1. 한국사람
2. 농구 선수처럼 키가 커요.

## ㅎ

### 136 ㅎ 불규칙 용언

| ㅎ 불규칙 용언 | -습니까? /ㅂ니까? | -어서 /아서 | -은/ ㄴ | -었어요 /았어요 |
|---|---|---|---|---|
| 파랗다 | 파랗습니까? | 파래서 | 파란 | 파랬어요 |
| 노랗다 | 노랗습니까? | 노래서 | 노란 | 노랬어요 |
| 하얗다 | 하얗습니까? | 하얘서 | 하얀 | 하얬어요 |
| 까맣다 | 까맣습니까? | 까매서 | 까만 | 까맸어요 |
| 그렇다 | 그렇습니까? | 그래서 | 그런 | 그랬어요 |
| 저렇다 | 저렇습니까? | 저래서 | 저런 | 저랬어요 |
| 어떻다 | 어떻습니까? | 어때서 | 어떤 | 어땠어요 |

1. 까만
2. 어땠어요

### 137 하고

1. 하고
2. 하고 (같이)

1. 향수하고 액세서리를 받고 싶어요.
2. 언니하고 (같이) 갔어요.

## ◆ 유형별 연습문제 모범 답안

### Ⅰ. 빈칸에 알맞은 문법을 골라서 문장 완성하기

| 1 | ❷ | 2 | ❸ | 3 | ❶ | 4 | ❹ | 5 | ❹ | 6 | ❸ | 7 | ❶ | 8 | ❹ |
|---|---|---|---|---|---|---|---|---|---|---|---|---|---|---|---|
| 9 | ❷ | 10 | ❸ | 11 | ❷ | 12 | ❸ | 13 | ❸ | 14 | ❹ | 15 | ❸ | 16 | ❷ |
| 17 | ❹ | 18 | ❶ | 19 | ❸ | 20 | ❸ | | | | | | | | |

### Ⅱ. 빈칸에 알맞은 문법(종결어미)을 골라서 대화 완성하기

| 1 | ❶ | 2 | ❸ | 3 | ❶ | 4 | ❹ | 5 | ❷ | 6 | ❹ | 7 | ❷ | 8 | ❸ |
|---|---|---|---|---|---|---|---|---|---|---|---|---|---|---|---|
| 9 | ❸ | 10 | ❶ | 11 | ❸ | 12 | ❷ | 13 | ❷ | 14 | ❶ | 15 | ❸ | 16 | ❶ |
| 17 | ❸ | 18 | ❷ | 19 | ❹ | 20 | ❷ | | | | | | | | |

### Ⅲ. 빈칸에 알맞은 문법(연결어미)을 골라서 대화 완성하기

| 1 | ❹ | 2 | ❷ | 3 | ❸ | 4 | ❹ | 5 | ❷ | 6 | ❶ | 7 | ❸ | 8 | ❹ |
|---|---|---|---|---|---|---|---|---|---|---|---|---|---|---|---|
| 9 | ❶ | 10 | ❷ | 11 | ❶ | 12 | ❹ | 13 | ❸ | 14 | ❹ | 15 | ❶ | 16 | ❶ |
| 17 | ❹ | 18 | ❷ | 19 | ❸ | 20 | ❶ | | | | | | | | |

### Ⅳ. 틀린 문장 찾기

| 1 | ❷ | 2 | ❶ | 3 | ❹ | 4 | ❸ | 5 | ❷ | 6 | ❸ | 7 | ❶ | 8 | ❸ |
|---|---|---|---|---|---|---|---|---|---|---|---|---|---|---|---|
| 9 | ❷ | 10 | ❹ | 11 | ❸ | 12 | ❹ | 13 | ❸ | 14 | ❹ | 15 | ❷ | 16 | ❶ |
| 17 | ❹ | 18 | ❸ | 19 | ❷ | 20 | ❶ | | | | | | | | |

### Ⅴ. 대화 완성하기

| 1 | ❷ | 2 | ❸ | 3 | ❸ | 4 | ❹ | 5 | ❶ | 6 | ❶ | 7 | ❹ | 8 | ❸ |
|---|---|---|---|---|---|---|---|---|---|---|---|---|---|---|---|
| 9 | ❸ | 10 | ❹ | 11 | ❸ | 12 | ❷ | 13 | ❹ | 14 | ❷ | 15 | ❹ | 16 | ❸ |
| 17 | ❶ | 18 | ❸ | 19 | ❹ | 20 | ❶ | | | | | | | | |

### Ⅵ. 두 문장을 한 문장으로 연결하기

| 1 | ❹ | 2 | ❷ | 3 | ❸ | 4 | ❷ | 5 | ❶ | 6 | ❶ | 7 | ❸ | 8 | ❷ |
|---|---|---|---|---|---|---|---|---|---|---|---|---|---|---|---|
| 9 | ❶ | 10 | ❹ | 11 | ❸ | 12 | ❷ | 13 | ❸ | 14 | ❸ | 15 | ❷ | 16 | ❷ |
| 17 | ❷ | 18 | ❶ | 19 | ❸ | 20 | ❶ | | | | | | | | |

## Ⅶ. 비슷한 의미의 문장 고르기

| 1 | ❹ | 2 | ❷ | 3 | ❶ | 4 | ❸ | 5 | ❷ | 6 | ❶ | 7 | ❷ | 8 | ❹ |
|---|---|---|---|---|---|---|---|---|---|---|---|---|---|---|---|
| 9 | ❸ | 10 | ❸ | 11 | ❹ | 12 | ❶ | 13 | ❸ | 14 | ❸ | 15 | ❷ | 16 | ❶ |
| 17 | ❹ | 18 | ❹ | 19 | ❸ | 20 | ❷ | | | | | | | | |

## Ⅷ. 대화를 읽고 빈칸에 알맞은 문법 고르기

| 1 | ❷ | 2 | ❶ | 3 | ❷ | 4 | ❸ | 5 | ❹ | 6 | ❸ | 7 | ❶ | 8 | ❸ |
|---|---|---|---|---|---|---|---|---|---|---|---|---|---|---|---|
| 9 | ❹ | 10 | ❶ | 11 | ❶ | 12 | ❹ | 13 | ❸ | 14 | ❹ | 15 | ❸ | 16 | ❹ |
| 17 | ❷ | 18 | ❶ | 19 | ❸ | 20 | ❷ | 21 | ❸ | 22 | ❹ | 23 | ❷ | 24 | ❶ |

## Ⅸ. 긴 글을 읽고 빈칸에 알맞은 문법 고르기

| 1 | ❹ | 2 | ❶ | 3 | ❹ | 4 | ❸ | 5 | ❸ | 6 | ❷ | 7 | ❷ | 8 | ❸ |
|---|---|---|---|---|---|---|---|---|---|---|---|---|---|---|---|
| 9 | ❹ | 10 | ❸ | 11 | ❶ | 12 | ❸ | 13 | ❹ | 14 | ❶ | 15 | ❸ | 16 | ❶ |
| 17 | ❹ | 18 | ❸ | 19 | ❹ | 20 | ❷ | 21 | ❶ | 22 | ❹ | 23 | ❸ | 24 | ❷ |

## Ⅹ. 제시된 표현을 사용하여 문장 만들기

1. 저 분이 한국어 선생님이지요?
2. 제가 좋아하는 운동은 축구입니다.
3. 책상 위에 연필과 공책이 있습니다.
4. 영국에 있는 언니에게서 전화가 왔어요.
5. 대학교를 졸업한 후에 뭘 할 거니?
6. 시험이 오전 9시부터 11시까지 있습니다.
7. 수업이 끝나고 영화를 보러 갑시다.
8. 외국에서 생활한 지 벌써 1년 됐어요.
9. 시장에 가면 재미있는 구경거리도 많아.
10. 발음 연습을 열심히 해도 좋아지지 않아요.
11. 친구 집에 도착하니까 파티를 하고 있었어요.
12. 내일은 수업이 없는데 뭘 하고 싶어?
13. 한국에서는 윗사람에게 반말을 쓰면 안 돼요.
14. 어제 간 곳이 어디입니까?
15. 색깔은 좋은데 무늬가 마음에 안 들어요.
16. 국립박물관에 가려면 몇 호선을 타야 합니까?
17. 여행한 곳 중에서 어디가 좋았습니까?
18. 책을 늦게 반납하면 연체료를 냅니다.
19. 집에서 학교까지 걸어서 20분쯤 걸려요.
20. 똑바로 가다가 횡단보도를 건너서 오른쪽으로 가십시오.

# ◆ 종합 연습문제 모범 답안

## [1회]

| 1 | ❷ | 2 | ❸ | 3 | ❹ | 4 | ❷ | 5 | ❶ | 6 | ❷ | 7 | ❹ | 8 | ❸ |
|---|---|---|---|---|---|---|---|---|---|---|---|---|---|---|---|
| 9 | ❶ | 10 | ❸ | 11 | ❹ | 12 | ❷ | 13 | ❸ | 14 | ❶ | 15 | ❹ | 16 | ❹ |
| 17 | ❸ | 18 | ❶ | 19 | ❸ | 20 | ❹ | 21 | ❶ | 22 | ❷ | 23 | ❸ | | |

24. 어제 만난 분이 김 선생님이에요?

## [2회]

| 1 | ❶ | 2 | ❸ | 3 | ❹ | 4 | ❹ | 5 | ❸ | 6 | ❶ | 7 | ❹ | 8 | ❶ |
|---|---|---|---|---|---|---|---|---|---|---|---|---|---|---|---|
| 9 | ❷ | 10 | ❹ | 11 | ❷ | 12 | ❷ | 13 | ❶ | 14 | ❹ | 15 | ❶ | 16 | ❸ |
| 17 | ❹ | 18 | ❹ | 19 | ❶ | 20 | ❸ | 21 | ❹ | 22 | ❷ | 23 | ❶ | | |

24. 집안 청소를 하다가 피곤해서 쉬고 있어요.

## [3회]

| 1 | ❷ | 2 | ❹ | 3 | ❷ | 4 | ❸ | 5 | ❹ | 6 | ❶ | 7 | ❸ | 8 | ❶ |
|---|---|---|---|---|---|---|---|---|---|---|---|---|---|---|---|
| 9 | ❷ | 10 | ❹ | 11 | ❷ | 12 | ❸ | 13 | ❹ | 14 | ❷ | 15 | ❸ | 16 | ❹ |
| 17 | ❷ | 18 | ❹ | 19 | ❸ | 20 | ❷ | 21 | ❹ | 22 | ❸ | 23 | ❷ | | |

24. 이 영화는 보면 볼수록 재미있어요.

## [4회]

| 1 | ❸ | 2 | ❷ | 3 | ❶ | 4 | ❶ | 5 | ❷ | 6 | ❶ | 7 | ❹ | 8 | ❷ |
|---|---|---|---|---|---|---|---|---|---|---|---|---|---|---|---|
| 9 | ❶ | 10 | ❸ | 11 | ❹ | 12 | ❸ | 13 | ❸ | 14 | ❶ | 15 | ❶ | 16 | ❸ |
| 17 | ❸ | 18 | ❹ | 19 | ❸ | 20 | ❶ | 21 | ❹ | 22 | ❸ | 23 | ❶ | | |

24. 한국 문화에 대해서 알고 싶어서 자료를 찾아 봤어요.

## [5회]

| 1 | ❷ | 2 | ❶ | 3 | ❸ | 4 | ❶ | 5 | ❷ | 6 | ❹ | 7 | ❸ | 8 | ❷ |
|---|---|---|---|---|---|---|---|---|---|---|---|---|---|---|---|
| 9 | ❸ | 10 | ❹ | 11 | ❹ | 12 | ❷ | 13 | ❸ | 14 | ❶ | 15 | ❶ | 16 | ❸ |
| 17 | ❹ | 18 | ❹ | 19 | ❸ | 20 | ❸ | 21 | ❶ | 22 | ❶ | 23 | ❷ | | |

24. 전에 자주 가던 커피숍에서 만나자.

# 지문

## ◆ 유형별 연습문제 지문

### Ⅸ. 다음을 읽고 물음에 답하십시오.

[1-2]

シャオミンさん!
お久しぶりです。お元気でしたか。北京での生活は ( ㉠ )?
私は、今度の休みに北京に旅行に行こうと思います。マイケルさんも一緒に( ㉡ )。北京でシャオミンさんに会えたら嬉いです。お返事待っています。

ソウルにて　キム・ヨンス

[3-4]

キム・ヨンスさんは会社員です。普通、バス( ㉠ )通勤しますが今朝は交通事故で車がとても渋滞していました。キム・ヨンスさんはバスから降りて急いで地下鉄の駅に向かって走って行きました。地下鉄に乗ってチュンムロ駅まで行きました。チュンムロでまたバスに乗って会社に行きました。会社に ( ㉡ ) 9時20分でした。

[5-6]

シャオミンさんは新しく買ったブラウスに合うスカートを ( ㉠ ) 洋服屋に行きました。まず白いスカートを選びましたが、そのスカートはとても短かったです。次に選んだ黒いスカートは少し大きかったです。最後に青いスカートをはいてみましたが、そのスカートはちょうど良かったです。色も気に入ったし値段もあまり高くなかったので、それを ( ㉡ ) 家に帰りました。

[7-8]

私はタバコを( ㉠ )10年くらいになります。1日に1箱くらい吸っていますが今まで一度もタバコをやめようとした事がありません。
今日は、とても体調が悪いので病院に行きました。お医者さんは私に今まで吸ったタバコのせいで大きく体調を崩したからタバコを( ㉡ )言いました。

[9-10]

私の家は1ヶ月( ㉠ )1度大掃除をする。今日私の家族は朝ごはんを㉡食べて掃除を始めた。父は庭とお風呂の掃除をし、母は台所とベランダの掃除をした。弟(または妹)と私は部屋と居間に掃除機をかけた後に雑巾できれいに拭いた。私は掃除の途中に失くしたお金を机の下で見つけた。掃除する時は少し大変だったが家がきれいになったので気分が良かった。

[11-12]

最初は韓国で1年だけ勉強をするつもりだったが韓国語の勉強が面白くてもう1年韓国に( ㉠ )。その為ビザを延長しに出入国管理事務所に行った。ビザを( ㉡ )在学証明書が必要だと言うので在学証明書を持って行った。人があまり多くいなかったので手続きが思ったより早く終わった。

[13-14]

シャオミンさんは数日前に買った靴が( ㉠ )少し小さいので、サイズを変えにデパートに行きました。ところが他にもっと気に入った靴があったので 10,000ウォンを追加で払って、その靴に変えました。

明日が弟(または妹)の誕生日なのでシャオミンさんは鞄を買いに雑貨売り場へ行きました。ポケットがたくさん( ㉡ )黒い鞄を買いました。誕生日プレゼントをもらって喜ぶ弟(または妹)の姿を想像しながらシャオミンさんは微笑みました。

[15-16]

昨日は友達と総合運動場に行って野球を見た。私たちが応援したチームが勝ったので気分が良かった。友達と一緒に晩ごはんを食べて家に ㉠ 帰る途中に本屋に寄って小説を1冊買った。家に帰ってからはシャワーをした後に友達にＥメールを送って買って来た小説を( ㉡ )読んだ。

[17-18]

先週末は韓国の名節の秋夕( ㉠ )。私は韓国の友達の実家に一緒に( ㉡ )来ました。友達の家で友達の家族と楽しく話しもして韓国の風習もたくさん習いました。名節に家族が集まって楽しく過ごすのを見ると両親の顔が何度も思い浮かびました。

[19-20]

今度の休暇は済州島にあるハルラリゾートへお越し下さいませ。他のリゾート( ㉠ )広くて良い宿泊施設で素敵な休暇を( ㉡ )。きれいな海水浴場で泳いで、船にもお乗り下さい。カラオケと喫茶店、娯楽室、韓国式サウナ等もあります。また一流コックが毎日新鮮な材料を使って世界各国の料理を心を込めてお作り致します。

[21-22]

今日授業が終わる迄友達が学校に来なかった。電話をしてみると友達は体調が悪くて家にいたと言った。

私は心配で友達の家に行ってみた。友達は体がだるい上に食中毒にかかったと言った。腐った海産物の入った料理を食べたせいのようだと言った。病院に行って診察も受け薬も飲んだそうだが友達はまだとても( ㉠ )。友達は病院で韓国語で症状を説明するのが( ㉡ )。友達が早く治るといいな。

[23-24]

私は音楽も料理も好きだ。大学入学後にサークルに入りたかったので、サークル( ㉠ )インターネットで検索もしたり、先輩達にあれこれ尋ねてみたりもした。先輩達が親切に説明してくれた。仲の良い友達に一緒に入ろうと言うと友達もいいよと言った。私たちはギター部に入るかそれとも料理部に入るかについてたくさん話をした後にギター部に入る事にした。

私はギターを( ㉡ )歌をたくさん歌いたい。今後サークルの人達と仲良くしながらギターを一生懸命練習するぞ。

# ◆ 종합 연습문제 지문

## [ 1회 ]

### [22-23]

私は韓国映画や韓国ドラマがとても好きです。単語は少し( ㉠ )内容が面白いのでよく見ます。また韓国映画や韓国ドラマを見ると韓国語を( ㉡ )韓国料理と文化も知ることが出来て本当に良いです。

## [ 2회 ]

### [22-23]

私の家の近くに図書館があるが( ㉠ )施設も良いので私の家族はその図書館をよく利用する。
本は2週間無料で借りる事ができ、もっと長く読みたい場合は1週間延長できる。借りた本を遅れて返すと1日( ㉡ )200ウォンの延滞料を払わなければならない。また図書館で無料で映画を見る事ができる。

## [ 3회 ]

### [22-23]

最近季節の変わり目のせいか風邪をひいている人が多いです。風邪をひくと咳も鼻水も出て喉が腫れるので辛いでしょう。
風邪に( ㉠ )服を暖かく着て普段から運動を一生懸命して下さい。また水をよく飲んで果物や野菜をたくさん食べる事が良いです。そして外出した後家に帰ったら必ず手をきれいに( ㉡ )。

## [ 4회 ]

### [22-23]

会いたい友達へ

元気？
ソウルは今梅雨。今も雨がたくさん降ってる。そっちの天気はどう？韓国に( ㉠ )もう6ヶ月が過ぎた。最初は大変だったけど今は韓国の友達もたくさんできて韓国の生活にも慣れた。
先週は友達とプサンに行って来た。ヘウンデに行って泳いでチャガルチ市場で刺身も食べた。どれだけ楽しかったか知れない。今度韓国に来たら一緒にプサンに行こう。
来週は試験がある。だから今週から少し( ㉡ )。試験が終わったらまた連絡するよ。

ソウルにて　　サラより

[ 5회 ]

[22-23]

ソウルの生活のお手伝い、120タサンコールセンター(http://120.seoul.go.kr)をご存知ですか。ソウルの生活で生じる全ての困りごとを電話で解決してみてください。ソウルの観光地、食べ物屋、文化行事、交通について知りたい事があれば、いつでも120タサンコールセンターへ電話して下さい。公共機関の電話番号を( ㉠ )アルバイトをしたい時も電話してください。相談員と直接通話し問題を( ㉡ )。韓国語のほかに英語、日本語、中国語、ベトナム語、モンゴル語でのサービスも可能です。

# 색인

외국인을 위한

# 한국어 문법 연습 (초급)

일본어판

편저자 연세대학교 한국어학당 교재편찬위원회
집필진 조현선 · 유연숙 · 이주화 · 이경하
펴낸곳 연세대학교 출판문화원

주소 서울시 서대문구 연세로 50
전화 02) 2123-3380~2
팩스 02) 2123-8673
ysup@yonsei.ac.kr
http://www.yonsei.ac.kr/press
등록 1955년 10월 13일 제9-60호
인쇄 (주)동국문화

2012년 11월 12일 1판 1쇄　2025년 6월 12일 1판 2쇄
ISBN 978-89-97578-57-3 (03710)

정가 25,000원